Caldo de Pollo para el Alma®

¡El libro original!

Caldo de Pollo para el Alma®

EDICIÓN 20 ANIVERSARIO

Las historias **originales favoritas**
Más **20 historias nuevas** para
los próximos **20 años**

Jack Canfield
Mark Victor Hansen
Amy Newmark
Prefacio de Heidi Krupp

OCÉANO

Diseño de portada: Brian Taylor, Pneuma Books, LLC

CALDO DE POLLO PARA EL ALMA. EDICIÓN 20 ANIVERSARIO
El libro original más 20 historias nuevas para los próximos 20 años

Título original: CHICKEN SOUP FOR THE SOUL: 20TH ANNIVERSARY EDITION.
All Your Favorite Original Stories Plus 20 Bonus Stories for the Next 20 Years

El editor agradece a todas las editoriales y personas que autorizaron
a CHICKEN SOUP FOR THE SOUL/CALDO DE POLLO PARA EL ALMA
la reproducción de los textos citados.

Traducción: Pilar Carril

Primera edición: 2024

ISBN: 978-84-494-6130-9
Depósito legal: B 17629-2024

Impresión y encuadernación: Gráficas 94

Impreso en España / *Printed in Spain*

9005874011024

Índice

5

Vive tu sueño

6

Superar obstáculos

Prefacio

Hoy en día, todos somos narradores de historias. Todo el mundo puede tener una plataforma y muchos de nosotros la tenemos ahora que los medios digitales nos dan voz a todos. Compartir nuestras noticias al instante es la norma en X, Facebook, Pinterest y blogs. No sólo sabemos cuándo van a tener un bebé nuestras amigas, sino que podemos verlas dar a luz y ver la fotografía del recién nacido en X un minuto después del nacimiento. Sabemos lo que los amigos, la familia y los famosos están cenando, cuándo consiguen un nuevo trabajo, cuándo van a rehabilitación...; esperamos que todo se comparta.

Lo que antes era personal ahora es público, a veces de manera intencional, a veces no; lo vemos en los *realities* de televisión, lo leemos en artículos incoherentes en blogs y nos enteramos por medio de lo último en notas resumidas: 140 caracteres o menos en X. Ésta no es sólo la forma en que recibimos nuestras noticias o nos enteramos de chismes, sino la forma en que nos conectamos entre nosotros y tratamos de entender el mundo que nos rodea. Sin embargo, a pesar de toda esta conectividad, es fácil perderse.

La narración de historias siempre ha sido una gran manera de transmitir consejos y sabiduría, pero necesita ser organizada y reflexiva... y entregar un mensaje útil. Ahí es donde entra en juego *Caldo de Pollo para el Alma*, como un amigo útil, amable y sabio, compartiendo historias que marcarán la diferencia para usted y los suyos.

Cuando se publicó *Caldo de Pollo para el Alma* hace veinte años, el campo de la autoayuda apenas empezaba a cobrar popularidad.

Entonces, la mayoría de los autores y oradores contaban sus propias historias en tercera persona, compartían las experiencias de otros, o usaban metáforas y alegorías para explicar su sistema para ayudar a su público a ver dónde y cómo podía mejorar su vida. ¿Y lo personal? Eso era aceptable a puerta cerrada en el consultorio del terapeuta. Sí, había grupos de apoyo para todo, desde la reducción de peso hasta la adicción, pasando por la terapia de duelo, pero ¿compartirse a sí mismo en la página, una página que se podía ver y compartir en un espacio más allá de las personas que hablaban dentro de las cuatro paredes de una habitación? No era muy común.

Caldo de Pollo para el Alma cambió todo eso. Nos dio permiso para ser más abiertos y aceptarnos por medio de historias y lecciones en primera persona. Cambió la forma en que se percibían los libros de autoayuda y se adelantó mucho a su tiempo en la historia editorial. Como resultado, la gente de hoy, en especial los líderes de pensamiento a los que recurrimos en busca de inspiración, salvación e iluminación para entendernos mejor, están dispuestos a ser vulnerables en los lugares y formas más públicos. Consideran que los empodera, y están dispuestos a compartir sus historias para empoderar a las personas que los escuchan. Además, nos hemos abierto a todo, y somos mejores por ello.

Empezando por mí. Crecí con *Caldo de Pollo para el Alma*. Lo leí por primera vez cuando tenía 26 años. Entonces era asistente de publicidad y productora asociada en ABC News *20/20*, donde trabajaba con y para Barbara Walters. Me encantaba mi trabajo, pero no estaba segura de lo que quería ser cuando fuera mayor. Estaba pensando en convertirme en publicista y fundar mi propia empresa; me hallaba en una encrucijada. Buscaba ayuda y orientación para entender lo que sentía, y necesitaba entenderme a mí misma, por eso recurrí a los libros, y *Caldo de Pollo para el Alma* fue lo que resonó en mí.

Recuerdo cada una de las historias de ese primer libro de la serie y he citado o mencionado cada una de ellas en algún momento de mi vida. Cuando leí la historia de Tony Robbins sobre el Día de Acción de Gracias, me propuse incluso trabajar con él. En última instancia, lo logré y lo sigo haciendo hoy, junto con docenas de otros líderes de pensamiento maravillosos en el siglo XXI, que me deleitan e inspiran todos los días.

Como la mayoría de las personas, tengo un deseo constante de mejorar mi vida, y quiero, no, mejor dicho necesito escuchar esas historias, examinarme y preguntar: "¿Cómo puedo mejorar si comprendo esto?". Así es como *Caldo de Pollo para el Alma* me motivó a hacer más para cambiar el mundo y contribuir a transformarlo en un lugar más feliz y mejor, así como a compartir mis historias sobre todos los temas, desde dificultades de trabajo hasta los problemas que tuve para tener a mi bebé y la alocada vida que llevo en los medios de comunicación y la industria editorial. Lo hago por mí, y lo hago para ayudar a los demás.

Cuando Amy Newmark, que es editora, coautora y jefa de redacción de Chicken Soup for the Soul, me pidió que la ayudara con esta revisión del original de *Caldo de Pollo para el Alma* para el vigésimo aniversario del libro, me embargó una gran emoción. Ahora tengo que pagarle por adelantado, a mi manera, para que la próxima joven principiante de 26 años también pueda recibir un poco de ayuda para encontrar su camino.

Es un honor para mí escribir este prólogo para la edición del vigésimo aniversario de *Caldo de Pollo para el Alma,* y también haber ayudado personalmente a seleccionar las veinte historias extras que el lector encontrará en este volumen: las veinte historias que añadimos a mis viejas favoritas del *best seller* original. Aquí encontrará nuevas historias de muchos de mis clientes y amigos, la crema y nata en el campo de la autoayuda, y estoy segura de que las historias de estos líderes de pensamiento del siglo XXI lo inspirarán y harán que *Caldo de Pollo para el Alma* sea pertinente, útil y absolutamente delicioso otros veinte años.

Estoy encantada de presentarles a estas personas y sus historias. En verdad las amo a todas. Algunos son nombres conocidos que no necesitan presentación, ya que han estado ayudando a la gente a mejorar su vida durante años: Deepak Chopra, Tony Robbins y el Dr. Oz (todos ellos ofrecen historias originales en este libro), y don Miguel Ruiz, quien escribió el *best seller* internacional *Los cuatro acuerdos*.

No obstante, otras serán voces nuevas, que creo que se convertirán en buenas amigas de ustedes en los próximos años: Darren Hardy, el editor de la revista *SUCCESS*, que ha creado su propio negocio multimillonario y ha sido mentor de otros que intentan hacer lo mismo; Eric Handler, que es editor y cofundador del blog "Positively Positive" e inspira a millones de personas cada día a vivir más plenamente; Gabrielle Bernstein, cuya historia inspiradora de cómo superó su adicción ha dado origen a una carrera como escritora de éxito y defensora de las causas de la mujer; la defensora de la salud y autora Kris Carr, más conocida por su estupenda serie de libros *Crazy Sexy Cancer*; Mastin Kipp, cuyo sitio web "The Daily Love", correos electrónicos y tuits son una inspiración conmovedora para una nueva generación; y la increíble voz que se esconde detrás de la sencilla sabiduría de "Tiny Buddha", Lori Deschene.

También tenemos al reverendo Michael Beckwith, autor y ministro, que fundó el Agape International Spiritual Center en California, una iglesia del Nuevo Pensamiento; el poeta y célebre autor de cuatro libros, MK Asante, a quien la CNN llama "un maestro narrador"; Nick Ortner, autor y director general de The Tapping Solution, que se dedica a promover la vida sin estrés; Robert Holden, cuyo trabajo en el Reino Unido sobre positividad, espiritualidad y felicidad ha sido plasmado en varios libros, así como en dos documentales de la BBC; y Tory Johnson, que ayuda a millones por medio de sus libros y sus apariciones regulares en *Good Morning America* de la cadena ABC. Y por supuesto, esta nueva edición no estaría completa sin las historias de los creadores de la serie, Jack Canfield y Mark Victor Hansen, y de su editora y líder creativa, Amy Newmark.

Cada uno de estos líderes de pensamiento sabe lo que significa bajar la guardia, volverse vulnerable y compartir una historia personal que realmente ayudará a nuestros lectores. Acompañan a los colaboradores originales de *Caldo de Pollo para el Alma* en la creación de un libro que desearemos tener siempre a la mano, también en nuestros bolsos y maletines, en nuestras mesas de noche, y ahora en nuestros iPad, Nook y Kindle, listos para cuando necesitemos su inspiración, tal como el original.

Es interesante notar que el título *Caldo de Pollo para el Alma* haya funcionado en todo el mundo, y en las docenas de países donde el libro ha sido traducido y ha vendido millones de ejemplares, el título suele traducirse de forma directa. El concepto de caldo de pollo como fuerza curativa, tanto para el "alma" como para el cuerpo, parece ser universal. El caldo de pollo es más que un alimento: es lo que tu madre te da de comer cuando estás enfermo, es lo que comes cuando necesitas la mejor comida reconfortante, es lo que recomiendan los médicos para el cuerpo *y* la mente. No se trata en realidad de pollo o caldo; se trata de sentirse querido y confortado, y de saber que alguien cuida de nosotros.

De eso se trata *Caldo de Pollo para el Alma*: del sustento por medio de historias que nos elevan, nos nutren y nos dan la fuerza para vivir nuevas historias por nuestra cuenta. Es una receta para disfrutar de la vida, sacar el máximo provecho de uno mismo y compartir nuestros descubrimientos con las personas que nos importan, aunque todavía no las hayamos conocido.

~Heidi Krupp

Introducción

Sabemos todo lo que necesitamos saber para terminar con el sufrimiento emocional innecesario que muchas personas experimentan en la actualidad. Un nivel alto de autoestima y eficacia personal están a disposición de cualquier persona que quiera dedicar tiempo a buscarlas.

Es difícil traducir el espíritu de una presentación en vivo a la palabra escrita. Las historias que contamos todos los días han tenido que reescribirse cinco veces para que funcionen tan bien en la prensa escrita como en vivo. Cuando lea estas historias, olvide todo lo que aprendió en sus clases de lectura rápida. Vaya despacio. Escuche las palabras en el corazón, así como en la mente. Saboree cada historia. Deje que lo conmueva. Pregúntese: ¿qué despierta en mí? ¿Qué indica en mi vida? ¿Qué sentimiento o acción provoca en mis adentros? Permítase tener una relación personal con cada historia.

Algunas historias le hablarán más fuerte que otras. Algunas tendrán un significado más profundo. Algunas lo harán llorar y otras, reír. Con algunas lo invadirá una sensación de calidez. Algunas pueden golpearlo justo entre los ojos. No hay una reacción que se considere correcta. Sólo está *su* reacción. Deje que suceda y déjela ser.

No se apresure con este libro. Tómese su tiempo. Disfrútelo. Saboréelo. Abórdelo con todo su ser. Representa miles de horas de selección de "lo mejor de lo mejor" de nuestros cuarenta años de experiencia combinada.

Hemos añadido veinte nuevas historias para nuestros lectores en esta edición del vigésimo aniversario de *Caldo de Pollo para el Alma* original. Las encontrará al principio de cada capítulo y aparecen "en negrita" en el índice de contenido. Estas historias son de algunos de los mejores líderes de pensamiento de hoy en día, y nos complace que su sabiduría y lucidez se añadan a las que se encuentran en la colección original. Estamos seguros de que esta nueva edición de *Caldo de Pollo para el Alma* será tan pertinente en los próximos veinte años como lo ha sido en estos últimos veinte.

Una última recomendación: leer un libro como este se parece un poco a sentarse a comer una comida compuesta por todos los postres. Puede que se pase de rica. Es una comida sin verduras, sin ensalada ni pan. Es todo esencia con muy pocos adornos.

Si desea compartir una historia con otros, hágalo. Cuando una historia lo haga pensar en otra persona, llame a la persona que evocó y compártala. Sumérjase en estas historias y permita que lo lleven a hacer lo que sea que se presente. Su objetivo es inspirar y motivar.

En muchas de estas historias volvimos a las fuentes originales y les pedimos que la escribieran o contaran con sus propias palabras. En muchas de las historias es su voz la que se escucha, no la nuestra. Hemos atribuido cada historia que pudimos a la fuente original. En el caso de todas aquellas que son de otros oradores e instructores, hemos incluido una sección de colaboradores en la parte posterior del libro, donde mencionamos su nombre, dirección y número de teléfono, para que usted mismo pueda ponerse en contacto con ellos si lo desea. También encontrará en este volumen una sección aparte con la biografía de los colaboradores de las nuevas historias.

Esperamos que disfruten leyendo este libro tanto como nosotros hemos disfrutado escribiéndolo.

Cómo empezó todo

Este manuscrito tuyo que acaba de devolverte otro editor es un paquete precioso. No lo consideres rechazado. Considera que lo dirigiste "al editor que pueda apreciar mi trabajo" y volvió con un sello postal que dice "no se encuentra en esta dirección". Sigue buscando la dirección correcta.

~Barbara Kingsolver

He dedicado toda mi vida a ser maestro, primero como profesor de educación media y durante los últimos cuarenta años como orador e instructor en el ámbito del desarrollo humano. A menudo salgo de viaje dos semanas de cada mes, volando de una ciudad a otra para impartir talleres de un día y cursos de capacitación de una semana de duración.

Aprendí desde el principio que, si uno quiere que un concepto o principio sea recordado, tiene que ilustrarlo con una historia conmovedora. Por eso siempre he recopilado y utilizado muchas historias para hacer más comprensibles los puntos que enseño en mis seminarios sobre la importancia de funcionar desde el espacio del amor, creer en uno mismo y en sus sueños, seguir siempre los dictados de nuestro corazón, confiar en nuestra intuición, fijarnos metas rigurosas, superar los obstáculos, y nunca renunciar a nuestros sueños.

En 1991, algo extraño sucedió. Un día, de repente, alguien me preguntó: "¿Esa historia que contaste sobre la niña exploradora que vendió 3.526 cajas de galletas en un año aparece en algún libro? Mi hija tiene que leerla". Al día siguiente alguien preguntó: "Esa historia sobre el niño y el cachorrito, ¿está en algún libro? Necesito leérsela a mi hijo". Y así continuó día tras día durante el siguiente mes. "Tengo que leerle esa historia sobre el niño de la pierna amputada que se convirtió en una estrella del tenis a mi personal. Necesito demostrarles que no tienen ninguna excusa para no sobresalir en la vida". "¿La historia que contaste sobre el chico que se quemó en un accidente de motocicleta está en algún libro? Quiero enviárselo a mi hijo a la universidad". Día tras día me hacían la misma pregunta: "¿Esa historia está publicada en algún libro?".

Una noche iba en un vuelo de regreso de Boston a Los Ángeles, donde vivía en aquel tiempo, y de repente se me ocurrió. Fue como si Dios me hubiera dado un coscorrón y me dijera: "¡Despierta! ¡Debes poner todas estas historias que has estado recopilando en un libro!". Durante el resto del vuelo hice una lista de todas las historias que había usado en algún discurso o taller. Cuando aterrizamos en Los Ángeles tenía una lista de setenta historias.

Esa noche me comprometí a escribir dos de las historias de la lista cada semana hasta terminarlas todas. Así que cada noche, desde las diez hasta la medianoche, trabajé en una historia, escribiéndola y reescribiéndola hasta que quedaba satisfecho con ella. Al cabo de casi un año había concluido las setenta historias que había enumerado en ese viaje en avión y algunas más que había reunido durante el año.

Fue más o menos en esa época cuando me reuní a desayunar con mi amigo Mark Victor Hansen. Al principio de nuestra conversación Mark me preguntó si estaba trabajando en algo emocionante. Le hablé del libro e inmediatamente me dijo:

—Me gustaría hacer ese libro contigo.

—Mark —repuse—, ya casi estoy terminando el libro. ¿Por qué querrías hacerlo?

—Es muy sencillo —respondió—. En primer lugar, creo que deben ser 101 historias, no 75. Cuando fui embajador estudiantil en India, aprendí que el 101 es un número que denota la cualidad de completo. En segundo término, algunas de tus mejores historias las has oído primeramente de mí. Y en tercer lugar, soy muy buen mercadólogo y promotor, y creo que haríamos un equipo increíble.

Le respondí a Mark que si él contribuía con las 26 historias restantes, y si estas eran realmente buenas, yo estaría dispuesto a hacerlo. Amaba a Mark y sabía que era un promotor y vendedor consumado. Fiel a su palabra, en menos de un mes Mark me presentó las historias que faltaban para llegar a 101. Ahora lo único que teníamos que hacer era vender el libro a un editor.

Una semana después Mark y yo conocimos a Jeff Hermann, un agente literario, en una fiesta en Palm Springs, California. Le hablamos a Jeff de nuestro libro y se emocionó mucho. Nos preguntó cómo se llamaba. Lo curioso es que habíamos estado tan absortos en terminar el libro que ni siquiera se nos había ocurrido pensar en un título. Ideamos varios en la fiesta, pero nada parecía captar la esencia del libro. Como Mark y yo practicamos la meditación, acordamos pasar al menos media hora cada mañana en meditación durante la semana siguiente en busca de un título.

Los dos primeros días ambos nos quedamos en blanco. No se nos ocurría nada. Luego, a la tercera mañana, mientras meditaba, vi de repente la imagen de un enorme pizarrón verde, como los que había en los salones de clases de las escuelas. Entonces apareció una mano (me imaginé que era la mano de Dios) que escribió las palabras *Caldo de pollo* en el pizarrón.

—¿Qué rayos tiene que ver el caldo de pollo con este libro? —pregunté a la mano.

—Cuando eras niño y te enfermabas —respondió la mano—, tu abuela te daba caldo de pollo.

—Este libro no es para enfermos —repliqué.

—El espíritu de la gente está enfermo. Viven en la resignación, el miedo y la desesperanza. Este libro les ayudará a superarlo.

Reflexioné en ello. *Caldo de Pollo para el Espíritu*, pensé. Hmmm. *Caldo de Pollo para el Alma.* ¡Bam! De repente, se me puso la carne de gallina. *Caldo de Pollo para el Alma: ¡historias para reanimar el espíritu!* ¡Ah!, me gustó. Se me erizó aún más la piel. Estaba emocionado. De inmediato abrí los ojos y corrí a contárselo a mi esposa. También se le puso la carne de gallina. Luego llamé a Mark y también se le puso la carne de gallina. Mark me dijo entonces que varios de sus amigos llamaban a ese fenómeno "sacudidas de Dios", y que eso significaba que uno estaba recibiendo inspiración divina. Me pareció correcto.

Luego llamamos a nuestro agente, a quien también se le erizó la piel. Armados con nuestro libro y nuestro título nos dirigimos a Nueva York para reunirnos con una serie de editores durante varios días muy fríos y ventosos de febrero con el fin de ver si podíamos vender nuestro libro.

Lamentablemente, a nadie en esas reuniones de Nueva York se le puso la carne de gallina. En una reunión tras otra nos dijeron que las colecciones de cuentos no se vendían, que los cuentos eran demasiado "bonitos", demasiado optimistas como la niña del cuento "Pollyanna", demasiado positivos, y que el título, que se había convertido en *Caldo de Pollo para el Alma: 101 historias para abrir el corazón y reanimar el espíritu*, era bobo.

Lógicamente decepcionados, regresamos a nuestro hotel y nos preparamos para tomar el vuelo de regreso al sur de California. Pero antes nos dirigimos a la catedral de San Patricio en la Quinta Avenida, y aunque ninguno de nosotros es católico, encendimos una vela y rezamos para pedirle a Dios que nos ayudara a encontrar un editor.

Unas semanas después, nuestro agente nos llamó y nos informó que había hablado con otras editoriales desde nuestro viaje a Nueva York y que todas se habían negado también. Agregó que nos iba a devolver el libro porque estaba convencido de que no podría venderlo.

Le preguntamos qué necesitaría saber un editor para estar dispuesto a publicar el libro, y él nos contestó: "Tendrían que estar absolutamente convencidos de que podrían vender 20.000 ejemplares. Esto les garantizaría la recuperación de su inversión en la edición, producción, publicación, distribución y promoción del libro. Si tenían la certeza de poder vender 20.000 ejemplares, definitivamente estarían dispuestos a publicarlo".

Eso nos dio una idea a Mark y a mí. Debido a que ambos hablábamos ante grupos grandes varias veces a la semana (algunos de hasta mil personas) podíamos imprimir un formulario de pedido previo y solicitar al público que manifestara por escrito su compromiso de comprar uno o más ejemplares cuando el libro se publicara finalmente.

En los meses siguientes colocamos lo que llamamos un "formulario de compromiso de compra" en cada asiento de cada auditorio en el que hablábamos. Al final de nuestro discurso o taller pedíamos a la gente que llenara el formulario con su nombre y dirección y que anotara cuántos ejemplares se comprometía a comprar. Debido a que contábamos muchas de las historias en nuestras presentaciones, el público conocía la calidad de lo que iba a recibir, por lo que casi todos participaron. Raymond Aaron, un exitoso instructor y orientador de Canadá, incluso se comprometió a comprar 1.700 ejemplares —uno para cada uno de sus estudiantes— cuando se publicara el libro. (Para deleite nuestro, más adelante cumplió con su compromiso.) No pasó mucho tiempo antes de que tuviéramos varias cajas de archivo llenas de formularios cumplimentados que sumaban ¡más de 20.000 libros! Para entonces, también habíamos reunido casi cien cartas de rechazo de lo que parecía ser la opinión de todas las grandes casas editoriales de Estados Unidos.

A esas alturas el libro se había convertido en una "obsesión divina" para nosotros. Sabíamos por todos los comentarios positivos que habíamos recibido de los participantes en nuestros talleres que las historias eran inspiradoras, curativas, motivadoras y transformadoras, y estábamos resueltos a hacer llegar estas historias a la gente. No importa cuántos rechazos recibiéramos, estábamos decididos a no rendirnos nunca.

Un día un amigo nuestro nos sugirió que asistiéramos a la convención de la American Booksellers Association en Anaheim, California, que no estaba lejos de donde vivíamos, y que hiciéramos algo que después nos enteramos de que se conocía como "recorrer el piso". Más de cuatro mil editores estarían presentes y sólo teníamos que ir al puesto de cada editor en el área de exposición y preguntar si les interesaba nuestro libro. Por consiguiente, nos dirigimos al centro de convenciones de Anaheim con dos mochilas llenas de copias encuadernadas con espiral de nuestras treinta mejores historias para ver si podíamos encontrar un editor.

Durante dos días muy largos "recorrimos el piso". Al final nos dolían las piernas, teníamos los pies adoloridos y la mente entumecida por repetir el mismo discurso de ventas una y otra vez. "Sabemos que este libro se venderá porque ya tenemos compromisos por escrito de personas dispuestas a comprar más de 20.000 ejemplares", explicábamos, mientras mostrábamos a los encargados ejemplos de los formularios de compromiso llenos. Por alguna razón, no lográbamos despertar su interés. Creo que nunca habían visto algo como nosotros. Nadie había salido a recolectar compromisos de compra antes. Tal vez no confiaban en que habíamos logrado reunir 20.000 compromisos auténticos.

Sin embargo, a la larga, por la tarde del segundo día, Peter Vegso y Gary Seidler, que dirigían HCI, una pequeña editorial de Florida, aceptaron tomar uno de nuestros manuscritos de muestra y leerlo cuando llegaran a casa. Para nuestro deleite, unas semanas después sonó el teléfono y eran Peter y Gary. ¡Estaban entusiasmados por lo mucho que les había gustado el libro! "Su libro nos hizo reír y llorar. Nos encanta y queremos publicarlo". Incluso comentaron que se les puso la carne de gallina cuando lo estaban leyendo.

Les preguntamos cuántos ejemplares del libro creían que podrían vender.

—Tal vez 25.000 ejemplares, si tenemos suerte —respondieron.

—Ésa no es nuestra visión —aseguramos—. Queremos vender 150.000 ejemplares para Navidad y un millón y medio en dieciocho meses.

Oímos risas al otro lado de la línea telefónica. Pensaron que estábamos totalmente locos.

El libro se publicó por fin a finales de junio de 1993. Todas las personas que habían aceptado comprar el libro lo hicieron, pero entonces las ventas se estancaron. Mark y yo visitamos a nuestro amigo Ron Scolastico, que es muy sabio, y le pedimos su consejo. Nos dijo: "Si fueran a un árbol con un hacha y dieran cinco cortes sólidos con el hacha cada día, a la larga hasta el árbol más grande del bosque tendría que caer".

Basados en esa conversación, Mark y yo creamos lo que denominamos nuestra "Regla de los Cinco". Acordamos tomar cinco medidas cada día para promover o vender nuestro libro. Algunos días enviábamos cinco ejemplares a los críticos de libros de los periódicos. Otros días llamábamos a cinco empresas de redes de marketing para ver si adquirían varios ejemplares para motivar a sus distribuidores. Un día incluso enviamos una caja entera de libros al jurado en el juicio de O. J. Simpson. Una semana después recibimos una amable carta del juez Ito agradeciéndonos nuestro regalo. Con el tiempo, eso se convirtió en noticia y nos atrajo mucha publicidad gratuita.

Un día vi un pequeño libro rojo en la caja del supermercado. Era *The Celebrity Address Book* y contenía direcciones y números de teléfono de estrellas de cine y televisión. Lo compré y durante semanas enviamos cinco copias gratis al día a famosos de Hollywood, con la esperanza de que les gustara el libro y lo promocionaran entre sus amigos y admiradores.

Uno de esos libros terminó en manos de la productora del programa de televisión *Touched by an Angel*. Estaba tan conmovida con el libro que pidió a todos sus escritores, actores e incluso al equipo que leyeran el libro. Esa historia terminó en *The Hollywood Reporter* y finalmente se distribuyó en todo el país, lo que originó todavía más publicidad.

Como resultado, terminamos vendiendo 135.000 ejemplares en Navidad y 1,3 millones en año y medio y, con el paso del tiempo, ese primer libro, que había sido rechazado por 144 editoriales, llegó a vender diez millones de ejemplares. Nuestro editor dejó de reírse. Nos pidió que escribiéramos una secuela. Para su sorpresa, estábamos listos. Cuando el libro estaba a punto de entrar en prensa, nos informó de que debido al formato de impresión de los libros, habían quedado algunas páginas en blanco al final, y nos preguntó si había algo que nos gustaría imprimir en esas páginas. Enviamos el siguiente párrafo:

> Comparte tu corazón con el resto del mundo. Si tienes una historia, poema o artículo (tuyo o de otra persona) que creas que encaja en un futuro volumen de *Caldo de Pollo para el Alma*, envíanoslo.

No imaginábamos siquiera lo que desataríamos. Empezamos a recibir cientos de historias al día por correo. Parecía que todos tenían una historia que contar. No todas podían utilizarse, pero había suficientes que eran buenas para ayudarnos a crear los primeros seis libros de la serie.

Finalmente, Marci Shimoff sugirió que compiláramos un libro de historias sólo para mujeres, que se convirtió en *Caldo de Pollo para el Alma de la Mujer*. Mi hermana, Kimberly Kirberger, sugirió entonces un libro de historias sólo para adolescentes, y nació la serie *Caldo de Pollo para el Alma del Adolescente*. Al doctor Marty Becker, veterinario, se le ocurrió la idea de compilar un libro de historias para los amantes de las mascotas, y con su compañera de redacción Carol Kline se lanzó otra línea de la serie. El resto, como dicen, es historia.

Varios años después de la publicación del primer libro de *Caldo de Pollo para el Alma*, nos enteramos por Peter Vegso, nuestro primer editor, que él también había estado en la ciudad de Nueva York en febrero de 1992, y que estaba profundamente preocupado por el fuerte descenso de las ventas de su empresa en apuros. Él también había ido a la catedral de San Patricio, encendió una vela y oró, pidiendo a Dios que le enviara un autor o un libro que saneara su empresa y la hiciera rentable de nuevo. Cuando compartió esa historia con nosotros, se nos puso la carne de gallina una vez más.

~Jack Canfield

Capítulo

1

Sobre el amor

Llegará el día en que después de aprovechar el espacio, los vientos, las mareas y la gravedad, aprovecharemos para Dios la energía del amor. Y ese día, por segunda vez en la historia de la humanidad, habremos descubierto el fuego.

~Teilhard de Chardin

Caldo de Pollo para el Alma 20

Mi alma gemela

El amor no sólo debe ser llama, sino luz.
~Henry David Thoreau

Soy más que un hombre felizmente casado. Soy un hombre gozosamente casado. No todo el mundo puede decir eso. Lo que mi esposa Crystal y yo tenemos es lo que llamo una "relación de llama gemela". Rara vez oímos hablar de estas relaciones, porque son raras, ideales y privadas. A la mayoría de las personas, que sólo las ven como un sueño sobre el que se escribe en las novelas románticas, les parecen irreales.

Las llamas gemelas se reflejan positiva y correctamente, están en armonía divina y exquisita de manera constante y sin cesar. Experimentan y expresan juntas un destino divino y delicioso. Desean ser, hacer y tener tanto para su pareja como desean ser, hacer y tener para sí mismas. Piensan igual de muchas maneras, pero son fuertes donde el otro es débil y débiles donde necesitan la fuerza del otro.

La relación de llama gemela es aquella en la que las cualidades de cada uno complementan y completan su círculo de amor. No es una relación de competencia o degradación para mantener posiciones justas frente al otro, sino más bien para afirmar con bondad, compasión, amor absoluto y ternura. Y así como cuando dos llamas de velas se fusionan, las llamas gemelas entienden que es de esta manera que su llama individual se fusiona con la otra y se vuelve no sólo dos veces más brillante, sino infinitamente más brillante.

Crystal y yo nos regocijamos en participar plenamente en nuestra relación. Entendemos que lo nuestro es la roca sobre la que nuestras vidas funcionan y fluyen de manera muy natural; es primordial para los negocios, los amigos, la familia, la iglesia o cualquier ofrenda externa.

Como cocreador de la legendaria serie de libros *Caldo de Pollo para el Alma*, orador profesional muy solicitado y personalidad de la televisión, la pregunta que más me plantean es: "¿Cómo encontraste un alma gemela tan perfecta?". La pregunta que con más frecuencia no se hace es: "¿Cómo puedo hallarla yo también? Ustedes dos parecen estar en perfecto amor, alegría escandalosa, amistad inexplicable y viven en armonía cooperativa. ¿Cómo pueden lograrlo y estar juntos las 24 horas del día, los 365 días del año?".

Debido a que esta encantadora pregunta se repite con tanta frecuencia, he decidido responderla de manera abierta y exhaustiva. Tengo la esperanza de que esto sirva para expandir su amor, pensamiento y ser, para convertirse en un alma gemela de dentro hacia fuera. Si el lector desea convertirse en un alma gemela completa o busca un alma gemela, que esto inspire la esperanza de que es totalmente posible lograrlo. La primera idea que debo expresar con toda claridad es que, ante todo, uno debe convertirse en aquello que busca.

En nuestra relación de llama gemela, entendemos que juntos creamos el hoy, el mañana y nuestro futuro. Para conseguirlo, reservamos un espacio que está libre del bagaje emocional del pasado. Debido a que la vida y los factores que desencadenan las emociones continúan su curso, dedicamos la primera hora de nuestra mañana a la oración y a la meditación juntos. Soñamos con cómo queremos compartir el resto de nuestras vidas juntos y cómo potenciar al máximo nuestra experiencia de vida y nuestro amor.

Por tanto, la pregunta es: "¿Cómo llegué a este punto?". Fui testigo de los acuerdos y desacuerdos de mis padres, pero por encima de todo, amaban y cuidaban a sus hijos y el uno al otro. Antepusieron la unidad familiar y su relación a las peleas y vicisitudes de nuestra experiencia de vida. Pensé que eso era lo que pasaba en todos los matrimonios. Trabajaron como socios y resolvieron sus diferencias de manera amable y siempre considerada.

Mi primera experiencia matrimonial fue muy diferente. Aunque mi exesposa fue parte importante de mi vida durante muchos años, con el tiempo la relación se volvió combativa, complicada y conflictiva. Después de 27 años de dar todo lo que tenía que dar, comprendí que tenía que poner fin a ese matrimonio. Sentí que había perdido en parte la esencia de quién era yo y que el resto se desvanecería si me quedaba. Pedí el divorcio.

A pesar de tener una gran cantidad de amigos y admiradores a mi alrededor todo el tiempo, me sentía aterrado y solo después de que mi matrimonio acabó. Me di cuenta de que estar casado con mi alma gemela había sido mi máxima prioridad toda mi vida, razón por la cual me aferré a un matrimonio disfuncional durante tanto tiempo. Por alguna razón pensé que podría arreglar las cosas.

Mientras pensaba por dónde empezar de nuevo y trataba de combatir la leve depresión de lo que se sentía como una pérdida desgarradora, recordé lo que Dios me había dejado grabado en el corazón desde hacía mucho tiempo: que mi alma gemela seguía por ahí en alguna parte, y que la encontraría. Empecé a imaginar una nueva visión de cómo sería la perfección, aunque sólo existiera en los lugares más recónditos de mi propia mente.

En muchos de mis libros y enseñanzas a través de los años, he hablado de los principios de manifestación: *averigua exactamente lo que quieres..., escríbelo en detalle con especificidad..., visualízalo para realizarlo..., etc.*

¡Hice precisamente eso! Me senté y anoté 267 cosas que deseaba en mi futura alma gemela. Los compartí en confianza con sólo dos de mis compañeros más cercanos de mi grupo Mastermind, porque parecían rozar lo imposible. Guardé mi lista en un lugar seguro.

Poco tiempo después, me hallaba hablando en una conferencia de aspirantes a escritores en Los Ángeles. Desde el escenario vi con meridiana claridad el espíritu radiante de una mujer en medio del público. Me sentí muy atraído hacia lo que vi. Me causó una primera impresión dinámica, duradera e irresistible. Esa fue la buena noticia. La mala noticia es que estaba sentada junto a un hombre. Más tarde, después de la pausa del almuerzo, la tuve de nuevo a la vista, como una presencia humana asombrosa, sólo que esta vez estaba sola. Mi alma se regocijó. Le pregunté a alguien sobre ella y me dijo que también estaba divorciada y soltera, y que se llamaba Crystal.

Durante la recepción VIP de la tarde, la gente de la conferencia me rodeó, haciendo preguntas interminables. Vi a Crystal al otro lado de la habitación. Para mi absoluto deleite, otra de las asistentes agitó las manos de manera alocada y sin querer derramó una copa llena de vino tinto sobre los pantalones blancos de Crystal.

Me apresuré a salir del círculo de admiradores que me rodeaban y corrí de inmediato a su lado para ofrecerle salvar sus pantalones recién empapados con agua mineral de una cocina cercana en el hotel. Por fortuna, conocía bien el hotel porque había hablado allí decenas de veces. ¡Por fin conseguí pasar un momento a solas con ella!

Después de resolver el problema de los pantalones manchados, le pregunté si había cenado. Respondió que no. Le pedí amablemente que me acompañara, con la condición de que saliéramos del salón porque los cientos de asistentes no nos dejarían hablar en privado. Estuvo de acuerdo y nos fuimos a un restaurante fenomenal de Hollywood.

Cuando llegamos, había una larga cola de espera. Fuimos al frente. El *maître* me ignoró y murmuró:

—¿Quién es ella?

—¿No la conoce? —inquirí a mi vez.

—No estoy seguro.

—La reina de Dinamarca —respondí en broma.

—¿En serio? —enarcó las cejas—. Bueno, entonces, ¿quién es usted?

Mi respuesta determinaría si nos daría o no una mesa. Así que, en el espíritu de crear un recuerdo que valiera la pena, pregunté:

—¿Quién viaja con la reina?

Él pensó un minuto y repuso:

—El rey... no será... —sonreí, asentí y enseguida conseguimos la mejor mesa privada del lugar.

Sentados muy contentos, nos reímos juntos por lo que acababa de pasar. El tiempo se detuvo mientras cada uno de nosotros desplegaba su vida entera ante el otro. Nuestros corazones y almas se sincronizaron de una forma que ninguno de los dos había sentido nunca. Fue una experiencia totalmente nueva para los dos. Sentíamos un cosquilleo en la piel por el solo hecho de estar juntos. Estábamos extasiados. Tres años después, bajo los majestuosos peñascos rojos de Sedona, Arizona, nos casamos rebosantes de alegría.

Unos seis meses después de mi felicidad conyugal, estaba limpiando el escritorio de mi ordenador y encontré un documento llamado "Objetivos para mi alma gemela". Me sentí muy intrigado porque quería comprobar cuánto me había acercado a las características, virtudes y cualidades que tanto deseaba en un alma gemela.

Al leerlos, me quedé atónito. Me di cuenta de que Dios había materializado mis sueños de la pareja perfecta mucho más allá de lo imaginable. Crystal era literalmente todo lo que había esperado y más. Creo que mis sueños y oraciones fueron escuchados y respondidos.

Aquí comparto 112 de esas cualidades originales que escribí y deseaba hallar en mi alma gemela. Sólo las comparto contigo para inspirarte a lograr lo mismo o más. Si ya estás casado, te recomiendo que anotes todo lo imaginable que quieras en tu relación ideal y veas lo cerca que estás de ser esa persona con la que sueñas. Tal vez, cuando ambos escriban el camino que cada cual ha seguido en la búsqueda de su alma gemela, más adelante se sientan abiertos a compartir, comparar y crecer cada vez más amorosos el uno con el otro. A menudo ocurre que cuando la gente está insatisfecha en el matrimonio es porque no comunican con claridad sus necesidades y verdades más importantes.

Mi recomendación es que crees una lista personal exhaustiva. La mía es sólo para efectos de inspirarte y darte un punto de partida. Recuerda: lo que quieras te quiere a ti. Lo más importante es que tienes que estar a la altura y superar personalmente todo lo que pidas de otro. Cuando hice mi lista, comprendí con la ayuda de mis compañeros de Mastermind que yo mismo tenía que ser más de las cosas que deseaba y me puse a trabajar para lograrlo.

La pregunta que siempre debes hacerte cuando abordes deseos y necesidades es: "¿Quién tengo que ser para atraer a esta mujer/hombre? ¿Demuestro y demostraré estos atributos yo mismo?".

Deseos de Mark en su futura alma gemela:

1. Disponible
2. **Maestra consumada en el arte de besar/amorosamente táctil***
3. **Valores similares**
4. Tiene una gran fortaleza personal
5. De trato fácil
6. Elegante
7. Inteligente
8. Personalidad conservadora
9. **Gran amante**
10. Aventura
11. **Vive en el sur de California, está dispuesta a mudarse aquí o acordamos otro lugar**
12. Ha ido a muchos lugares y está dispuesta a viajar
13. **Me ama totalmente y me lo demuestra**
14. Trabaja en el autodominio y la maestría espiritual
15. **Le gusta mi profesión**
16. **Es bella y se cuida**
17. **Nos convertimos en la prioridad número uno del otro**
18. Emocionada y entusiasmada por la vida y por vivir

* **Las letras negritas indican mis requisitos absolutamente imprescindibles.**

19. Vitalmente sana, orientada a la salud
20. Dedicada a la superación y el desarrollo personal
21. **Feliz**
22. **Esbelta y en forma radiante**
23. **Posee una gran personalidad**
24. **Excelente conversadora**
25. Prudente
26. Ingeniosa
27. Maravillosa
28. Imaginativa
29. Magnánima
30. Filantrópica antes de que yo apareciera
31. **Es divertido estar con ella**
32. **Una sonrisa**
33. **Limpia, ordenada, y huele bien naturalmente**
34. **Inspira cada vez más amor**
35. Cooperativa
36. Conocimientos financieros
37. **Gasta poco, vive sin exceder sus posibilidades**
38. **Ha creado algunos de sus propios medios**
39. Se conoce bien
40. Flexible
41. Gracias y prácticas sociales
42. Quiere que recibamos invitados y que seamos entretenidos
43. Juguetona y aventurera
44. Le encanta bailar
45. Piensa en la abundancia
46. Quiere crear recuerdos superiores
47. Podemos hablar sin cesar para siempre
48. Vive en las ideas
49. Quiere hacer que el mundo funcione
50. Es apasionada a propósito
51. Sofisticada
52. Tenemos una profunda y creciente conexión entre nuestras almas
53. Somos almas gemelas
54. Le encanta hacer ejercicios, estirarse y trabajar en su fuerza, salud, flexibilidad, aeróbicos y equilibrio diariamente
55. Quiere ver el mundo
56. **Espíritu protector**
57. **Tiene prácticas espirituales profundas**

58. **Medita**
59. Creativa
60. No fuma
61. No bebe
62. No consume drogas
63. Caritativa
64. Posee una gran etiqueta
65. Es partidaria de los alimentos orgánicos y de comer sanamente
66. A mis amigos les fascina y disfrutan de su personalidad y están encantados de estar con ella
67. Ama a mi familia, a mis hijos y nietos y nuestros hijos se llevan bien, si ella también los tiene
68. Es consciente en el aspecto cultural, político, financiero, social, emocional y espiritual
69. Puedo sentir plenamente su amor por mí
70. **Tiene sus propios negocios, productos y servicios que crear**
71. Mi personal la quiere, disfruta, respeta, admira y aprecia
72. Mi carrera es la segunda para ella
73. Me ayuda a conocer y expandir mi amor
74. Compartimos gustos similares en casi todo
75. Está llena de energía y es entusiasta
76. Sana
77. Fresca, como la primavera
78. De mente joven y piensa siempre como joven
79. Impecable, limpia
80. Mentalidad rica y original
81. Me ama en todas mis dimensiones
82. Disciplinada
83. No es celosa
84. **Monógama**
85. Encantadora
86. Busca el bien
87. Conmovedoramente alegre
88. Experiencias sagradas
89. Ojos brillantes
90. Ansiosa siempre por aprender
91. Quiere servir
92. Actitud mental positiva
93. Socialmente hábil
94. Extraordinaria

95. Orgullosa de estar conmigo y viceversa
96. Gran sentido del diseño en lo personal, profesional, para decoración de interiores, etc.
97. Viste muy bien
98. Digna de contemplar su belleza
99. Vive con facilidad, gracia y dignidad espiritual
100. Adorable
101. Nos entregamos total y completamente el uno al otro
102. Trabaja en su propio bienestar
103. Respeta los límites mutuamente acordados
104. Verdaderamente se convierte en mi mejor y más cercana amiga
105. Lealtad
106. Confianza
107. Fidelidad
108. Integridad
109. Honestidad
110. Compasión
111. Pasión
112. Integrada

Ahora puedes ver la intención clara que tenía antes de conocer a Crystal. En lo más profundo de mi mente, sabía que ella tenía que existir y estar viva en algún lugar; de lo contrario, no podría haber tenido una visión tan clara y decidida de ella. Sabía que tenía que estar viva y que cada vez que yo respiraba, me acercaba más a ella.

~Mark Victor Hansen

El espíritu del amor

Todo el universo está dentro de ti. Pide todo a ti mismo.
~Rumi

En Occidente, lo que por lo general llamamos amor es sobre todo un sentimiento, no un poder. Este sentimiento puede ser delicioso, incluso extático, pero hay muchas cosas que el amor está destinado a hacer que los sentimientos no pueden lograr.

Cuando el amor y el espíritu se unen, su poder es capaz de lograr cualquier cosa. Así pues, amor, poder y espíritu son uno mismo.

Nunca ha habido un maestro espiritual —Buda, Krishna, Cristo o Mahoma— que no fuera mensajero de amor, y el poder del mensaje siempre ha sido impresionante: ha cambiado el mundo. Tal vez la misma inmensidad de tales maestros nos ha vuelto reticentes al resto de nosotros. No aceptamos el poder que el amor es capaz de crear dentro de nosotros y, por lo tanto, le damos la espalda a nuestro estado divino.

El amor es espíritu. El Espíritu es el Yo.

El yo y el espíritu son lo mismo. Preguntar "¿Qué es el espíritu?" es sólo una forma de preguntar "¿Quién soy?". No hay espíritu fuera de ti; tú eres el Espíritu. ¿Por qué no te das cuenta? Eres, pero sólo de forma limitada, como alguien que ha visto un vaso de agua, pero no el océano. Tus ojos ven porque en espíritu eres testigo de todo. Tienes pensamientos porque en espíritu lo sabes todo. Sientes amor hacia otra persona porque en espíritu eres amor infinito.

Restablecer la dimensión espiritual del amor significa abandonar la noción de un yo limitado con capacidad limitada para amar y recuperar el Yo con su capacidad ilimitada para amar. El "Yo" que eres verdaderamente está hecho de pura conciencia, pura creatividad, puro espíritu. Su versión del amor está libre de todos los recuerdos o imágenes del pasado. Más allá de toda ilusión está la fuente del amor, un campo de puro potencial.

Ese potencial eres tú.

¿Cuál es el camino?

Lo más valioso que puedes aportar a cualquier relación es tu potencial espiritual. Es lo que tienes para ofrecer cuando empiezas a vivir tu historia de amor en el nivel más profundo. Al igual que la semilla es necesaria para iniciar la vida de un árbol, tu potencial espiritual es la semilla para tu crecimiento en el amor. Nada es más precioso. Verte con los ojos del amor hace que sea natural ver a los demás de esa manera también. Podrás decir de tu amado, como hace el poeta Rumi:

> Tú eres el secreto del secreto de Dios.
> Tú eres el espejo de la belleza divina.

El camino hacia el amor es algo que conscientemente se elige seguir, y a todos los que se han enamorado alguna vez se les muestra el primer paso en ese camino. El desarrollo del potencial espiritual ha sido la principal preocupación de todos los grandes videntes, santos, profetas, maestros y sabios de la historia humana. La suya fue una búsqueda cuidadosamente trazada del Yo, muy lejos de nuestra noción de amor como un asunto emocional y desordenado.

En la India, el camino espiritual se llama *sadhana*, y aunque una pequeña minoría de personas abandona la vida normal para recorrer el mundo como buscadores de la iluminación (son monjes, o *sadhus*), todos, desde aquellos en la más antigua civilización de la India védica hasta hoy, consideran que su vida es sadhana, un camino hacia el Yo. Aunque el Yo parece separado de nosotros, en realidad está entrelazado con todo lo que una persona piensa, siente o hace. Es sorprendente, si lo piensas, que no conozcas íntimamente a tu verdadero Yo. La búsqueda del Yo, como han dicho los sabios védicos, es como un pez sediento en busca de agua. Pero mientras no se encuentre el Yo, el sadhana existe.

La meta del camino es transformar tu conciencia de la separación en la unidad. En la unidad percibimos sólo el amor, expresamos sólo el amor, somos sólo el amor.

Mientras nuestra transformación interna tiene lugar, cada camino debe tener alguna forma externa para sostenerlo. En la India, la naturaleza de una persona la lleva al estilo de camino apropiado para alcanzar la plenitud. Algunas personas son naturalmente intelectuales y, por lo tanto, son adecuadas para seguir el camino del conocimiento, o *gyana*. Algunas son más devotas e idóneas para seguir el camino de la adoración, o *bhakti*. Algunas están más motivadas hacia el exterior y siguen el camino de la acción, o Karma.

Los tres no son mutuamente excluyentes; idealmente, uno incluiría en su estilo de vida períodos diarios de estudio, adoración y servicio. Los tres enfoques se integrarían entonces en un solo camino. Sin embargo, es enteramente posible que uno se sienta tan cautivado con un solo enfoque que toda su existencia se centre en la lectura de las escrituras, la contemplación y el debate erudito, esto es, la vida del *gyana*. O pasar el tiempo meditando, cantando y participando en los rituales del templo, la vida del *bhakti*. O realizar trabajo social, aplicarse a la purificación mental y física, y hacer lo que Dios manda en la actividad diaria, la vida del karma. Incluso en los sectores más tradicionales de la India hoy en día, estos caminos se han dividido, dando paso a estilos de vida modernos en los que el estudio y el trabajo tienen poco o nada que ver con las aspiraciones espirituales.

¿Qué significa esto para un occidental que nunca ha estado expuesto al sadhana? Propongo que hallarse en el camino espiritual es un impulso tan natural y poderoso que la vida de todos, independientemente de la cultura de que se trate, lo sigue. Un camino es sólo una manera de abrirse al espíritu, a Dios, al amor. Estos son objetivos que todos valoramos, pero nuestra cultura no nos ha dado una forma establecida y organizada para alcanzarlos. De hecho, nunca en la historia un buscador se había enfrentado a un panorama espiritual tan desorganizado y caótico.

Lo que nos queda son las relaciones. El deseo de amar y ser amado es demasiado poderoso para extinguirse y, por fortuna, existe un camino espiritual basado en este anhelo insaciable. La expresión "camino al amor" no es nada más que una metáfora; reaparece a lo largo de la historia espiritual de muchas maneras. La versión más antigua es el *bhakti* o tradición devocional de la India védica, en la que todas las formas de amor sirven en última instancia a la búsqueda de Dios. Los sufíes del islamismo tienen su propio linaje devocional. Rumi, a quien cito tan a menudo, fue más que un poeta; fue un gran maestro de este camino. Para él, Dios era el amante más dulce y deseable, cuyo tacto podía sentir en la piel:

Cuando hace frío y llueve,
Eres más preciosa.

Y la nieve me acerca
Aún más a tus labios.

El secreto interno, aquel que no había nacido, ¡ahora es!
Tú eres esa frescura, y yo estoy contigo ahora.

Cristo inició otra versión del camino con su enseñanza suprema: "Ama a tu prójimo como a ti mismo". Jesús siempre habló de Dios como un padre amoroso. La versión cristiana del camino es, por lo tanto, una relación no tanto entre amantes sino más bien entre padre e hijo o entre un pastor y su rebaño (aunque no debemos olvidar la imagen de Cristo como esposo y el alma del adorador como esposa).

Así que no es tradición lo que falta. Sería más justo decir que en la mayoría de las religiones la enseñanza del amor, tal como se presentó en su origen, parece haberse desvanecido y se ha convertido más en un ideal que en una realidad práctica. No obstante, en medio de toda la confusión y el colapso de la enseñanza tradicional, todavía existe la chispa de amor que une a dos personas, y de ahí puede partir un camino.

Como la pequeña chispa de fuego que llega a devorar un bosque, la chispa del amor es lo único que necesitas para experimentarlo en todo su poder y gloria, en todos sus aspectos, terrenales y divinos. El amor es espíritu, y todas las experiencias de amor, por insignificantes que parezcan, son en realidad invitaciones a la danza cósmica. Dentro de cada historia de amor se esconde el cortejo entre dioses y diosas.

En tiempos pasados, incluso el enamoramiento más fugaz tenía un significado espiritual; la cercanía de Dios en el amado se tomaba en serio. Sin embargo, desde la llegada de Freud, los psicólogos nos han asegurado que enamorarse es ilusorio; el sentido de éxtasis que acompaña al enamoramiento no es realista. Debemos aprender a aceptar la naturaleza temporal del romance y a ignorar la "fantasía proyectada" de que podríamos ser tan inmortales e invulnerables como se sienten los amantes apasionados. Por consiguiente, tendríamos que ver con escepticismo a Walt Whitman cuando declara con entusiasmo: "Soy el compañero y camarada de la gente, todos tan inmortales e insondables como yo, (Ellos ignoran cuán inmortales son, pero yo lo sé)".

~Dr. Deepak Chopra

El amor: la única fuerza creadora

Repartid amor por dondequiera que vayáis: ante todo en vuestra propia casa. Dad amor a vuestros hijos, a vuestra esposa o esposo, a vuestro vecino de al lado... No dejéis jamás que nadie que haya acudido a vosotros se marche sin sentirse mejor y más feliz. Sed la expresión viva de la bondad de Dios: bondad en vuestros rostros, en vuestros ojos, en vuestra sonrisa, en vuestro saludo cariñoso.

~Madre Teresa

Un profesor universitario pidió a sus alumnos de sociología que fueran a los barrios bajos de Baltimore a conseguir historias de 200 niños. Les pidió que escribieran una evaluación del futuro de cada niño. En todos los casos los estudiantes escribieron: "No tiene ninguna oportunidad". Veinticinco años después, otro profesor de sociología se topó con el estudio. Pidió a sus estudiantes que dieran seguimiento al proyecto para ver qué había pasado con esos niños. Con la excepción de veinte que se habían mudado o murieron, los estudiantes descubrieron que 176 de los 180 restantes habían alcanzado más que un éxito como abogados, médicos y empresarios.

El profesor quedó atónito y decidió investigar más a fondo el asunto. Por fortuna, todos los hombres se encontraban en la zona y pudo preguntar a cada uno de ellos: "¿Cómo explica su éxito?". En cada caso la respuesta fue conmovedora: "Hubo una maestra".

La maestra seguía con vida, así que la buscó y preguntó a la anciana, todavía lúcida, qué fórmula mágica había utilizado para sacar a esos niños de los barrios bajos e impulsarlos hacia el éxito.

Los ojos de la maestra resplandecieron y sus labios esbozaron una suave sonrisa. “Es realmente muy simple”, repuso. “Yo amaba a esos chicos”.

~Eric Butterworth

Lo único que recuerdo

Hay consuelo en la fuerza del amor;
hace que sea soportable algo que de otra manera
trastornaría el cerebro o rompería el corazón.
~William Wordsworth

Cuando mi padre me hablaba, siempre empezaba la conversación con: "¿Ya te dije hoy cuánto te adoro?". La expresión del amor era recíproca y, en sus últimos años, cuando su vida comenzaba a menguar visiblemente, nos acercamos aún más... si es que eso era posible.

A los 82 años estaba preparado para morir, y yo estaba preparada para dejarlo ir para que su sufrimiento terminara. Reímos, lloramos y nos tomamos de las manos, nos profesamos mutuo amor y acordamos que ya era hora. Pedí: "Papá, después de que te hayas ido, quiero recibir una señal tuya para saber que estás bien". Se rio de lo absurdo de mi petición; papá no creía en la reencarnación. Yo tampoco estaba segura, pero había tenido muchas experiencias que me convencieron de que era posible recibir alguna señal "del más allá".

Mi padre y yo estábamos tan profundamente conectados que sentí su ataque al corazón en el pecho en el momento de su muerte. Luego lamenté que el personal del hospital, en su estéril prudencia, no me hubiera permitido tomarle la mano mientras se iba.

Día tras día rezaba para que se me permitiera saber de él, pero no pasó nada. Noche tras noche pedí un sueño antes de dormirme. Sin embargo, pasaron cuatro largos meses y no supe ni sentí nada más que dolor por su pérdida. Mi madre había muerto de alzhéimer cinco años antes y, aunque yo tenía hijas adultas, me sentía como una niña perdida.

Un día, mientras estaba acostada en una cama de masajes en una sala oscura y en silencio esperando mi cita, una ola de añoranza por mi padre se apoderó de mí. Comencé a preguntarme si no habría sido demasiado exigente al pedirle una señal. Noté que mi mente se encontraba en un estado de hiperlucidez. Experimenté una claridad desconocida en la que podría haber sumado largas columnas de números en la mente. Me aseguré de estar despierta y no soñando, y me di cuenta de que me hallaba tan lejos como fuera posible de un estado de ensoñación. Cada pensamiento que tenía era como una gota de agua que perturbaba un estanque tranquilo, y me maravilló la paz de cada momento que transcurría. Entonces pensé: "He estado tratando de controlar los mensajes del más allá; en este momento dejaré de hacerlo".

De repente apareció el rostro de mi madre, tal como era antes de que la enfermedad de Alzheimer la despojara de su mente, su humanidad y 25 kilos. Su magnífico pelo canoso coronaba su dulce rostro. Era tan real y estaba tan cerca que sentí que podía estirar la mano y tocarla. Tenía el mismo aspecto que hace una docena de años, antes de que empezaran a notarse los estragos de la enfermedad. Incluso olí la fragancia de Joy, su perfume favorito. Parecía estar esperando y no hablaba. Me pregunté cómo era posible que yo hubiera estado pensando en mi padre y que mi madre apareciera, y me sentí un poco culpable por no haber preguntado por ella también.

—Ay, madre —musité—, siento mucho que hayas tenido que sufrir esa horrible enfermedad.

Ella inclinó un poco la cabeza hacia un lado, como para indicarme que había oído lo que dije sobre su sufrimiento. Entonces sonrió, me dirigió una hermosa sonrisa y dijo con toda claridad: "Pero lo único que recuerdo es el amor". Y desapareció.

Comencé a temblar en una habitación que de pronto se volvió fría, y comprendí en el fondo mi ser que el amor que damos y recibimos es todo lo que importa y todo lo que se recuerda. El sufrimiento desaparece; el amor perdura.

Sus palabras son las más importantes que he escuchado, y tengo grabado ese momento en el corazón para siempre.

Todavía no he visto ni oído a mi padre, pero no tengo ninguna duda de que algún día, cuando menos lo espere, aparecerá y dirá: "¿Ya te dije hoy que te amo?".

~Bobbie Probstein

Canción del corazón

Para un padre que envejece, nada es más querido que una hija.
~Eurípides

Érase una vez un gran hombre que se casó con la mujer de sus sueños. Con su amor engendraron a una pequeña niña. Era una niña brillante y alegre, y el gran hombre la amaba mucho.

Cuando era muy pequeña, él la levantaba en brazos, tarareaba una melodía y bailaba con ella por toda la habitación, y le decía: "Te quiero, pequeña".

Al crecer, el gran hombre solía abrazarla y decirle: "Te quiero, pequeña". La niña hacía pucheros y protestaba: "Ya no soy una niña pequeña". Entonces el hombre se reía y decía: "Pero, para mí, siempre serás mi pequeña".

La niña que ya no era pequeña se fue de su casa y salió a ver el mundo. A medida que aprendía más sobre sí misma, también aprendía más sobre el hombre. Se dio cuenta de que él era verdaderamente grande y fuerte, porque ahora reconocía sus fortalezas. Una de ellas era su capacidad de expresar su amor a su familia. No importaba dónde fuera, el hombre la llamaba y le decía: "Te amo, pequeña".

Llegó el día en que la niña que ya no era pequeña recibió una llamada telefónica. El gran hombre estaba herido. Había tenido un derrame cerebral. Estaba afásico, le explicaron a la niña. No podía hablar y no estaban seguros de que pudiera entender lo que se le decía. Ya no podía sonreír, reír, caminar, abrazar, bailar o decirle a la niña que ya no era pequeña que la amaba. Entonces corrió al lado del gran hombre. Cuando entró en la habitación y lo vio, parecía pequeño y nada fuerte. La miró y trató de hablar, pero no pudo.

La niña hizo lo único que podía hacer. Se recostó en la cama junto al gran hombre. Las lágrimas escurrieron de los ojos y pasó los brazos alrededor de los hombros inútiles de su padre.

Reclinó la cabeza sobre el pecho de él y pensó en muchas cosas. Recordó los momentos maravillosos que habían pasado juntos y cómo siempre se había sentido protegida y amada por el gran hombre. Sentía pena por la pérdida que iba a sufrir, por las palabras de amor que la habían consolado.

Entonces oyó, desde dentro del hombre, el latido de su corazón. El corazón donde la música y las palabras siempre habían vivido. El corazón seguía palpitando, sin preocuparse por el daño en el resto del cuerpo. Y mientras ella descansaba allí, ocurrió la magia. Oyó lo que necesitaba oír.

El latido del corazón del padre susurró las palabras que la boca ya no podía decir…

Te quiero, te quiero, te quiero, pequeña, pequeña, pequeña.

Y ella se sintió reconfortada.

~Patty Hansen

Amor verdadero

La belleza sin gracia es como un anzuelo sin cebo.
~Ninon de l'Enclos

Moisés Mendelssohn, el abuelo del célebre compositor alemán, distaba mucho de ser atractivo. Además de ser de estatura bastante baja, tenía una joroba grotesca.

Un día visitó a un mercader en Hamburgo que tenía una hija encantadora llamada Frumtje. Moisés se enamoró perdidamente de ella. Pero Frumtje sentía repugnancia por su aspecto deforme.

Cuando llegó el momento de partir, Moisés se armó de valor y subió las escaleras hasta su habitación para aprovechar la última oportunidad de hablar con ella. Frumtje era una visión de la belleza celestial, pero le causó una profunda tristeza cuando se negó a mirarlo. Después de varios intentos por entablar conversación, Moisés preguntó con timidez:

—¿Crees que los matrimonios se hacen en el cielo?

—Sí —contestó ella, sin levantar la mirada del suelo—. ¿Y tú?

—Claro que sí —respondió él—. Verás, en el cielo, cuando va a nacer cada niño, el Señor anuncia con qué chica se casará. Cuando nací, me señalaron a mi futura esposa. Entonces el Señor añadió: "Pero tu esposa será jorobada". En ese mismo instante grité: "Oh Señor, una mujer jorobada sería una tragedia. Te lo ruego, Señor, dame la joroba a mí y deja que ella sea hermosa".

Entonces Frumtje lo miró a los ojos y un recuerdo en lo más recóndito de su mente la conmovió. Se acercó a Mendelssohn, le prometió su mano en matrimonio y poco después se convirtió en su devota esposa.

~Barry y Joyce Vissell

El juez de los abrazos

¡No me molestes! ¡Abrázame!
~Calcomanía de parachoques

Lee Shapiro es un juez jubilado. También es una de las personas más genuinamente amorosas que conocemos. En algún momento de su carrera, Lee se dio cuenta de que el amor era el mayor poder que existía. En consecuencia, Lee decidió repartir abrazos. Comenzó a ofrecer a todos un abrazo. Sus colegas lo apodaron "el juez abrazador" (a diferencia del juez ahorcador, suponemos)[*]. La calcomanía en el parachoques de su coche dice: "¡No me molestes! ¡Abrázame!".

Hace unos seis años Lee creó lo que él llama su "kit de abrazos". Por fuera dice: "Un corazón por un abrazo". El interior contiene 30 pequeños corazones rojos bordados con calcomanías en la parte de atrás. Lee saca su kit de abrazos, camina entre la gente y le ofrece un pequeño corazón rojo a cambio de un abrazo.

Lee se ha vuelto tan famoso por esto que a menudo lo invitan a conferencias magistrales y convenciones, donde comparte su mensaje de amor incondicional. En una conferencia en San Francisco, los medios de comunicación locales lo desafiaron diciendo: "Es fácil dar abrazos aquí en la conferencia a personas que quisieron asistir. Pero esto nunca funcionaría en el mundo real".

Lo retaron a que repartiera abrazos en las calles de San Francisco. Seguido por un equipo de televisión del canal de noticias local, Lee salió a la calle.

[*] Juego intraducible de palabras que fonéticamente son parecidas en inglés: *hugging*, abrazo y *hanging*, morir en la horca. (*N. de la T.*)

Primero se acercó a una mujer que pasaba por ahí.

—Hola, soy Lee Shapiro, el juez de los abrazos. Estoy regalando estos corazones a cambio de un abrazo.

—Claro —respondió ella.

—Demasiado fácil —retó el comentarista local. Lee miró a su alrededor. Vio a una empleada que vigilaba los parquímetros a la que el dueño de un BMW le estaba haciendo pasar un mal rato por haberle puesto una multa. Se le acercó, con el equipo de cámaras tras él a la espalda, y le dijo:

—Parece que te vendría bien un abrazo. Soy el juez de los abrazos y te ofrezco uno —ella aceptó.

El comentarista de televisión lanzó un último desafío.

—Mira, aquí viene un autobús. Los conductores de autobuses de San Francisco son las personas más ásperas de toda la ciudad. Veamos si consigues que te abrace —Lee aceptó el reto.

Cuando el autobús se detuvo junto a la acera, Lee dijo:

—Hola, soy Lee Shapiro, el juez abrazador. Este tiene que ser uno de los trabajos más estresantes del mundo. Estoy ofreciendo abrazos a la gente para aligerarles un poco la carga. ¿Quieres uno?

—¿Por qué no? —respondió el conductor del autobús de 1,80 metros de altura, y se levantó de su asiento.

Lee lo abrazó, le dio un corazón y le dijo adiós con la mano cuando el autobús se puso en marcha. El equipo de televisión se quedó sin palabras.

—Tengo que admitir que estoy muy impresionado —admitió por fin el comentarista.

Un día, la amiga de Lee, Nancy Johnston, apareció en su puerta. Nancy es payaso profesional y llevaba su disfraz completo, incluido el maquillaje.

—Lee, ve por un montón de tus kits de abrazos y acompáñame a la residencia de personas con discapacidad.

Cuando llegaron a la casa, comenzaron a repartir sombreros con globos, corazones y abrazos a los pacientes. Lee se sentía incómodo. Nunca había abrazado a personas con enfermedades terminales, discapacidad intelectual severa o tetrapléjicas. Sin duda, tuvo que hacer un esfuerzo. Sin embargo, después de un rato las cosas le resultaron más fáciles, ya que Nancy y Lee consiguieron que un séquito de médicos, enfermeras y camilleros los siguiera de sala en sala.

Después de varias horas entraron en la última sala. Eran 34 de los peores casos que Lee había visto en su vida. El sentimiento que lo embargó era tan sombrío que le desgarró el corazón. No obstante, debido a su compromiso de compartir amor y marcar la diferencia, Nancy y Lee comenzaron a recorrer la habitación, seguidos por el séquito del personal médico, todos los cuales ya tenían corazones colgados al cuello y sombreros con globos en la cabeza.

Finalmente, Lee llegó a la última persona, Leonard. Leonard llevaba puesto un babero blanco grande donde le escurría la baba. Lee miró el babero empapado de Leonard y dijo:

—Oye, Nancy. No hay forma de que podamos llegar a esta persona.

—Vamos, Lee —respondió Nancy—. También es un ser humano, ¿no?

Enseguida le puso un gracioso sombrero de globos en la cabeza. Lee tomó uno de sus corazoncitos rojos y lo puso en el babero de Leonard. Respiró hondo, se inclinó y le dio un abrazo.

De repente, Leonard comenzó a gritar: "¡Eeeeeeehhh! Eeeeeeehhh!". Algunos de los otros pacientes de la sala hicieron ruidos con objetos metálicos. Lee miró al personal en busca de algún tipo de explicación y se dio cuenta de que todos los médicos, enfermeras y camilleros estaban llorando.

—¿Qué ocurre? —preguntó Lee a la jefa de enfermeras.

Lee nunca olvidará lo que le respondió:

—Es la primera vez en 23 años que vemos a Leonard sonreír.

Qué sencillo es marcar una diferencia en la vida de los demás.

~Jack Canfield y Mark Victor Hansen

Siempre se nota cuando ha estado escuchando las cintas de Leo Buscaglia...

20

¿Qué no puede pasar aquí?

Necesitamos cuatro abrazos al día para sobrevivir. Necesitamos ocho abrazos al día para mantenernos. Necesitamos doce abrazos al día para crecer.

~Virginia Satir

Siempre enseñamos a las personas a abrazarse unas a otras en nuestros talleres y seminarios. La mayoría responde diciendo: "No se puede abrazar a nadie donde yo trabajo". ¿Estás seguro? He aquí una carta de una graduada de uno de nuestros seminarios.

Querido Jack:

Amanecí hoy de un humor bastante sombrío. Mi amiga Rosalind pasó a verme y me preguntó si iba a dar abrazos hoy. Refunfuñé algo, pero luego empecé a pensar en los abrazos y en todo durante la semana. Miré la hoja que nos diste sobre "Cómo mantener vivo un seminario" y me estremecí al llegar a la parte que hablaba de dar y recibir abrazos porque no podía imaginarme dando abrazos a la gente en el trabajo.

Bueno, decidí que era "día de los abrazos" y empecé a dar abrazos a los clientes que se acercaban a mi mostrador. Fue genial ver cómo se alegraron. Una estudiante de maestría en administración saltó encima del mostrador y bailó. Algunas personas volvieron y pidieron más. Los dos técnicos de reparación de Xerox, que iban caminando sin hablarse, estaban tan sorprendidos que despertaron y de repente empezaron a hablar y a reír por el pasillo.

Siento como si hubiera abrazado a todo el mundo en la Escuela de Administración de Wharton; además, lo que me pasaba esta mañana, fuera lo que fuese, que incluía un poco de dolor físico, se esfumó. Disculpa que esta carta sea tan larga, pero estoy muy emocionada. Lo más bonito fue que, en un momento dado, había unas diez personas abrazándose frente a mi mostrador. No podía creer que esto estuviera pasando.

Amor,

Pamela Rogers

P.D. De camino a casa abracé a un policía en la calle 37 y me dijo: "¡Vaya! Los policías nunca reciben abrazos. ¿Estás segura de que no quieres lanzarme algo?".

Otro graduado del seminario, Charles Faraone, nos envió el siguiente ensayo sobre los abrazos:

ABRAZAR ES...

Abrazar es saludable. Ayuda al sistema inmunológico, cura la depresión, reduce el estrés e induce el sueño. Es vigorizante, rejuvenecedor y no tiene efectos secundarios desagradables. Abrazarse es nada menos que una droga milagrosa.

Abrazarse es natural. Es orgánico, naturalmente dulce, sin ingredientes artificiales, no contaminante, respetuoso con el medio ambiente y cien por cien saludable.

Dar un abrazo es el regalo ideal. Perfecto para cualquier ocasión, divertido de dar y recibir, demuestra nuestro interés por el otro, viene con su propia envoltura y, por supuesto, es completamente retornable.

Los abrazos son prácticamente perfectos. Sin pilas que se gasten, a prueba de inflación, no engordan, sin pagos mensuales, a prueba de robo y exentos de impuestos.

Abrazar es un recurso subutilizado con poderes mágicos. Cuando abrimos nuestros corazones y brazos, animamos a otros a hacer lo mismo.

Piensa en las personas que hay en tu vida. ¿Hay algo que quieras decir? ¿Hay algún abrazo que quieras compartir? ¿Estás esperando y confías en que otro pregunte primero? ¡Por favor, no esperes! ¡Sé tú el de la iniciativa!

~Jack Canfield

Quien eres marca la diferencia

La mayoría de nosotros, que nadamos a contracorriente en un mar de problemas de los que el mundo no sabe nada, sólo necesitamos un poco de aprecio o estímulo para llegar a la meta.

~Jerome Fleishman

Una maestra de Nueva York decidió homenajear a sus alumnos de último año en la escuela preparatoria diciéndoles la diferencia que cada uno de ellos había marcado. Siguiendo un proceso desarrollado por Helice Bridges de Del Mar, California, llamó a cada estudiante al frente del grupo, uno a la vez. Primero les dijo que habían marcado una diferencia para ella y para la clase. Luego entregó a cada uno de ellos una cinta azul impresa con letras doradas que decían: "Quien soy marca la diferencia".

Después, la maestra decidió hacer un proyecto con la clase para ver qué tipo de efecto produciría el reconocimiento en una comunidad. Le dio a cada uno de los estudiantes tres cintas más y les dio instrucciones para que salieran y difundieran la noticia de esta ceremonia de reconocimiento. Luego debían hacer un seguimiento de los resultados, ver quién honraba a quién e informar a la clase en aproximadamente una semana.

Uno de los chicos de la clase fue a ver a un joven ejecutivo en una empresa cercana y le manifestó su agradecimiento por haberlo ayudado con la planificación de su carrera. Le dio una cinta azul y se la puso en la camisa. Luego le dio las otras dos cintas y le dijo: "Estamos haciendo en clase un proyecto sobre el reconocimiento, y nos gustaría que salieras a buscar a alguien a quien homenajear, le dieras una cinta azul, y luego le entregaras la cinta azul restante para que dicha persona, a su vez, pueda agradecer a una tercera persona, y así continuar con esta ceremonia de reconocimiento". Luego, por favor, comunícate conmigo y dime qué pasó".

Más tarde ese mismo día, el joven ejecutivo fue a ver a su jefe, que, por cierto, se había destacado por ser un tipo gruñón. Se sentó con su jefe y le dijo que lo admiraba mucho por ser un genio creativo. El jefe parecía muy sorprendido. El joven ejecutivo le preguntó si aceptaría el regalo de la cinta azul y le daría permiso para ponérsela. El sorprendido jefe respondió: "Bueno, claro".

El joven ejecutivo tomó la cinta azul y la colocó en la americana de su jefe, justo encima del corazón. Cuando le dio la última cinta extra, pidió: "¿Me haría un favor? ¿Aceptaría esta otra cinta para honrar a otra persona? El chico que me dio las cintas está haciendo un proyecto en la escuela y queremos seguir con esta ceremonia de reconocimiento y saber cómo afecta a la gente".

Esa noche el jefe se fue a casa con su hijo de 14 años y se sentó con él. Le dijo: "Hoy me ha pasado algo increíble. Estaba en mi oficina y uno de los ejecutivos menores vino y me dijo que me admiraba y me dio una cinta azul por ser un genio creativo. Imagínate. Cree que soy un genio creativo. Luego me puso esta cinta azul que dice 'Quien soy marca la diferencia' en la americana encima del corazón. Me dio una cinta extra y me pidió que buscara a alguien más a quien honrar. Mientras conducía a casa esta noche, empecé a pensar a quién le daría esta cinta y pensé en ti. Quiero premiarte.

"Mis días son muy agitados y cuando llego a casa no te presto mucha atención. A veces te grito por no haber sacado buenas notas en la escuela y porque tu dormitorio es un desastre, pero de alguna manera esta noche, sólo quería sentarme aquí contigo y, bueno, quiero que sepas que marcas la diferencia para mí. Además de tu madre, eres la persona más importante de mi vida. ¡Eres un gran chico y te quiero!".

El niño sobresaltado comenzó a sollozar sin control, y no podía dejar de llorar. Todo su cuerpo tembló. Miró a su padre y le dijo a través de las lágrimas: "Estaba planeando suicidarme mañana, papá, porque creía que no me querías. Ahora no necesito hacerlo".

~Helice Bridges

Caldo de Pollo para el Alma 20

De uno en uno

A veces sentimos que lo que hacemos es tan sólo una gota en el mar, pero el mar sería menos si le faltara esa gota.

~Madre Teresa

Un amigo nuestro caminaba por una playa mexicana desierta al atardecer. Mientras lo hacía, alcanzó a ver a otro hombre a lo lejos. A medida que se acercaba, se dio cuenta de que el hombre se agachaba, recogía algo y lo lanzaba al agua. Una y otra vez seguía arrojando cosas al mar.

Cuando nuestro amigo se acercó aún más, se dio cuenta de que el hombre estaba recogiendo estrellas de mar que habían sido arrastradas a la playa y, una por una, las estaba lanzando de nuevo al agua.

Nuestro amigo estaba perplejo. Se acercó al hombre y le dijo:

—Buenas noches, amigo. Me pregunto qué estás haciendo.

—Estoy lanzando estas estrellas de mar de vuelta al mar. La marea está baja y todas estas estrellas de mar han sido arrastradas a la orilla. Si no las devuelvo al mar, morirán aquí por falta de oxígeno.

—Entiendo —respondió mi amigo—, pero debe de haber miles de estrellas de mar en esta playa. No es posible llegar a todas ellas. Son demasiadas. ¿Y no te das cuenta de que esto seguramente está ocurriendo en cientos de playas por toda la costa? ¿No ves que no puedes marcar la diferencia?

El hombre sonrió, se agachó y recogió otra estrella de mar y mientras la arrojaba de vuelta al mar, respondió:

—Marco la diferencia para ésa.

~Jack Canfield y Mark Victor Hansen

20

El regalo

¡Qué hermoso puede ser un día
cuando la bondad lo toca!
~George Elliston

Bennett Cerf relata esta conmovedora historia sobre un autobús que iba traqueteando en un camino rural en el sur. En un asiento iba un anciano enjuto que llevaba un ramo de flores frescas. Al otro lado del pasillo había una joven cuya mirada volvía una y otra vez a las flores del hombre. Llegó el momento en que el viejo tenía que bajarse. Impulsivamente dejó las flores en el regazo de la chica.

—Veo que te encantan las flores —explicó—, y creo que a mi esposa le gustaría que las tuvieras. Le diré que te las di.

La chica aceptó las flores, luego vio al anciano bajarse del autobús y atravesar la puerta de un pequeño cementerio.

~Contada por Bennett Cerf

Un hermano así

A veces ser hermano es mejor que ser un superhéroe.
~Marc Brown

Un amigo mío llamado Paul recibió un automóvil de su hermano como regalo de Navidad. En Nochebuena, cuando Paul salió de su oficina, vio a un niño de la calle que caminaba alrededor del flamante coche nuevo, admirándolo.

—¿Es suyo el coche, señor? —preguntó. Paul asintió con la cabeza.

—Mi hermano me lo dio como regaló de Navidad.

El niño lo miró asombrado.

—¿Quiere decir que su hermano se lo dio y no le costó nada? Caray, ojalá que… —titubeó.

Por supuesto, Paul dio por sentado lo que el niño deseaba: que ojalá tuviera un hermano así. Pero lo que el muchacho dijo le caló a Paul en el alma.

—Ojalá que yo pudiera ser un hermano así —continuó el chico.

Paul miró al niño con asombro y luego, por impulso, añadió:

—¿Te gustaría dar un paseo en mi automóvil?

—Ah, sí, me encantaría.

Luego de un corto paseo, el muchacho se volvió y con ojos brillantes, preguntó:

—Señor, ¿le importaría pasar frente a mi casa?

Paul esbozó una sonrisa. Creyó que sabía lo que el muchacho quería. Quería mostrar a sus vecinos que podía regresar a casa en un automóvil grande. Pero Paul volvió a equivocarse.

—¿Puede detenerse ahí donde están esos dos escalones? —pidió el chico.

Subió corriendo las escaleras. Al poco tiempo, Paul lo oyó volver, pero no iba rápido. Llevaba en brazos a su hermanito lisiado. Lo sentó en el escalón inferior, luego se sentó junto a él y señaló el coche.

—Ahí está, Buddy, como te dije arriba. Su hermano se lo regaló en Navidad y no le costó ni un centavo. Un día te voy a regalar uno igual... entonces podrás ver por ti mismo todas las cosas bonitas en los escaparates de Navidad que te he contado.

Paul se bajó, levantó al muchacho y lo llevó al asiento delantero de su coche. El hermano mayor de ojos brillantes se subió a su lado y los tres emprendieron un memorable viaje decembrino.

Aquella Nochebuena, Paul comprendió lo que Jesús quiso decir cuando dijo: "Hay más dicha en dar…".

~Dan Clark

Caldo de Pollo para el Alma 20

Sobre el valor

Un hermano es un amigo que te da la naturaleza.
~Jean Baptiste Legouvé

"¿Crees que soy valiente?", preguntó ella. "Sí, eso creo". "Tal vez lo sea. Pero sólo porque he tenido algunos maestros inspiradores. Te hablaré de uno de ellos. Hace muchos años, cuando trabajaba como voluntaria en el hospital de Stanford, conocí a una niña llamada Liza que sufría de una enfermedad rara y grave. Su única oportunidad de recuperación parecía ser una transfusión de sangre de su hermano de cinco años, que milagrosamente había sobrevivido a la misma enfermedad y había desarrollado los anticuerpos necesarios para combatirla. El médico le explicó la situación al hermanito y le preguntó si estaría dispuesto a donarle sangre a su hermana. Lo vi dudar tan sólo un momento antes de respirar hondo y asegurar: 'Sí, lo haré si eso salva a Liza'. A medida que avanzaba la transfusión, se acostó en una cama junto a su hermana y sonrió, como todos nosotros, al ver que el color volvía a las mejillas de su hermana. Entonces se puso pálido y su sonrisa se desvaneció. Miró al médico y le preguntó con voz temblorosa: '¿Empezaré a morir de inmediato?'. Como era muy pequeño, el niño había malinterpretado al doctor y pensó que iba a tener que dar *toda* su sangre. Sí, he aprendido a tener valor —añadió ella—, porque he tenido maestros inspiradores".

~Dan Millman

20

Big Ed

Sabiduría es el premio que recibes por haber escuchado toda la vida cuando habrías preferido hablar.

~Doug Larson

Cuando llegué a la ciudad para impartir un seminario sobre administración eficiente, un pequeño grupo de personas me llevó a cenar para informarme sobre el público ante el cual hablaría al día siguiente.

El líder evidente del grupo era Big Ed, un hombre fornido y corpulento con voz profunda y retumbante. En la cena me comentó que era el solucionador de problemas de una gran organización internacional. Su trabajo consistía en ir a ciertas divisiones o subsidiarias para despedir al ejecutivo a cargo.

—Joe —continuó—, espero con impaciencia que llegue mañana porque todos los muchachos necesitan escuchar a un tipo duro como tú. Van a descubrir que mi estilo es el correcto —sonrió y guiñó el ojo.

Sonreí. Sabía que el día siguiente iba a ser diferente de lo que él esperaba.

Al día siguiente se sentó impasible durante todo el seminario y se marchó al final sin decirme nada.

Al cabo de tres años regresé a esa ciudad para presentar otro seminario de administración a casi el mismo grupo. Big Ed estaba ahí otra vez. A eso de las diez de la mañana se levantó de pronto y preguntó en voz alta:

—Joe, ¿puedo decirle algo a estas personas?

—Por supuesto —respondí, sonriente—. Cuando alguien es tan grandote como tú, Ed, puede decir lo que quiera.

—Todos ustedes me conocen —continuó diciendo Big Ed—, y algunos de ustedes saben lo que me pasó. Sin embargo, quiero compartirlo con todos ustedes. Joe, creo que lo apreciarás cuando haya terminado.

"Cuando te oí decir que, para llegar a ser duros de verdad, necesitábamos aprender a decirles a nuestros seres queridos que los amábamos, pensé que lo que decías era un montón de basura sentimental. Me preguntaba qué rayos tenía que ver eso con ser duro. Habías dicho que la dureza era como el cuero y como el granito, que la mente dura es abierta, resistente, disciplinada y tenaz. Pero no entendía qué tenía que ver el amor con eso.

"Esa noche, sentado frente a mi esposa en la sala, tus palabras seguían molestándome. ¿Qué clase de valor se necesitaba para decirle a mi esposa que la amaba? ¿Alguien podía hacerlo? También dijiste que esto debería ser a la luz del día y no en el dormitorio. Me sorprendí aclarándome la garganta; empecé a hablar y luego me detuve. Mi esposa levantó la vista y me preguntó qué había dicho, y le respondí: 'Ah, nada'. De pronto, me levanté, crucé la habitación, con nerviosismo, hice a un lado su periódico y dije: 'Alice, te amo'. Por un momento pareció sorprendida. Entonces las lágrimas asomaron a sus ojos y respondió en voz baja: 'Ed, yo también te amo, pero es la primera vez en 25 años que lo dices así'.

"Hablamos un rato sobre cómo el amor, si es que hay suficiente, puede disolver todo tipo de tensiones, y de repente me decidí a llamar a mi hijo mayor en Nueva York. Nunca nos hemos comunicado realmente bien. Cuando lo llamé por teléfono, espeté: 'Hijo, puedes pensar que estoy borracho, pero no es así. Sólo pensé en llamarte y decirte que te quiero'.

"Hubo una pausa al final y luego le oí decir en voz baja: 'Papá, supongo que ya lo sabía, pero me alegra mucho oírlo. Quiero que sepas que yo también te quiero'. Tuvimos una buena charla y luego llamé a mi hijo menor en San Francisco. Éramos más cercanos. Le dije lo mismo y esto, también, nos llevó a una estupenda charla como nunca la habíamos tenido.

"Cuando me acosté esa noche me quedé pensando y me di cuenta de que todas las cosas de las que habías hablado ese día, los principios básicos de la administración, habían adquirido otro significado más profundo, y me di cuenta de que sólo podría aplicarlas si realmente entendía y practicaba el amor riguroso.

"Empecé a leer libros sobre el tema. Por supuesto, Joe, mucha gente grandiosa tenía mucho que decir, y empecé a darme cuenta del enorme sentido práctico que tenía el amor aplicado en mi vida, tanto en casa como en el trabajo.

"Como algunos de vosotros sabéis, realmente cambié la forma en que trabajo con los demás. Empecé a escuchar más y a oír de verdad. Aprendí lo que era tratar de conocer las fortalezas de la gente en lugar de pensar en sus debilidades. Comencé a descubrir el verdadero placer de ayudarlos a crear confianza. Tal vez lo más importante de todo fue que realmente empecé a entender que una manera excelente de mostrar amor y respeto por las personas era esperar que utilizaran sus fortalezas para alcanzar los objetivos que habíamos establecido juntos.

"Joe, esta es mi forma de decir gracias. Por cierto, a propósito de práctico. Ahora soy vicepresidente ejecutivo de la empresa y me llaman líder esencial. Bien, muchachos, ¡háganle caso a este hombre!".

~Joe Batten

Caldo de Pollo para el Alma 20

El amor y el taxista

No se puede vivir un día perfecto sin hacer algo por alguien que nunca podrá pagarte.

~John Wooden

El otro día estaba en Nueva York y tomé un taxi con un amigo. Cuando nos bajamos, mi amigo le dijo al conductor:

—Gracias por el viaje. Condujo como todo un profesional.

El taxista se quedó perplejo por un segundo.

—¿Se está burlando de mí o algo así? —preguntó entonces.

—No, mi estimado amigo, no le estoy tomando el pelo. Admiro su tranquilidad en el tránsito pesado.

—Sí —repuso el conductor y se marchó.

—¿Qué fue eso? —pregunté.

—Estoy tratando de devolver el amor a Nueva York —respondió él—. Creo que es lo único que puede salvar a la ciudad.

—¿Cómo puede un hombre salvar a Nueva York?

—No es un solo hombre. Creo que le he alegrado el día a ese taxista. Supongamos que tiene veinte pasajeros. Va a ser amable con esas veinte personas porque alguien fue amable con él. Esos pasajeros, a su vez, serán más amables con sus empleados, tenderos o camareros e incluso con sus propias familias. A la larga, la buena voluntad podría extenderse a por lo menos un millar de personas. No está nada mal, ¿verdad?

—Pero dependes de que ese taxista transmita tu buena voluntad a los demás.

—No dependo de nada —replicó mi amigo—. Sé perfectamente que el sistema no es infalible, por lo que podría tratar con diez personas diferentes hoy. Si de cada diez puedo hacer felices a tres, al final podré influir de manera indirecta en las actitudes de otros tres mil.

—Parece bien en teoría —admití—, pero no estoy seguro de que funcione en la práctica.

—No se pierde nada si no funciona. No me costó nada decirle a ese hombre que estaba haciendo un buen trabajo. No influyó en la propina que recibió. Si no le importó, ¿qué? Mañana habrá otro taxista al que puedo intentar hacer feliz.

—Estás chiflado —comenté.

—Eso demuestra lo cínico que te has vuelto. Hice un estudio de esto. Lo que parece faltar, además del dinero, por supuesto, a nuestros empleados postales, es que nadie le dice al personal que trabaja en la oficina de correos lo bien que lo están haciendo.

—Pero es que no están haciendo un buen trabajo.

—No hacen un buen trabajo porque creen que a nadie le importa si se esfuerzan o no. ¿Por qué nadie les dice una palabra amable?

Pasábamos junto a una estructura en construcción y había cinco obreros comiendo su almuerzo. Mi amigo se detuvo.

—Es un trabajo magnífico el que están haciendo. Debe de ser difícil y peligroso —los trabajadores miraron a mi amigo con recelo—. ¿Cuándo terminarán?

—En junio —refunfuñó un hombre.

—Ah, es muy impresionante. Todos ustedes deben estar muy orgullosos.

Seguimos caminando.

—No he visto a nadie como tú desde don Quijote de la Mancha —apunté.

—Cuando esos hombres asimilen mis palabras, se sentirán mejor. De alguna manera la ciudad se beneficiará de su felicidad.

—Pero ¡no puedes hacer esto solo! —protesté—. Eres un solo hombre.

—Lo más importante es no desanimarse. Lograr que la gente de la ciudad vuelva a ser amable no es un trabajo fácil, pero si puedo reclutar a otras personas en mi campaña...

—Acabas de guiñarle el ojo a una mujer poco agraciada —observé.

—Sí, lo sé —respondió—. Si es maestra, su grupo tendrá un día fantástico.

~Art Buchwald

Un sencillo detalle

Todo el mundo puede ser grande... porque cualquiera puede servir. No es necesario tener un título universitario para servir. No es preciso que sujeto y verbo concuerden para servir. Lo único que se necesita es un corazón pleno de gracia. Un alma nacida del amor.

~Martin Luther King, Jr.

Mark volvía a casa caminando de la escuela un día cuando se dio cuenta de que el niño que iba delante de él había tropezado y se le habían caído todos los libros que llevaba, junto con dos jerséis, un bate de beisbol, una manopla y una pequeña grabadora. Mark se arrodilló y ayudó al niño a recoger los objetos dispersos. Como iban por el mismo camino, lo ayudó a llevar parte de la carga. Mientras caminaban, Mark se enteró de que el niño se llamaba Bill, que le encantaban los videojuegos, el beisbol y la historia, que tenía muchos problemas con sus otras asignaturas y que acababa de romper con su novia.

Llegaron primero a la casa de Bill, que invitó a Mark a tomar una Coca-Cola y a ver un rato la televisión. Pasaron una tarde muy agradable, compartieron algunas risas y hablaron de cosas triviales, y luego Mark se marchó a casa. Continuaron viéndose en la escuela, almorzaron juntos una o dos veces, y los dos se graduaron de la escuela secundaria. Terminaron en la misma escuela preparatoria donde tuvieron breves contactos a lo largo de los años. Por fin llegó el tan esperado último año, y tres semanas antes de la graduación, Bill le preguntó a Mark si podían hablar.

Bill le recordó el día que se conocieron años atrás.

—¿Alguna vez te preguntaste por qué llevaba tantas cosas a casa ese día? —quiso saber Bill—. Verás, limpié mi taquilla porque no quería dejarle un desastre a nadie. Había tomado a escondidas algunos de los somníferos de mi madre e iba a casa a suicidarme. Pero después de que pasamos un tiempo juntos charlando y riendo, me di cuenta de que si me hubiera suicidado, me habría perdido ese momento y tantos otros que podrían seguir. Como ves, Mark, cuando recogiste mis libros ese día, hiciste mucho más. Me salvaste la vida.

~John W. Schlatter

20

La sonrisa

Sonreíd los unos a los otros, sonreíd a vuestra esposa, sonreíd a vuestro esposo, sonreíd a vuestros hijos, sonreíd los unos a los otros, sin importar quién sea, y eso los ayudará a crecer en el amor por los demás.

~Madre Teresa

Muchos estadunidenses conocen *El principito*, un libro maravilloso de Antoine de Saint-Exupéry. Es un libro fantástico y fabuloso que funciona como cuento infantil y como fábula para adultos que invita a la reflexión. Son muchos menos los que conocen los otros escritos, novelas y cuentos de Saint-Exupéry.

Saint-Exupéry era un piloto de combate que luchó contra los nazis y murió en el cumplimiento del deber. Antes de la Segunda Guerra Mundial, peleó en la Guerra Civil española contra los fascistas. Escribió una historia fascinante basada en esa experiencia titulada *La sonrisa* (*Le sourire*). No está claro si su intención era autobiográfica o de ficción. Prefiero creer que es lo primero. Relató que fue capturado por el enemigo y arrojado a una celda de una prisión. Estaba seguro por las miradas despectivas y el duro trato que recibió de sus carceleros de que sería ejecutado al día siguiente. A partir de este momento contaré la historia como la recuerdo, en mis propias palabras.

"Estaba seguro de que me iban a matar. Me puse terriblemente nervioso y alterado. Busqué a tientas en los bolsillos para ver si había algún cigarrillo que hubiera escapado a su búsqueda. Encontré uno y debido a mis manos temblorosas, apenas pude llevármelo a mis labios. Pero no tenía fósforos; se los habían llevado.

"Miré a través de los barrotes a mi carcelero. No hizo contacto visual conmigo. Después de todo, uno no hace contacto visual con una cosa, un cadáver. Pregunté: '¿Tienes fuego, por favor?' Me miró, se encogió de hombros y se acercó a encender mi cigarrillo.

"Cuando se acercó y prendió el fósforo, nuestras miradas se entrecruzaron sin querer. En ese momento, sonreí. No sé por qué lo hice. Tal vez fue nerviosismo, tal vez porque, cuando uno se acerca mucho a otra persona es muy difícil no sonreír. En todo caso, sonreí. En ese instante, fue como si una chispa saltara entre el espacio que separaba nuestros dos corazones, nuestras dos almas humanas. Sé que él no quería, pero mi sonrisa saltó a través de las barras y generó una sonrisa en sus labios también. Encendió mi cigarrillo, pero se quedó cerca; me miró directamente a los ojos y siguió sonriendo.

"Seguí sonriéndole, consciente ya de que era una persona y no sólo un carcelero. Y la forma como me miraba también parecía haber cobrado una nueva dimensión. '¿Tienes hijos?', me preguntó.

"'Sí, aquí, aquí'. Saqué mi billetera y, nervioso, busqué a tientas las fotografías de mi familia. Él también sacó las fotos de sus *niños* y empezó a hablar de sus planes y esperanzas para ellos. Se me llenaron los ojos de lágrimas. Le confesé que temía no volver a ver a mi familia nunca más, no tener la oportunidad de verlos crecer. Las lágrimas también asomaron a sus ojos.

"De repente, sin decir una palabra más, abrió mi celda y me sacó en silencio. Salimos de la cárcel, sin hacer ruido y por callejuelas secundarias, me sacó de la ciudad. Ahí, a las afueras de la ciudad, me liberó. Y sin decir una palabra más, se volvió hacia el pueblo.

"Una sonrisa me salvó la vida".

Sí, la sonrisa, la conexión natural, sin afectación, no planificada, entre las personas. Narro esta historia en mi trabajo porque me gustaría que la gente pensara que debajo de todas las capas que creamos para protegernos a nosotros mismos, nuestra dignidad, nuestros cargos, nuestros títulos, nuestra posición social y nuestra necesidad de que nos vean de ciertas maneras, por debajo de todo eso, está el yo auténtico y esencial. No tengo miedo de llamarlo alma. En verdad creo que, si esa parte de ti y esa parte de mí pudieran reconocerse, no seríamos enemigos. No podríamos sentir odio, envidia ni temor. Tristemente concluyo que todas esas otras capas, que con tanto cuidado construimos a lo largo de nuestra vida, nos distancian y nos aíslan del verdadero contacto con los demás. La historia de Saint-Exupéry habla de ese momento mágico en el que dos almas se reconocen.

Sólo he vivido unos pocos momentos así. Enamorarse es un ejemplo. Y mirar a un bebé. ¿Por qué sonreímos cuando vemos un bebé?

Quizás es porque vemos a alguien sin todas esas barreras defensivas, alguien cuya sonrisa sabemos que es totalmente genuina y sin engaños. Y esa alma de bebé en nuestro interior sonríe con nostalgia al reconocerse.

~Hanoch McCarty

Amy Graham

Lo más importante en la enfermedad es jamás rendirse.
~Nikolai Lenin

Después de volar toda la noche desde Washington D. C., estaba cansado cuando llegué a la Mile High Church en Denver para conducir tres misas e impartir un taller sobre conciencia de la prosperidad. Cuando entré en la iglesia, el doctor Fred Vogt me preguntó:

—¿Has oído hablar de la fundación Make-A-Wish?

—Sí —respondí.

—Bueno, a Amy Graham le han diagnosticado leucemia terminal. Le dieron tres días de vida. Su último deseo fue asistir a tus misas.

Me impresionó mucho. Sentí una combinación de euforia, temor y duda. No podía creerlo. Pensaba que los niños moribundos querrían ir a Disneylandia, conocer a Sylvester Stallone, a Mr. T o a Arnold Schwarzenegger. Seguramente no querían pasar sus últimos días oyendo a Mark Victor Hansen. ¿Por qué una niña que tenía tan sólo unos días de vida querría venir a escuchar a un orador motivacional? De pronto, algo interrumpió mis pensamientos.

—Aquí está Amy —anunció Vogt mientras ponía su frágil mano sobre la mía. Ante mí estaba una chica de 17 años que llevaba un turbante de colores vivos, rojo y anaranjado, que le cubría la cabeza calva por los tratamientos de quimioterapia. Su frágil cuerpo estaba doblado y débil.

—Mis dos metas —explicó ella— eran graduarme en la escuela preparatoria y asistir a su sermón. Mis médicos no creían que pudiera alcanzar ninguna de las dos. No creían que tuviera la energía suficiente.

Me dieron de alta bajo el cuidado de mis padres... Estos son mi madre y mi padre.

Se me llenaron los ojos de lágrimas; el nudo en la garganta me impedía hablar. Estaba estremecido y muy conmovido. Me aclaré la garganta, sonreí y dije:

—Tú y tus padres son nuestros invitados. Gracias por querer venir —nos abrazamos, nos limpiamos los ojos y nos separamos.

He asistido a muchos seminarios de sanación en Estados Unidos, Canadá, Malasia, Nueva Zelanda y Australia. He visto a los mejores curanderos en acción y he estudiado, investigado, escuchado, reflexionado y cuestionado qué funcionó, por qué y cómo.

Ese domingo por la tarde impartí un seminario al que asistieron Amy y sus padres. El auditorio estaba repleto de más de mil asistentes deseosos de aprender, crecer y ser más plenamente humanos.

Pregunté al público con humildad si querían aprender un proceso de sanación que les sirviera para toda la vida. Desde el escenario parecía que todo el mundo había levantado la mano. Unánimemente querían aprender.

Enseñé a la audiencia a frotarse vigorosamente las manos, separarlas enseguida a unos cinco centímetros y sentir la energía sanadora. Luego los emparejé con un compañero para que sintieran la energía sanadora que emanaba de ellos mismos hacia el otro. Dije: "Si necesitas sanar, acepta esta curación aquí y ahora".

El público estaba en total sincronización y había una sensación de éxtasis. Expliqué que todo el mundo tiene energía y potencial para sanar. En el cinco por ciento de nosotros, dicha energía emana de nuestras manos de manera tan espectacular que podemos convertirla en nuestra profesión.

—Esta mañana me presentaron a Amy Graham —agregué—, una joven de 17 años, cuyo último deseo era asistir a este seminario. Quiero pedirle que suba y que todos ustedes le envíen energía y fuerza vital sanadora. Tal vez podamos ayudar. Ella no lo pidió. Lo hago espontáneamente porque creo que es lo correcto.

El público gritó: "¡Sí! ¡Sí! ¡Sí! ¡Sí!".

El padre de Amy la ayudó a subir al escenario. Se veía frágil por la quimioterapia, demasiado reposo en cama y una absoluta falta de ejercicio. (Los médicos no la habían dejado caminar durante las dos semanas anteriores a este seminario.)

Pedí al grupo que se calentaran las manos y le enviaran energía curativa, tras lo cual le dieron una ovación de pie con los ojos llorosos.

Dos semanas después Amy llamó para decir que su médico la había dado de alta después de una remisión total. Dos años después llamó para anunciar que se había casado.

He aprendido a no subestimar nunca el poder curativo que todos tenemos. Siempre está ahí para que lo utilicemos para el bien superior. Sólo tenemos que acordarnos de usarlo.

~Mark Victor Hansen

20

Una historia del Día de San Valentín

Con frecuencia damos por sentadas las cosas que más merecen nuestra gratitud.

~Cynthia Ozick

Larry y Jo Ann eran una pareja normal. Vivían en una casa común y corriente en una calle típica. Como cualquier otra pareja normal, pasaban apuros para llegar a fin de mes y hacer lo correcto por sus hijos.

Eran comunes y corrientes en otro sentido: tenían sus discusiones. Gran parte de su conversación giraba en torno a lo que estaba mal en su matrimonio y a quién había que culpar.

Hasta que un día se produjo un acontecimiento extraordinario.

—Sabes, Jo Ann, tengo una cómoda mágica. Cada vez que abro los cajones, están llenos de calcetines y ropa interior limpios —apuntó Larry—. Quiero agradecerte por haberlos llenado todos estos años.

Jo Ann miró a su marido por encima de las gafas.

—¿Qué quieres, Larry?

—Nada. Sólo quiero que sepas que agradezco esos cajones mágicos.

Esa no era la primera vez que Larry hacía o decía algo extraño, así que Jo Ann se olvidó del incidente hasta unos días después.

—Jo Ann, gracias por anotar tantos números de cheques correctos en la libreta este mes. Anotaste los números correctos 15 de 16 veces. ¡Es un récord!

Sin creer lo que había oído, Jo Ann levantó la vista de su zurcido.

—Larry, siempre te quejas de que apunto mal los números. ¿A qué se debe el cambio?

—Por nada. Sólo quería que supieras que aprecio el esfuerzo que haces.

Jo Ann movió la cabeza y volvió a su costura. "¿Qué le habrá picado?", murmuró para sí.

Sin embargo, al día siguiente, cuando Jo Ann giró un cheque en la tienda de comestibles, echó un vistazo a su chequera para confirmar que había anotado el número de cheque correcto. "¿Por qué de repente me importan esos estúpidos números?", se preguntó.

Intentó no dar importancia al incidente, pero el extraño comportamiento de Larry se intensificó.

—Jo Ann, fue una magnífica cena —comentó una noche—. Agradezco todo tu esfuerzo. En los últimos 15 años, apuesto a que nos has preparado más de 14.000 comidas a mí y a los niños.

Otro día comentó:

—Caramba, Jo Ann, la casa se ve estupenda. Has trabajado muy duro para que se vea tan bien —y añadió—: Gracias, Jo Ann, por ser como eres. Disfruto mucho de tu compañía.

Jo Ann estaba cada vez más preocupada. "¿Dónde está el sarcasmo, la crítica?", se preguntó.

Sus temores de que algo extraño le estaba sucediendo a su marido fueron confirmados por Shelly, su hija de 16 años, que se quejó:

—Papá se ha vuelto loco, mamá. Me dijo que me veía muy bonita. Con todo este maquillaje y esta ropa descuidada, aun así lo dijo. Ese no es papá, mamá. ¿Qué le pasa?

Lo que fuera que estuviese mal, Larry no lo superó. Día tras día seguía centrándose en lo positivo.

Con el paso de las semanas, Jo Ann se fue acostumbrando más a la conducta inusual de su esposo y de vez en cuando incluso le decía "Gracias" de mala gana. Se enorgullecía de tomárselo todo con calma, hasta que un día sucedió algo tan peculiar que la dejó totalmente perpleja:

—Quiero que te tomes un descanso —anunció Larry—. Voy a lavar los platos. Así que, por favor, quita las manos de esa sartén y sal de la cocina.

(Larga, larga pausa.)

—Gracias, Larry. ¡Muchas gracias!

Jo Ann se sentía ahora un poco más ligera, su seguridad en sí misma era mayor y de vez en cuando hasta tarareaba. Ya no parecía tener tantos momentos en los que se sentía triste y deprimida. "Me gusta el nuevo comportamiento de Larry", pensó.

Ese sería el final de la historia, excepto que un día tuvo lugar otro acontecimiento extraordinario. Esta vez fue Jo Ann la que habló.

—Larry —empezó—, quiero darte las gracias por ir a trabajar y mantenernos todos estos años. Creo que nunca te he dicho lo mucho que te lo agradezco.

Larry nunca ha revelado la razón de su drástico cambio de comportamiento sin importar cuánto haya presionado Jo Ann para obtener una respuesta, por lo que es probable que siga siendo uno de esos misterios de la vida que nunca llegan a descifrarse. Pero es algo por lo que vivo agradecida.

Ustedes verán, yo soy Jo Ann.

~Jo Ann Larsen Deseret

¡Aprovecha el momento!

¿Por qué no arriesgarse? ¿No es ahí donde está la fruta?
~Frank Scully

Alguien que se erige como un brillante ejemplo de valentía es John Keating, el maestro transformador interpretado por Robin Williams en *El club de los poetas muertos*. En esta película magistral, Keating toma a un grupo de estudiantes sometidos a una estricta disciplina, tensos y espiritualmente impotentes en un internado severo e inflexible, y los inspira a luchar para que sus vidas sean extraordinarias.

Estos jóvenes, como les señala Keating, han perdido de vista sus sueños y ambiciones. Siguen como autómatas los planes y expectativas que sus padres tienen para ellos. Planean convertirse en médicos, abogados y banqueros, porque eso es lo que sus padres les han dicho que tienen que hacer. Sin embargo, estos muchachos sosos apenas si se han detenido a pensar en lo que su corazón desea expresar.

En una de las primeras escenas de la película aparece el señor Keating llevando a los chicos al vestíbulo de la escuela, donde en una vitrina de trofeos se exhiben fotos de generaciones anteriores de graduados. "Mirad estas fotos, muchachos", les dice Keating a los estudiantes. "Los jóvenes que veis tenían el mismo fuego en la mirada que vosotros. Planeaban dominar el mundo y hacer algo magnífico de sus vidas. Eso fue hace 70 años. Ahora todos están tres metros bajo tierra. ¿Cuántos de ellos lograron realizar sus sueños? ¿Hicieron lo que se propusieron lograr?". Entonces el señor Keating se inclina dentro del cerco de jóvenes estudiantes y susurra de manera audible: "*Carpe diem!* ¡Aprovecha el momento!".

Al principio los alumnos no saben qué pensar de este extraño profesor. Pero pronto reflexionan sobre la importancia de sus palabras.

Llegan a respetar y venerar al señor Keating, que les ha dado una nueva visión o, mejor dicho, que les ha devuelto su visión original.

> Todos nosotros caminamos con algún tipo de tarjeta de cumpleaños que nos gustaría dar: alguna expresión personal de alegría, creatividad o viveza que escondemos bajo la manga.

Un personaje de la película, Knox Overstreet, está perdidamente enamorado de una chica preciosa. El único problema es que es la novia de un famoso atleta. Knox está enamorado a más no poder de esta encantadora criatura, pero no tiene confianza en sí mismo para acercarse a ella. Entonces recuerda el consejo del señor Keating: *¡Aprovecha el momento!* Knox se da cuenta de que no puede seguir soñando; si la quiere, tiene que hacer algo al respecto. Por fin se anima. Con audacia y de manera poética le declara sus sentimientos más profundos. En el proceso ella lo rechaza, el novio le da un puñetazo en la nariz y el muchacho enfrenta reveses embarazosos. Pero Knox no está dispuesto a renunciar su sueño y no se da por vencido. En última instancia, ella percibe la autenticidad de su amor y le abre su corazón. Aunque Knox no es especialmente atractivo ni popular, la chica se deja seducir por el poder de su intención sincera. Ha hecho su vida extraordinaria.

Tuve la oportunidad de practicar cómo aprovechar el momento. Me enamoré de una chica linda que conocí en una tienda de mascotas. Era más joven que yo, llevaba un estilo de vida muy diferente y no teníamos mucho de qué hablar. Sin embargo, de alguna manera nada de esto parecía importar. Disfrutaba de estar con ella y me sentía radiante en su presencia. Además, me parecía que a ella también le agradaba mi compañía.

Cuando me enteré de que se acercaba su cumpleaños, decidí invitarla a salir. Poco antes de llamarla, me senté y me quedé media hora mirando el teléfono. Luego marqué y colgué antes de que sonara. Me sentía como un chico de secundaria, que oscilaba entre la expectación emocionada y el miedo al rechazo. Una voz me decía que no le caería bien y que era un atrevido por invitarla a salir. Pero estaba muy entusiasmado por ella como para dejar que esos temores me detuvieran. Por fin me atreví a invitarla. Me dio las gracias por la invitación, pero me dijo que ya tenía planes.

Me sentí abatido. La misma voz que me advirtió que no llamara me aconsejó que me rindiera antes de que siguiera haciendo el ridículo. Pero estaba resuelto a ver de qué se trataba esta atracción. Había mucho más dentro de mí que quería cobrar vida. Quería a esta mujer, y tenía que expresarle mis sentimientos.

Fui al centro comercial y le compré una bonita tarjeta de cumpleaños en la que escribí una nota poética. Di vuelta en la esquina para dirigirme a la tienda de mascotas donde sabía que estaba trabajando. Al acercarme a la puerta, esa misma voz perturbadora me previno: "¿Y si no le gustas? ¿Y si te rechaza?". Sintiéndome vulnerable, me metí la tarjeta bajo la camisa. Decidí que, si ella me mostraba alguna señal de afecto, se la daría; si se portaba fría conmigo, no sacaría la tarjeta. De esta manera no estaría en riesgo y evitaría el rechazo o la vergüenza.

Charlamos un rato y no recibí ninguna señal de ella ni en un sentido ni en otro. Me sentí incómodo y me dispuse a marcharme.

Sin embargo, al acercarme a la puerta, otra voz me habló. Llegó en un susurro, no muy diferente al del señor Keating, y me instó a actuar: "Acuérdate de Knox Overstreet. *Carpe diem!*". Me debatí entre mi aspiración de expresar plenamente lo que sentía y mi resistencia a enfrentarme a la inseguridad de la desnudez emocional. ¿Cómo podía ir por ahí diciéndole a otras personas que persiguieran sus sueños, me pregunté, cuando yo no estaba viviendo los míos? Además, ¿qué era lo peor que podía pasar? Cualquier mujer estaría encantada de recibir una tarjeta de cumpleaños poética. Decidí aprovechar el momento. Cuando tomé esa decisión, sentí que una oleada de valor corrió por mis venas. No había duda de que había poder en la intención.

> Me sentí más satisfecho y en paz conmigo mismo de lo que me había sentido en mucho tiempo.... Necesitaba aprender a abrir mi corazón y a dar amor sin exigir nada a cambio.

Saqué la tarjeta de debajo de la camisa, di media vuelta, me acerqué al mostrador y se la di. Cuando se la entregué tuve una sensación increíble de estar vivo y me embargó la emoción, además del miedo. (Fritz Perls dijo que el miedo era "emoción sin aliento".) Pero lo hice.

Y, ¿saben qué? No le impresionó mucho que digamos. Dijo "gracias" y dejó la tarjeta a un lado sin siquiera abrirla. Se me fue el alma a los pies. Me sentí decepcionado y rechazado. No obtener respuesta parecía incluso peor que un rechazo directo.

Me despedí educadamente y salí de la tienda. Entonces sucedió algo asombroso. Empecé a sentirme alegre. Un enorme torrente de satisfacción interna brotó dentro de mí y recorrió todo mi ser. Había expresado lo que sentía mi corazón y fue fantástico. Había superado el miedo y me había atrevido a exponerme. Sí, había sido un poco torpe, pero lo hice. (Emmet Fox dijo: "¡Hazlo temblando si quieres, pero hazlo!") Había puesto mi corazón en juego sin exigir una garantía de los resultados. No di para recibir algo a cambio. Le abrí mis sentimientos sin aferrarme a una respuesta en especial.

> La dinámica que se requiere para que cualquier relación funcione: sigue ofreciendo tu amor y ya está.

Mi euforia se intensificó hasta convertirse en una cálida dicha. Me sentí más satisfecho y en paz conmigo mismo de lo que me había sentido en mucho tiempo. Me di cuenta del propósito de toda la experiencia: necesitaba aprender a abrir el corazón y a dar amor sin exigir nada a cambio. Esta experiencia no consistía en establecer una relación con esta mujer, sino en profundizar en mi relación conmigo mismo. Y lo conseguí. El señor Keating habría estado orgulloso. Pero, sobre todo, yo estaba orgulloso.

No he visto mucho a la chica desde entonces, pero esa experiencia cambió mi vida. Gracias a esa simple interacción entendí con claridad la dinámica que se requiere para que cualquier relación y quizás el mundo entero funcionen: *sigue ofreciendo tu amor y ya está.*

Creemos que estamos heridos cuando no recibimos amor. Pero eso no es lo que nos duele. Nuestro dolor viene cuando no *damos* amor. Nacimos para amar. Se podría decir que somos máquinas de amor creadas por voluntad divina. Funcionamos mucho mejor cuando damos amor. El mundo nos ha hecho creer que nuestro bienestar depende de que otras personas nos quieran. Pero este es el tipo de pensamiento erróneo que ha causado muchos de nuestros problemas. La verdad es que nuestro bienestar depende de que *demos* amor. No se trata de lo que recibimos a cambio, sino de *lo que damos.*

~Alan Cohen

20

Te conozco, ¡eres igual que yo!

Esperamos el momento en que el Poder del Amor reemplace al Amor por el Poder. Entonces nuestro mundo conocerá las bendiciones de la paz.

~William Ewart Gladstone

Uno de nuestros mejores amigos es Stan Dale. Stan imparte un seminario sobre el amor y las relaciones llamado "Sexo, amor e intimidad". Hace varios años, en un esfuerzo por aprender cómo era realmente la gente en la Unión Soviética, llevó a 29 personas a la Unión Soviética durante dos semanas. Cuando escribió sobre sus experiencias en su boletín, nos conmovió profundamente con la siguiente anécdota:

Mientras caminaba por un parque en la ciudad industrial de Járkov, vi a un viejo veterano ruso de la Segunda Guerra Mundial. Se identifican fácilmente por las medallas y cintas que todavía exhiben con orgullo en sus camisas y chaquetas. Esto no es un acto de egoísmo. Es la manera en que su país honra a quienes ayudaron a salvar a Rusia, a pesar de que veinte millones de rusos fueron asesinados por los nazis. Me acerqué a este anciano sentado con su mujer y le dije: "*Druzhba i mir*" (amistad y paz). El hombre, que me miraba con incredulidad, tomó el botón que habíamos hecho para el viaje y dijo "amistad" en ruso y mostró un mapa de Estados Unidos y la URSS que descansaban sobre manos amorosas, y añadió: "*Americanski?*". Yo le contesté: "*Da, Americanski. Druzhba i mir*". Me tomó de las manos como si fuéramos hermanos perdidos y repitió: "*Americanski!*". Esta vez hubo reconocimiento y amor en su exclamación.

En los siguientes minutos él y su esposa hablaron en ruso como si yo entendiera cada palabra, y yo hablé en inglés como si yo supiera que él me entendería. ¿Saben una cosa? Ninguno de nosotros entendió una palabra, pero sin duda nos entendimos el uno al otro. Nos abrazamos, reímos y lloramos, diciendo todo el tiempo: "*Druzhba i mir, Americanski*". "Te amo, estoy orgulloso de estar en tu país, no queremos guerra. ¡*Te amo!*".

Después de unos cinco minutos nos despedimos, y los siete de nuestro pequeño grupo seguimos caminando. Unos quince minutos más tarde, a una distancia considerable, este mismo veterano nos alcanzó. Se me acercó, se quitó la medalla de la Orden de Lenin (probablemente su posesión más preciada) y la prendió de mi chaqueta. Luego me besó en los labios y me dio uno de los abrazos más cálidos y amorosos que he recibido. Entonces ambos lloramos, nos miramos a los ojos durante mucho tiempo y dijimos: "*Dossvedanya*" (adiós).

La historia anterior simboliza todo nuestro viaje de "Diplomacia ciudadana" a la Unión Soviética. Todos los días conocíamos y nos acercábamos a cientos de personas en todos los entornos posibles e imposibles. Ni los rusos ni nosotros volveremos a ser los mismos. Ahora hay cientos de estudiantes de las tres escuelas que visitamos que no estarán tan dispuestos a pensar que los estadunidenses son personas que quieren "lanzarles una bomba nuclear". Bailamos, cantamos y jugamos con niños de todas las edades, y luego nos abrazamos, nos besamos y compartimos regalos. Nos dieron flores, pasteles, botones, pinturas, muñecas y, lo más importante, sus corazones y mentes abiertas.

Más de una vez nos invitaron a participar en fiestas de bodas, y ningún pariente de la familia biológica podría haber sido aceptado, saludado y festejado con más calidez que nosotros. Nos abrazamos, nos besamos, bailamos y bebimos champán, aguardiente y vodka con los novios, así como con mi madre y mi padre, y el resto de la familia.

En Kursk, nos recibieron siete familias rusas que se ofrecieron a llevarnos a una maravillosa noche de comida, bebida y conversación. Cuatro horas después, ninguno de nosotros quería separarse. Nuestro grupo tiene ahora una familia completamente nueva en Rusia.

La noche siguiente festejamos a "nuestra familia" en nuestro hotel. La banda tocó hasta casi la medianoche y ¿adivinen qué? Una vez más comimos, bebimos, charlamos, bailamos y lloramos cuando llegó el momento de despedirnos. Bailábamos cada baile como si fuéramos amantes apasionados, que es exactamente lo que éramos.

Podría continuar hasta el infinito narrando nuestras experiencias y, sin embargo, no habría manera de transmitirles exactamente cómo nos sentíamos. ¿Cómo se sentirían si llegaran a su hotel en Moscú y les esperara un mensaje telefónico, escrito en ruso, de la oficina de Mijaíl Gorbachov, en el que decía que lamentaba no poder reunirse con ustedes ese fin de semana porque estaría fuera de la ciudad, pero que en su lugar había hecho los arreglos para que todo el grupo se reuniera durante dos horas en una mesa redonda con cerca de media docena de miembros del Comité Central? Tuvimos una conversación sumamente franca sobre todo, incluso sobre sexo.

¿Cómo se sentirían si más de una docena de ancianas, vestidas con *babushkas*, bajaran las escaleras de sus edificios de apartamentos y los abrazaran y besaran?

¿Cómo se sentirían si sus guías, Tanya y Natasha, le dijeran a todo el grupo que nunca habían visto a nadie como ustedes? Y cuando nos fuimos, los treinta lloramos porque nos habíamos enamorado de estas fabulosas mujeres, y ellas de nosotros. Sí, ¿cómo se sentirían? Probablemente como nosotros.

Cada uno de nosotros tenía su propia experiencia, por supuesto, pero la experiencia colectiva confirma algo con toda certeza: la única manera de asegurar la paz en este planeta es adoptar al mundo entero como "nuestra familia". Vamos a tener que abrazarlos y besarlos. Y bailar y jugar con ellos. Y tenemos que sentarnos a hablar y caminar y llorar con ellos. Porque cuando lo hagamos, entenderemos que, de hecho, todo el mundo es hermoso, todos nos complementamos de maravilla y todos seríamos más pobres sin los demás. Entonces, el dicho, "Te conozco, ¡eres igual que yo!". tendrá el profundo significado de "¡Ésta es mi familia, y estaré a su lado pase lo que pase!

~Stan Dale

Bopsy

No se me ocurre un símbolo más conmovedor de la humanidad del hombre hacia sus semejantes que un camión de bomberos.

~Kurt Vonnegut

La madre de 26 años miró fijamente a su hijo que se estaba muriendo de leucemia. Aunque tenía el corazón abatido por la tristeza, también tenía un fuerte sentimiento de determinación. Como cualquier madre, ella quería que su hijo creciera y se hicieran realidad todos sus sueños. Eso ya no era posible. La leucemia se encargaría de que no ocurriera. Pero, de todos modos, quería que los sueños de su hijo se cumplieran.

Tomó la mano de su hijo y preguntó:

—Bopsy, ¿has pensado alguna vez en lo que quieres ser cuando seas grande? ¿Alguna vez soñaste y deseaste lo que harías con tu vida?

—Mami, siempre quise ser bombero cuando fuera grande.

La madre le devolvió la sonrisa y dijo:

—Vamos a ver si podemos hacer realidad tu deseo.

Más tarde ese mismo día fue al apartamento de bomberos de su zona en Phoenix, Arizona, donde conoció al bombero Bob, que tenía un corazón tan grande como Phoenix. Le explicó el último deseo de su hijo y le preguntó si sería posible llevar al niño de seis años a dar una vuelta a la manzana en un camión de bomberos.

—Mire —respondió el bombero Bob—, podemos hacer algo mejor. Si tiene a su hijo listo a las siete de la mañana del miércoles, lo nombraremos bombero honorario durante todo el día. Podrá venir a la estación de bomberos, comer con nosotros, acompañarnos a todas las llamadas, en fin, ¡el paquete completo! Además, si nos da su talla, conseguiremos un verdadero uniforme de bombero hecho especialmente para él, con un casco real de bombero, no de juguete, con el emblema grabado del Departamento de Bomberos de Phoenix, un impermeable amarillo como el que usamos y botas de caucho. Todo se fabrica aquí mismo en Phoenix, así que podemos conseguirlo sin tardanza.

Tres días después, el bombero Bob fue por Bopsy, le puso su uniforme de bombero y lo escoltó desde la cama del hospital hasta el camión de escalera giratoria que lo estaba esperando. Bopsy se sentó en la parte trasera del camión y ayudó a conducirlo de vuelta a la estación de bomberos. Se sentía en la gloria.

Hubo tres llamadas a los bomberos en Phoenix ese día y Bopsy salió con ellos en las tres. Subió a los diferentes vehículos de bomberos y a la camioneta de los paramédicos, e incluso viajó en el coche del jefe de bomberos. También lo grabaron en vídeo para el noticiario local de televisión.

El haber hecho realidad su sueño, con todo el amor y la atención que se le prodigaron, conmovió tanto a Bopsy que vivió tres meses más de lo que los médicos creían posible.

Una noche todos sus signos vitales comenzaron a disminuir drásticamente y la jefa de enfermeras, que creía en el concepto de la filosofía de cuidados paliativos de que nadie debe morir solo, comenzó a llamar a los miembros de la familia para que fueran al hospital. Luego recordó el día que Bopsy pasó como bombero, así que llamó al jefe de bomberos y le preguntó si sería posible enviar a un bombero uniformado al hospital para que estuviera con Bopsy mientras hacía su transición. El jefe respondió:

—Podemos hacer algo mejor. Estaremos allí en cinco minutos. ¿Podría hacerme un favor? Cuando oiga el ulular de las sirenas y vea las luces parpadeando, anuncie por el sistema de altavoces que no hay ningún incendio. Que es sólo el departamento de bomberos que viene a ver a uno de sus mejores miembros una vez más. Ah, y por favor, abra la ventana de la habitación. Gracias.

Unos cinco minutos después, un camión equipado con escalera giratoria llegó al hospital, extendió la escalera hasta la ventana abierta de Bopsy en el tercer piso y 14 bomberos y dos bomberas subieron por la escalera hasta la habitación de Bopsy. Con el permiso de su madre, lo abrazaron, acariciaron y le dijeron cuánto lo amaban.

Con su último aliento, Bopsy miró al jefe de bomberos y preguntó:

—Jefe, ¿de verdad soy un bombero?

—Por supuesto que sí, Bopsy, eres uno de nosotros —respondió el jefe.

Después de escuchar esas palabras, Bopsy sonrió y cerró los ojos por última vez.

~Jack Canfield y Mark Victor Hansen

TRANQUILIDAD

Caldo de Pollo para el Alma 20

Cachorros en venta

Los juicios nos impiden ver el bien que yace más allá de las apariencias.
~Wayne Dyer

El dueño de una tienda estaba colocando un letrero sobre su puerta que decía "Cachorros en venta". Los letreros como ese tienen algo que atrae a los niños pequeños y, por supuesto, un niño pequeño apareció bajo el letrero del dueño de la tienda.

—¿Por cuánto quiere vender los cachorros? —preguntó.

—Entre treinta y cincuenta dólares cada uno —respondió el dueño de la tienda.

El niño metió la mano en el bolsillo y sacó algo de cambio.

—Tengo 2,37 dólares —aseguró—. ¿Me deja verlos, por favor?

El dueño de la tienda sonrió y silbó, y de la perrera salió Lady, que corrió por el pasillo de la tienda seguida de cinco pequeñas y diminutas bolas de pelo. Un cachorro se quedó muy atrás. De inmediato, el niño se fijó en el cachorrito que cojeaba.

—¿Qué le pasa a ese perrito? —preguntó.

El dueño de la tienda explicó que el veterinario había examinado al cachorrito y había descubierto que le faltaba un acetábulo de la cadera. Siempre cojearía. Siempre sería inválido. El niño se emocionó.

—Ese es el cachorrito que quiero comprar.

—No, cómo vas a comprar ese perrito. Si de verdad lo quieres, te lo regalo —repuso el dueño de la tienda.

El niño se alteró mucho. Miró directamente a los ojos del dueño de la tienda, señaló con el dedo, y manifestó:

—No quiero que me lo regale. Ese perrito vale tanto como todos los demás y estoy dispuesto a pagar por él el precio total. De hecho, le daré 2,37 dólares ahora, y 50 centavos al mes hasta que termine de pagarlo.

—Te digo que no te conviene comprar este perrito. Nunca va a ser capaz de correr y saltar y jugar contigo como los otros perros —advirtió el dueño de la tienda.

Al oírlo, el niño se agachó y enrolló la pierna del pantalón para mostrar la pierna izquierda, que estaba muy torcida y lisiada, sostenida por un aparato ortopédico de metal. Miró al dueño de la tienda y le contestó en voz baja:

—Bueno, yo tampoco soy un gran corredor y el cachorrito necesita a alguien que lo entienda.

~Dan Clark

Capítulo

2

Caldo de Pollo para el Alma

Aprende a amarte

Oliver Wendell Holmes asistió una vez a una reunión en la que era el hombre más bajo presente.

—Doctor Holmes —bromeó un amigo—, me imagino que se sentirá muy pequeño entre nosotros, los grandullones.

—Sí —respondió Holmes—, me siento como una moneda de diez centavos entre un montón de centavos.

20

Caldo de Pollo para el Alma

Mi médico interior

Todos tenemos en nosotros mismos una guía mejor de lo que pueda ser cualquier otra persona, si nos atenemos a ella.

~Jane Austen

Mi llamada de atención llegó el 14 de febrero de 2003. "Feliz Día de San Valentín, tienes CanSer", palabra que escribo mal para recuperar mi poder. En ese momento era una actriz y fotógrafa de treinta y un años que vivía en la ciudad de Nueva York y trataba de organizar su vida y alcanzar el éxito por propio esfuerzo. A veces me iba bien y otras apenas podía comprar algo de comida rápida.

En mi día D personal, me hallaba acostada en una fría mesa de examen mientras una enfermera llamada Mildred pasaba un escáner de ultrasonido por mi abdomen. Los intensos calambres abdominales y la falta de aliento me habían obligado a ver de nuevo a mi médico de cabecera. Era el mismo dolor que había sentido durante tres años, sólo que más violento.

La mirada de angustia de la enfermera me obligó a preguntarle qué había visto.

—No puedo decírselo —respondió de manera escueta—. Tendrá que hablar con el médico.

De acuerdo, podía esperar unos minutos más. Luego entró el doctor.

—La superficie del hígado está cubierta de una docena de lesiones —explicó. No tenía ni idea de lo que eso significaba. Pensé que las lesiones eran cortes y me pregunté cómo me había cortado el hígado. Sí, admito que disfrutaba con cierta regularidad de algunos cocteles y otras sustancias recreativas, pero ¿no era esto una consecuencia extrema de algunas indiscreciones?

Enseguida me aclaró las cosas. Las lesiones eran tumores, un horror que hacía que las imágenes de ultrasonido de mi hígado parecieran queso suizo. Pero eso no era todo; tenía unos diez tumores más en los pulmones. Y para colmo, el cáncer (un sarcoma raro) era completamente inoperable, sin cirugía, radiación, quimioterapia, y (aquí está el golpe de gracia) sin cura conocida. ¡Pasen el Chardonnay!

En un instante pasé de ser una mujer joven con toda la vida por delante, a ser una joven enferma que no sabía cuánto tiempo le quedaba de vida o si su vida volvería a ser normal.

Le siguieron una segunda y tercera opiniones, además de un sinfín de horas en la universidad de Google. Enseguida descubrí que la enfermedad era un negocio, y que, si quería sortear con éxito el huracán Cáncer, necesitaba aprender a ir un paso adelante y defenderme a mí misma. Adiós Broadway. Hola directora general de Tecnologías Salvar el Pellejo, S. A. De repente, yo era la directora general de mi salud y los médicos trabajaban para mí.

Había algunos candidatos competentes, así como un montón de inútiles. Rechacé de inmediato al médico que recomendó un triple trasplante de órganos. ¡Qué descortés! El que me dio diez años de vida tampoco consiguió el trabajo. Aunque mi enfermedad estaba avanzada, por lo general se presenta de tres maneras diferentes: agresiva desde el principio, de crecimiento lento (recé por esa versión) y de crecimiento lento que se vuelve agresivo con el tiempo. En vista de que no sabía qué versión tenía, extirparme los órganos, bombardear el cuerpo con productos químicos o morir me parecía un poco prematuro.

Viajé por todas partes en busca de mi segundo al mando y por fin lo encontré. Francamente, si no fuera por mi oncólogo, no estaría aquí hoy. ¿Y adivinen qué confirmó? El cáncer era de crecimiento lento, por lo que en esencia yo tenía lo único que todos los pacientes de cáncer anhelan: tiempo. Esta gran noticia me permitió elegir un tratamiento radical: no hacer nada. Mi oncólogo estuvo de acuerdo.

—Seguiremos una estrategia de vigilancia y espera —afirmó—. Dejemos que el cáncer haga el primer movimiento.

¡Genial! Pero ¿qué tal un enfoque de "observar y VIVIR"? ¿Y si yo daba el primer paso? Si no podía curarme, ¿podría seguir siendo saludable? ¿Podría redefinir el bienestar para incluir a alguien como yo? Tal vez en lugar de llamarlo cáncer, lo llamaría un desequilibrio. ¿Y si pudiera encontrar la fuente del desequilibrio? Tal vez, sólo tal vez, podría ayudar a mi cuerpo si participaba en la salud en lugar de contribuir a la enfermedad. Como es evidente, tenía mucho que aprender, pero empecé a respirar de nuevo. La alegría volvió, y la curiosidad empezó a tener efecto efervescente.

Esta no sería mi batalla: sería la mayor aventura de mi vida.

Gracias a una profunda exploración y experimentación, conocí a mi médico interior. Es muy inteligente e intuitiva (como la tuya). La receta que me ofreció fue bastante sencilla. "Renueva con delicadeza tu vida, chica. Aprende a tomar en serio el cuidado personal. Tú lo vales. Es hora de descansar, reponer y renovar. Tienes el poder de crear una vida más allá de tus sueños más descabellados, incluso con cáncer. Confía en mí, vamos". ¡Dios mío, la amo! ¿no crees?

Whole Foods se convirtió literalmente en mi nueva farmacia. ¿Sabía lo que hacía cuando empecé? ¡Claro que no! Corría por toda la tienda desesperada llenando los carritos de compras con libros, vídeos, suplementos, polvos, pociones y todas las hortalizas orgánicas que podía conseguir. ¿Berza? ¡De acuerdo! Era verde oscuro y frondosa, así que debía de ser buena para mí. Sin embargo, en el fondo de mi mente me preguntaba qué demonios haría con esa hierba de aspecto aterrador. Si el cáncer no me mató, esta planta ciertamente podría hacerlo.

Con el paso del tiempo le tomé gusto y me enamoré de la cocina. Como muchas personas, no tenía idea de que esta forma antiinflamatoria de comer —repleta de un sinfín de vitaminas, minerales, fitoquímicos, antioxidantes y más— podía ser tan deliciosa. Cuidarme a mí misma se convirtió en una búsqueda espiritual, más que en una molesta carga. Prácticas como la meditación me ayudaron a enfrentar los demonios en mi cabeza. El ejercicio regular se convirtió en mi válvula de liberación de estrés. Y el sueño se transformó en una práctica sagrada, no negociable.

¿Mencioné que dejé mi carrera de actriz? Mi nuevo yo anhelaba algo más grande. Había pasado demasiados años fingiendo ser alguien que no era, recibiendo rechazos interminables y flagelándome por no ser lo suficientemente buena. Cuando aprendí a valorar mi salud, me di cuenta de que había superado mi carrera. No era adecuada para mi ritmo. Algo mejor vendría si dejaba de estorbarme y me dedicaba al trabajo del alma.

Diez años después, he tenido la fortuna de poder llegar a miles de personas que buscan la salud por medio de mis libros, película y sitio web. Ayudar a gente de todo el mundo ha llenado mi vida de sentido y gratitud, la mejor medicina. Aunque todavía tengo cáncer, se mantiene estable. Eso puede cambiar algún día, pero no me concentro en "algún día". Hoy es lo que importa y hoy me siento mejor que nunca. Lo mejor de todo es que soy feliz.

Todos tenemos algo en nuestra vida que nos gustaría cambiar. Cada uno de nosotros tiene que decidir si permitirá que eso lo detenga. Deja que tu obstáculo se convierta en tu mentor. Deja que tu dolor se convierta en tu oportunidad. Cierta forma de sufrimiento es inevitable. Lo que importa es cómo lo enfrentamos. ¿Dejarás que te devore o lo dominarás y lo llevarás directamente a la luz?

Nadie te dará permiso para vivir. Cambia ahora. Ama ahora. Vive como si lo sintieras de verdad ahora mismo. Ese permiso es tu derecho de nacimiento. ¡Es lo máximo! ¡Aprovéchalo!

~Kris Carr

Caldo de Pollo para el Alma 20

No hay nada malo en ti

Nadie sigue siendo como era cuando se reconoce a sí mismo.
~Thomas Mann

La siguiente historia describe uno de los momentos más conmovedores y tiernos de mi vida.

Conocí a Peter en un campamento de verano del Royal National Institute of Blind People en Hampshire, Inglaterra. Peter estaba en mi grupo. Iba a impartir un día de autoestima a cincuenta adolescentes. Eran como cualquier otro grupo grande de adolescentes en la escuela: creativos, rebeldes, divertidos, bulliciosos, desafiantes y muy enérgicos. Eran normales... y ciegos.

Peter era uno de los pocos callados. Se sentó en el fondo del aula. Era mitad chino, mitad inglés, de unos 15 años, alto y delgado. Se oían muchos chistes en el aire, la mayoría a mi costa. Peter rio de buena gana, pero nunca habló. Al terminar la clase, se quedó al final.

—Señor Holden —llamó.

—Llámame Robert —respondí.

—¿Podemos hablar? —preguntó.

—Por supuesto.

Peter parecía preocupado. Estaba pensativo y era muy tímido. Hablamos un rato de cosas triviales mientras caminábamos alrededor de un gran campo deportivo detrás del edificio principal de la universidad.

—Siento que puedo confiar en ti, Robert, aunque acabamos de conocernos —manifestó.

—Me siento muy halagado —contesté.

—Necesito hacerte una pregunta que he estado postergando toda mi vida —agregó Peter.

De ninguna manera estaba preparado para la pregunta de Peter cuando por fin la planteó.

—Necesito saber —continuó— si hay algo malo en mí.

—¿Qué quieres decir? —inquirí a mi vez.

—Nací ciego y nunca me he visto. Necesito que alguien en quien confío me diga si soy hermoso o no —aclaró Peter.

Con todo mi corazón, le dije a Peter que era atractivo, perfecto y hermoso.

—¿Lo dices en serio? —preguntó.

—Sí, desde luego.

Peter me abrazó.

—¿No hay nada malo en mí?

—¡No!

—¿Ni siquiera un poquito mal?

—Ni un poquito.

—¿Y mi aliento? Comí pizza en el almuerzo —rio.

—Me encanta el ajo —respondí.

Los dos reímos y lloramos. Pocas veces me he sentido tan conmovido. Presenciar el alivio de Peter fue una gran alegría para mí.

Durante seis años me formé en una profesión que se centra en encontrar algo malo en las personas. Tomamos a los "patitos feos" y alegremente los desplumamos en busca de trastornos, disfunciones, neurosis, psicosis, síndromes y esquemas. La psicología está obsesionada con el diagnóstico. Cada día inventamos nuevas designaciones, nuevas enfermedades y nuevos tratamientos para los "patitos feos". Nunca los vemos como cisnes.

El miedo de tener algo malo es el mayor obstáculo para la alegría. En realidad, no hay otro impedimento. Mientras sientas que hay algo malo, defectuoso, faltante o que no es suficientemente bueno en ti, tu vida reflejará esta convicción. A primera vista, parecerá que otros te rechazan, el mundo te pone obstáculos, el destino es cruel, la vida está en tu contra, y el cielo te castiga. Pero, de hecho, eres tú quien se condena y sabotea todo lo que es bueno. Por lo tanto, todo es una lucha, los éxitos son difíciles de alcanzar, la felicidad es efímera, el amor siempre sale mal, y no hay paz.

No hay nada malo en ti. Por supuesto, tu percepción puede ser enfermiza; tu pensamiento puede estar equivocado y tal vez tomes malas decisiones. Por ejemplo, puedes optar por ver defectos en ti mismo que nadie más ve. Puedes inventar una historia de lo malo que eres y tratar de convencer al mundo de que no mereces amor. Dales a estas extrañas ideas todo tu poder, si quieres, pero quien eres (tu Yo incondicionado) se mantiene entero, digno y bien.

La verdadera psicoterapia es un proceso de cambio de nuestra forma de pensar respecto a nosotros mismos. El cambio ocurre siempre que practicamos la autoaceptación incondicional. El cambio ocurre siempre que nos damos un respiro. El cambio ocurre cuando elegimos ser bondadosos en vez de juzgar, el perdón en lugar del autoataque, y la risa en lugar de la condenación. La vida siempre mejora cuando nos tratamos mejor.

El último (y único) acto de curación es aceptar que no hay nada malo en ti.

~Robert Holden

Caldo de Pollo para el Alma 20

El monje sabio

Respétate y otros te respetarán.
~Confucio

En mi vida, creo que uno de los mejores ejemplos de transparencia y de cómo no hay que tomarse demasiado en serio fue una experiencia que tuve en un templo budista aquí en Los Ángeles. Cuando empecé a buscar la superación personal y el camino espiritual, recurrí a todo tipo de modalidades y formas diferentes para calmar mi mente y aclararla. Por un tiempo, estuve muy interesado en la meditación budista, tanto Vipassana (una vez fui a un retiro de diez días y tuve que abandonarlo después de cinco, porque era muy intenso) como cantando Nam Myoho Renge Kyo.

Mucho antes de descubrir estos dos tipos diferentes de meditación, descubrí un templo budista en el centro de Los Ángeles. Lo encontré por medio de Yelp o Google, y decidí asistir a una de sus charlas y meditaciones del dharma. Fui, y el monje principal habló sobre el dharma y la idea de no apegarse a las cosas, así como de muchos otros principios budistas. Estaba totalmente absorto en la conversación y asimilando la sabiduría de este hombre, que parecía ser un iluminado. Después de la charla, hicimos una meditación de veinte o treinta minutos con los ojos cerrados, que disfruté mucho. Después de la meditación, la sesión terminó y las aproximadamente treinta personas que estaban allí comenzaron a dispersarse.

Pero como soy buscador por naturaleza, decidí subir a hablar con él y los otros monjes, y empecé a hacer todo tipo de preguntas. Antes de que me diera cuenta, la mañana había pasado y ya era hora del almuerzo. Entonces, los monjes de cabeza rapada, vestidos con túnicas, me invitaron a almorzar. ME ENCANTÓ la idea porque ahora REALMENTE iba a recibir de primera mano toda la sabiduría profunda que estos hombres podían ofrecerme. Soy una ESPONJA para la sabiduría, así que cada vez que me acerco a gente que tiene algo sabio que compartir, ¡soy todo oídos!

Así que fui a mi automóvil y seguí a un pequeño auto lleno de cuatro monjes MUY budistas. Estaba muy emocionado porque sentía que estaba a punto de descubrir un increíble restaurante vegetariano o vegano en el centro de Los Ángeles. Mientras conducía, mi entusiasmo aumentaba cada vez más. ¿A dónde iban estos monjes? Seguramente iba a ser algo extraordinario. Seguimos avanzando y entonces vi que su auto entraba en un estacionamiento. Pero no pude creer lo que veía. ¿Por qué rayos cuatro monjes budistas entrarían en un Sizzler?

Sí, así como lo oyen: cuatro monjes budistas de cabeza rapada, vestidos con túnica, que hablaban del dharma, me llevaron a Sizzler. No podía creerlo. Pensé que debía de ser porque su barra de ensaladas era muy barata. Al final de cuentas, si eres un monje, no ganas millones, así que tal vez no íbamos a comer en un restaurante exclusivo. Tal vez sólo íbamos a comer una modesta ensalada vegetariana de la barra de Sizzler. Me pareció bien. En realidad, no me importaba; sólo quería la sabiduría.

Cuando llegamos a Sizzler, me dirigí de inmediato a la barra de ensaladas. No soy vegetariano ni vegano, pero hago todo lo posible por conseguir carne de animales criados en libertad y comer de la forma más consciente posible. Sin embargo, en ese momento, frente a los monjes, me convertí al instante en vegano. Fui cuidadoso con mi selección de la ensalada. Nada de queso. Nada de aderezos con lácteos. Nada de pollo o atun de la barra. Sólo lechuga, tomates, champiñones, pimientos, nueces y vinagreta para mí. Me pareció que era una comida muy austera, pero no importaba, yo estaba ahí por la sabiduría. Pensé en tomarme una enorme Coca-Cola Light para sentirme satisfecho con el resto de la comida mientras los monjes y yo nos poníamos a hablar en serio del dharma.

Cuando volví al asiento, vi a los monjes pidiendo comida. Además, para mi absoluta sorpresa, el más sabio de los monjes, el hombre que había dictado la conferencia sobre el dharma, ¡pidió CARNE! ¡Otro pidió filete y los otros dos, pollo!

Estaba completamente en shock.

Ahí estaba yo, el que comía carne, fingiendo ser vegetariano en presencia de los monjes, ¡y ellos estaban a punto de darse un BANQUETE con carne! Y no carne de un proveedor local, sino ¡carne y pollo de SIZZLER! Simplemente no lo entendía.

La comida siguió adelante y aunque me moría por preguntarles por qué comían carne, no me animé. Charlamos. Por fin llegó la comida, ¡zas! ¡dos filetes y dos pollos! No tuve más remedio que comerme mi mísera ensalada. Hasta me preguntaron si no me iba a quedar con hambre, porque me había servido muy poco de comer.

Así que mientras los monjes devoraban su comida, que incluía animales muertos, ¡al final no pude soportarlo más! ¡Estallé! Interrumpí la conversación y dije:

—¡Bueno, bueno! ¡Un momento, por favor! ¿Qué pasa con la carne? Vosotros sois monjes budistas. ¿No estáis comprometidos con Metta, que es el amor incondicional por todos los seres sensibles?

Sin inmutarse, el monje viejo y sabio levantó la vista de su jugoso filete, me miró y dijo:

—Tenemos un dicho en el ashram... —en ese momento se detuvo. Hizo una de esas pausas de sabiduría dramática, como si algo EXTRAORDINARIO estuviera a punto de salir de su boca, y enseguida añadió—: Y ese dicho es: ¡todavía no soy Buda! —Una vez que lo dijo, siguió comiendo tan campante.

¡No podía creerlo! ¡¿En serio?! ¡Todavía no era Buda! En aquel momento lo sentí como una evasiva, pero cuando empecé a reflexionar sobre esta frase posteriormente en la vida, entendí la sabiduría que encerraba. Claro, imagino lo que algunos de ustedes deben de estar pensando: "¡Que evasiva ni qué nada! ¿Eso significa que también podía matar a alguien? ¿Porque TODAVÍA NO ERA BUDA?". Como es evidente, esto no debe utilizarse para justificar un mal comportamiento. Dicho esto, creo que fue una de las cosas más sinceras que he oído decir a una persona "espiritual".

La idea de no ser Buda es formidable. Podemos dejar de flagelarnos por no ser espiritualmente "perfectos" y, en cambio, emprender el viaje hacia nuestra siempre preciosa imperfección. Terminamos arruinando nuestra vida cuando no nos permitimos ser humanos.

~Mastin Kipp

20

Mi hermana, mi amiga

Una hermana es un regalo para el corazón, una amiga para el espíritu, un hilo de oro que lleva a entender el sentido de la vida.

~Isadora James

Tara se veía muy feliz con su uniforme de animadora, como todas las demás chicas que me llevaban un año de ventaja. Se sabía todos los cantos y hurras lo suficientemente bien como para enseñarme, aunque yo no estaba en el equipo.

Sentada al margen, apoyando mis mejillas regordetas en las manos, veía cómo irradiaba confianza y aplomo, y pensaba: "Vaya, quiero ser así".

Cinco años después, volvió a casa de la escuela secundaria con historias de casilleros y enamoramientos. Llevaba puestos unos vaqueros que nunca me quedarían bien y parecía que ya era muy popular, lo que no me sorprendió en absoluto.

Desde mi asiento, restringida por el aparato ortopédico para la escoliosis, la vi riéndose por teléfono con una amiga y pensé: "Vaya, quiero ser así".

Un año después, subió al escenario, lista para cantar con todo el corazón en una audición teatral. Mientras yo la miraba desde la última fila, pasando la lengua por los aparatos de ortodoncia, pensé en buscar un lugar donde esconderme para no tener que cantar a continuación.

Cuando cantó con la cabeza erguida y los brazos abiertos, la miré con asombro y admiración, y pensé: "Vaya, quiero ser así".

Los años pasaron, y como árboles plantados demasiado cerca uno del otro, nos fuimos separando poco a poco.

Cuando me marché de casa a los 22 años después de años de sufrir y esconderme, me pregunté si me echaría de menos.

Nunca supe lo que ella sentía por nada, y ella nunca me conoció en realidad.

Tara no sabía por qué no me amaba a mí misma. No sabía que yo no creía en mí. No sabía que yo quería ayudarme, pero que no sabía cómo hacerlo.

Después de años de mudarme, tropezar y crecer, empecé a encontrar mi camino. Decidí hacer todo lo posible para ayudar a otros que se sentían un poco perdidos.

Aunque esperaba haberlo logrado con mis escritos, también me acerqué a mi hermana, que estaba pasando por un momento difícil y necesitaba apoyo.

Ya fuera un consejo, una opinión o simplemente escucharla, yo quería darlo todo.

Hace cinco Navidades me dio algo a cambio, el mejor regalo que jamás había recibido. Entre las cajas, las bolsas, las medias y las tarjetas, había un papel dirigido a mí.

Decía:

Hay una chica que nos inspira a todos
Es rubia y mide alrededor de un metro y medio de altura
Ha visto lugares exóticos y lejanos
Pero mantiene una visión realista sobre los problemas que enfrenta.

Ha afectado a muchos, en especial a mí
La suya es una historia de gran triunfo
Examinemos el viaje que ha sido su vida
Ha tenido muchas cosas buenas,
pero también algunas dificultades.

En lo académico, mostró talento desde muy pequeña
Incluso a temprana edad, se abrió camino hacia el escenario
Viajó con frecuencia y vivió sola
Es maravilloso ver lo mucho que ha crecido.

Es todo un éxito en el verdadero sentido de la palabra
¡Llamarla de otro modo sería absurdo!
La admiro, a pesar de ser mayor que ella
Siempre me ha apoyado y me ha ofrecido el hombro.

No me canso de decir cuánto bien ha hecho
Cuando se trata de compasión, no hay nadie como ella.
¿Qué le depara el destino, me preguntas?
Su futuro es brillante; está a la altura de cualquier desafío.

La amo tanto y me hace sentir tan orgullosa
Que espero que se dé cuenta de que es ella
quien despierta toda mi admiración.

Tara me ha dado más de lo que cree. Después de todos estos años de admirarla como hermana, agradezco que esté a mi lado como mi amiga.

~Lori Deschene

El buda de oro

He aquí mi secreto, que no puede ser más simple: sólo con el corazón se puede ver bien; lo esencial es invisible a los ojos.

~Antoine de Saint-Exupéry

En el otoño de 1988, mi esposa Georgia y yo fuimos invitados a dar una presentación sobre autoestima y rendimiento máximo en una conferencia en Hong Kong. Como nunca antes habíamos estado en el Extremo Oriente, decidimos extender nuestro viaje y visitar Tailandia. Cuando llegamos a Bangkok, decidimos hacer un recorrido por los templos budistas más famosos de la ciudad. Junto con nuestro intérprete y conductor, Georgia y yo visitamos numerosos templos budistas ese día, pero al cabo de un rato todos comenzaron a desdibujarse en nuestra memoria.

Sin embargo, hubo un templo que dejó grabada una impresión indeleble en nuestros corazones y mentes. Se llama el Templo del Buda de Oro. El templo en sí es muy pequeño, no debe de medir más de nueve por nueve metros. Pero al entrar, nos quedamos atónitos ante la presencia de un buda de tres metros y medio de altura, de oro macizo. Pesa más de cinco toneladas y media y está valorado en aproximadamente ¡196 millones de dólares! Verlo fue muy impresionante: el amable, pero imponente buda de oro macizo que nos sonreía.

Estábamos dedicados de lleno a las tareas turísticas normales (tomar fotos mientras exclamábamos "¡oh!" y "¡ah!" ante la estatua) cuando me acerqué a una vitrina que contenía una pieza grande de arcilla de unos veinte centímetros de espesor y treinta centímetros de ancho. Junto a la vitrina había una página mecanografiada que describía la historia de esta magnífica obra de arte.

En 1957 un grupo de monjes de un monasterio tuvo que trasladar un buda de arcilla de su templo a un nuevo lugar. El monasterio iba a ser reubicado para construir la autopista que atravesaría Bangkok. Cuando la grúa trató de levantar el ídolo gigante, su peso era tan formidable que comenzó a agrietarse. Además, empezó a llover. El monje rector, que estaba preocupado por el daño al buda sagrado, decidió bajar la estatua al suelo y cubrirla con una lona grande para protegerla de la lluvia.

Más tarde esa noche, el monje rector fue a ver cómo estaba el buda. Proyectó la luz de su linterna por debajo de la lona para ver si el buda estaba seco. Cuando la luz iluminó la grieta, el monje alcanzó a ver un pequeño resplandor que le devolvía la luz y le pareció extraño. Mientras examinaba más de cerca el resplandor, se preguntó si habría algo debajo de la arcilla. Fue a buscar un cincel y un martillo al monasterio y comenzó a desmenuzar la arcilla. Al arrancar trozos de arcilla, el pequeño resplandor se hizo más grande y brillante. Pasaron muchas horas de trabajo antes de que el monje tuviera ante sí el extraordinario buda de oro macizo.

Los historiadores creen que varios cientos de años antes del descubrimiento del monje, el ejército birmano estaba a punto de invadir Tailandia (que en aquel entonces se llamada Siam). Los monjes siameses, conscientes de que su país sería atacado muy pronto, cubrieron a su precioso buda de oro con una capa exterior de arcilla para evitar que su tesoro fuera saqueado por los birmanos. Por desgracia, parece que los birmanos masacraron a todos los monjes siameses, y el secreto bien guardado del buda de oro se mantuvo intacto hasta ese portentoso día de 1957.

Durante nuestro vuelo a casa por Cathay Pacific Airlines empecé a pensar: "Todos somos como el buda de arcilla, cubiertos con una cáscara de dureza creada por el miedo y, sin embargo, debajo de cada uno de nosotros hay un 'buda de oro', un 'cristo de oro' o una 'esencia de oro', que es nuestro verdadero ser. En algún momento del camino, entre los dos y los nueve años de edad, comenzamos a cubrir nuestra 'esencia de oro', nuestro ser natural. Al igual que el monje con el martillo y el cincel, nuestra tarea ahora es descubrir nuestra verdadera esencia una vez más".

~Jack Canfield

Caldo de Pollo para el Alma 20

Empieza por ti mismo

La actitud es ese pequeño detalle que marca una gran diferencia.
~Winston Churchill

Las siguientes palabras están grabadas en la tumba de un obispo anglicano en las criptas de la abadía de Westminster:

Cuando era joven y libre y mi imaginación no tenía límites, soñaba con cambiar el mundo. Cuando crecí y me hice más sabio, descubrí que el mundo no cambiaría, así que reduje un poco mi ambición y decidí cambiar sólo mi país.

Pero también parecía inamovible.

Al acercarme al ocaso de mi vida, en un último intento desesperado, me conformé con cambiar sólo a mi familia, los más cercanos a mí, pero, desgraciadamente, no querían nada de eso.

Ahora que yazgo en mi lecho de muerte, de pronto me doy cuenta: *si hubiera cambiado yo primero,* con el ejemplo habría cambiado a mi familia.

Gracias a su inspiración y aliento, habría podido mejorar mi país y, quién sabe, puede que incluso hubiera cambiado el mundo.

~Anónimo

¡Nada más que la verdad!

La verdad conlleva una gran medida de absolución, siempre.
~R. D. Laing

David Casstevens del *Dallas Morning News* cuenta una historia sobre Frank Szymanski, un centro del equipo de Notre Dame en la década de 1940, que había sido llamado a comparecer como testigo en una demanda civil en South Bend.

—¿Estás en el equipo de futbol de Notre Dame este año? —preguntó el juez.

—Sí, Su Señoría.

—¿En qué posición juegas?

—Central, Su Señoría.

—¿Eres buen central?

Szymanski se movió nervioso en su asiento, pero respondió con firmeza:

—Señor, soy el mejor central que Notre Dame haya tenido jamás.

El entrenador Frank Leahy, que estaba en la sala, se sorprendió. Szymanski siempre había sido modesto y nada pretencioso. Por lo tanto, cuando el proceso terminó, llevó a Szymanski aparte y le preguntó por qué había hecho tal declaración. Szymanski se sonrojó.

—Detesté hacerlo, entrenador —explicó él—. Pero, después de todo, estaba bajo juramento.

~Dallas Morning News

No dejar nada al azar

Aspira a llegar a la luna. Aunque falles, aterrizarás entre las estrellas.
~Les Brown

Se oyó a un niño pequeño hablando solo mientras caminaba por el patio trasero de su casa, con su gorra de beisbol puesta y la pelota y el bate en las manos: "Soy el mejor jugador de beisbol del mundo", dijo con orgullo. Luego lanzó la pelota al aire, bateó y falló. Impertérrito, recogió la pelota, la lanzó al aire y se dijo a sí mismo: "Soy el mejor jugador de todos los tiempos". Abanicó la pelota con el bate una y otra vez, y falló de nuevo.

Se detuvo un momento para examinar cuidadosamente el bate y la pelota. Luego, una vez más, lanzó la pelota al aire y afirmó: "Soy el mejor jugador de beisbol que jamás haya existido". Movió el bate con fuerza y de nuevo se le fue la pelota.

—¡Caramba! —exclamó—. ¡Vaya lanzador!

~Fuente desconocida

Después de salir de la iglesia un domingo por la mañana, mi nieta de cinco años estaba dibujando muy concentrada en una hoja de papel. Cuando le pregunté qué estaba dibujando, respondió que estaba dibujando a Dios.

—Pero nadie sabe cómo es Dios —protesté.

—¡Lo sabrán cuando termine el dibujo! —respondió.

~Jacque Hall

La indigente

La voluntad de compartir no lo vuelve a uno caritativo, sino libre.
~Robert Brault

Dormía en la oficina de correos de Fifth Street. Podía olerla desde antes de rodear la entrada donde dormía, de pie, junto a los teléfonos públicos. Olía la orina que se filtraba a través de las capas de ropa sucia y las caries de su boca casi desdentada. Si no estaba dormida, murmuraba incoherencias.

Ahora cierran la oficina de correos a las seis para alejar a los indigentes, así que se acurruca en la acera, hablando para sí, con la boca abierta como si estuviera trastornada, donde la suave brisa disimula sus olores.

Un Día de Acción de Gracias nos sobró tanta comida que la envolví, me disculpé con los demás y conduje hasta Fifth Street.

Era una noche helada. Las hojas se arremolinaban en las calles casi desiertas; todos, salvo algunos desafortunados, se habían refugiado en algún hogar o albergue cálido. Pero yo sabía que la encontraría.

Iba vestida como siempre, incluso en verano: con las cálidas capas lanudas que escondían su cuerpo viejo y doblado. Las manos huesudas sujetaban con fuerza su precioso carrito de compras. Estaba en cuclillas junto a una cerca de alambre frente al área de juegos infantiles al lado de la oficina de correos. "¿Por qué no habrá elegido un lugar más protegido del viento?", pensé, y supuse que estaba tan loca que no tenía ni el sentido común de acurrucarse en un portal.

Estacioné mi reluciente automóvil junto a la acera, bajé la ventanilla y dije: "Madre..., ¿quiere...?". Y me sorprendió oírme decir la palabra "madre". Pero ella era..,. es... de alguna manera que no puedo entender.

Repetí: "Madre, le traje algo de comer. ¿Quiere pavo, relleno y tarta de manzana?". La anciana me miró y me dijo de manera muy clara e inequívoca, aunque los dos dientes inferiores sueltos se tambalearon mientras hablaba: "Ah, muchas gracias, pero ahora estoy muy llena. ¿Por qué no se lo lleva a alguien que realmente lo necesite?". Sus palabras fueron claras, sus modales amables. Entonces me despidió y hundió la cabeza de nuevo en sus harapos.

~Bobbie Probstein

20 Caldo de Pollo para el Alma

Respuesta/capacidad

La voluntad de aceptar la responsabilidad por la propia vida es la fuente de la que surge el respeto por uno mismo.

~Joan Didion

jugamos a
fingir
y fingimos
que no estamos
fingiendo

decidimos
olvidar
quiénes somos
y luego olvidamos
lo que hemos
olvidado

¿quiénes somos en realidad?

el centro
que observa
y dirige el espectáculo
que puede decidir
qué camino tomará

la conciencia
del YO SOY

ese potente
amoroso y perfecto
reflejo
del cosmos

pero en nuestro intento
por sobrellevar
las situaciones
elegimos o nos
hipnotizan para adoptar
una posición pasiva

para evitar
el castigo
o la pérdida del amor
elegimos negar
nuestra
responsabilidad/capacidad
y fingimos que
las cosas pasan
porque sí
o que estábamos
controlados
dominados
nos menospreciamos
y nos hemos
acostumbrado a esta
postura
masoquista
esta debilidad
esta indecisión

pero
en realidad
somos libres
un centro
de energía cósmica
tu voluntad
es tu poder

no finjas que
no lo tienes

o no podrás

~Bernard Gunther

Las normas para ser humano

Todo ser humano es un problema en busca de una solución.
~Ashley Montagu

1. **Recibirás un cuerpo.**
   Puede que te guste o que lo detestes, pero será tuyo todo el tiempo que pases aquí.
2. **Aprenderás lecciones.**
   Estás inscrito en una escuela informal de tiempo completo llamada Vida. Cada día en esta escuela tendrás la oportunidad de aprender lecciones. Puede que te gusten o que las consideres irrelevantes y estúpidas.
3. **No hay errores, sólo lecciones.**
   El crecimiento es un proceso de ensayo y error: experimentación. Los experimentos "fallidos" forman parte del proceso tanto como el experimento que finalmente "funciona".
4. **Una lección se repite hasta que se aprende.**
   Cada lección se te presentará de varias formas hasta que la aprendas. Cuando la hayas aprendido, podrás pasar a la siguiente lección.
5. **El aprendizaje de lecciones no termina.**
   No hay parte alguna de la vida que no contenga sus lecciones. Si estás vivo, hay lecciones que aprender.
6. **"Allá" no es mejor que "aquí".**
   Cuando tu "allá" se haya convertido en un "aquí", simplemente obtendrás otro "allá" que se verá mejor que "aquí".
7. **Los otros son simplemente espejos que reflejan tu imagen.**
   No puedes amar ni odiar algo de otra persona a menos que refleje algo que amas u odias de ti mismo.

8. **Lo que hagas con tu vida depende de ti.**
   Tienes todas las herramientas y los recursos que necesitas. Lo que hagas con ellos depende de ti. La elección es tuya.
9. **Tus respuestas están dentro de ti.**
   Las respuestas a las preguntas de la vida están dentro de ti. Todo lo que necesitas hacer es mirar, escuchar y confiar.
10. **Olvidarás todo esto.**

~Chérie Carter-Scott

Capítulo

3

Caldo de Pollo para el Alma

Sobre la crianza de los hijos

Tal vez el mayor servicio social que se puede prestar al país y a la humanidad es el de formar una familia.

~George Bernard Shaw

Campo de entrenamiento

El deporte es un microcosmos de la vida humana.
~Howard Cosell

Mi infancia fue horrible. Gracias a Dios. Mis padres se divorciaron cuando yo tenía 18 meses. Mi padre me llevó con él porque, francamente, mi madre no me quería. De hecho, cuando el médico le dijo a mi madre que estaba embarazada de mí, montó en cólera y se sintió muy decepcionada. Después de que nací, por lo general, ella sólo sintió desinterés por mí y simplemente me entregó a mi padre. Era una mujer que nunca había querido ser madre y, por suerte para mí, lo admitió y me entregó a mi padre. Tampoco él sabía qué hacer conmigo, pero estaba dispuesto a "hacer lo que hubiera que hacer" (uno de sus mantras favoritos).

Mi padre tenía sólo 23 años cuando yo nací, y entonces los hombres no criaban a sus hijos por su cuenta. Acababa de mudarse del área de la bahía de San Francisco a lo que debió parecerle el medio de la nada (Albuquerque, Nuevo México, donde yo nací) para ser entrenador de futbol americano, un puesto con exceso de trabajo y muy mal pagado, en la universidad de ese lugar. Estaba solo, se sentía desamparado y herido por el divorcio, y no sabía cómo criar a un hijo.

Por eso me crio de la única manera que sabía, como si fuera un entrenador. Eso significaba nada de quejarse, nada de llorar, nada de excusas y muchos gritos. Mi padre era tristemente célebre en el campo por una de sus filosofías para entrenar: a pesar de lo duro que golpearan a un jugador en el campo o lo lastimado que estuviera, no se le permitía abandonar el partido. Una vez, dejaron casi destrozado a un defensa en medio del campo; el jugador caminó tambaleándose hacia la banda y le rogó a mi padre que lo sacara del juego. Mi padre lo tomó de la mascarilla y gritó: "No, a menos que tengas un hueso fuera". El jugador tiró de la hombrera hacia atrás y le mostró la clavícula que sobresalía de la piel del cuello como el hueso de un pavo del Día de Acción de Gracias. Así nació la frase que oí cientos de veces: "No, no puedes quedarte en casa y faltar a la escuela porque estás enfermo, a menos que 'tengas un hueso fuera'".

¿Ser rechazado, fallar en algo, caerse, rasparse la rodilla? La única respuesta compasiva que oí fue: "El que quiera azul celeste, que se esfuerce". De hecho, tenía ese lema pintado en grandes letras de imprenta en nuestro garaje, donde su musculosa complexión de tamaño olímpico empezaba a trabajar a partir de las 5 de la mañana, todos los días sin falta. ¿Perder tiros libres en el partido de baloncesto? Practica 1.000 tiros libres antes de volver a casa. ¿Problemas para driblar con la mano izquierda? Átate la derecha a la espalda y driblea ocho horas seguidas. Sacar una "C" en matemáticas significaba pasar todo el verano entre libros de trabajo y clases de matemáticas. Era inflexible. En mi casa no se recibía amor o atención a menos que hubiera un logro de por medio.

Es debido a esta infancia "disfuncional" que me convertí en el triunfador altamente funcional que soy hoy en día.

- El tener que superar los problemas del abandono me hizo ser vigorosamente autosuficiente.
- Crecer con un padre severo y estricto que era entrenador de futbol americano universitario desarrolló mi empuje y automotivación.
- Que no me mimaran me enseñó a ser independiente y autosuficiente.
- El hecho de tener que lograr algo para recibir atención me enseñó a orientarme a los objetivos y a los resultados.

Las personas a menudo ven su infancia o las dificultades de su pasado como heridas de las que necesitan sanar. En vez de eso, descubrí que las adversidades son ventajosas. Es como crecen los músculos. Los sometes a un estrés intenso y los pones a prueba una y otra vez. Lo que en verdad se logra con esto es desgarrar las fibras musculares y romperlas. Luego vuelven a crecer más grandes y fuertes que antes. Ahora uno tiene los músculos (mentales, emocionales y psicológicos) para lograr cosas extraordinarias que la gente común y corriente no puede.

En cierto sentido, a su manera, mi padre fue el mejor padre que un futuro triunfador podría tener. Era fuerte, disciplinado y coherente. Me educó y entrenó para que yo fuera igual. Estoy sumamente agradecido por mi campo de entrenamiento de la infancia. Al final, parece que mi infancia fue increíble.

~Darren Hardy

Contempla el milagro

Sólo hay dos maneras de vivir la vida. Una es creer que no existen los milagros; la otra es creer que todo es un milagro.

~Albert Einstein

Sucedió en un instante. Un pequeño instante que encerró todo —mi vida, la vida de mi hija, mi familia— en sus puños cerrados.

La tranquilidad se rompió en un torrente de terror en mi frente mientras corría por la terraza y bajaba las escaleras. Movía las piernas, pero no las sentía, no podía registrar nada ni sentir nada, excepto el miedo que me había invadido. Lo único que quería saber en ese momento era que mi hija Jolie estaba viva.

Fue uno de esos acontecimientos que sucedieron en una fracción de segundo y que, sin embargo, tenía el potencial de cambiar toda mi vida. Cómo me despertaría por la mañana. Cómo me quedaría dormido por la noche. Cómo besaría a mis dos hijas cuando las arropara en la cama y las viera girar la cabeza para dormir.

Mi familia y yo fuimos de vacaciones a una pequeña isla privada en Fiyi el verano pasado. Cuando digo pequeña, me refiero a que es tan pequeña que no hay manera de entrar o salir de la isla si la visita no se organiza con anticipación. Nos hospedamos con unos amigos en una hermosa casa con un balcón que la rodeaba por completo. La casa estaba tan alta que la caída bajo el balcón era de casi seis metros.

La isla posee una energía increíble que me resulta difícil de expresar con palabras. Está ocupada por los originarios de Fiyi, la mayoría de los cuales nunca han salido de la isla. Fiyi es su hogar y están muy conectados a la tierra, a la comunidad y entre ellos.

Había siete u ocho fiyianos locales que trabajaban como cuidadores y ayudantes en la casa en la que nos alojamos. Era fácil relacionarse con ellos. Eran afables, simpáticos y parecían tener una intuición especial para conocer los corazones de la gente. En un momento dado, las mujeres dejaron de hacer lo que estaban haciendo y nos dijeron: "Su hija menor, Jolie, es especial. Hay algo en ella. Es un alma vieja y está aquí para cumplir un propósito especial".

Una noche después de cenar, nuestra hija mayor, Jemma, entró corriendo desde la terraza después de cenar gritando: "¡JOLIE SE CAYÓ DEL BALCÓN!". Tenía el terror pintado en el rostro.

Corrimos hacia donde venían los gritos y vimos a nuestra Jolie en el suelo seis metros abajo. No se movía. Las ideas se me agolparon en la cabeza: *Está muerta. Está muerta. Está muerta. Por favor, Dios mío, no permitas que muera.*

En los segundos que siguieron no pude correr lo suficientemente rápido, no pude llegar tan pronto para tomar a mi hija en brazos y estrecharla con fuerza. Los miedos se apilaban unos sobre otros: *¿Cómo la sacaremos de la isla? ¿Cómo la llevaremos a un hospital? ¿Qué le pasará a mi Jolie?*

Intenté mantener la calma, pero por dentro sentía que me iba a desmayar. Le salía sangre de la cabeza, pero no podíamos saber con exactitud cuán graves eran las heridas. Lo único que sabía era que empezó a moverse y a llorar. Por fortuna, estaba viva y seguía con nosotros.

La gente la rodeó. Algunos empezaron a revisarla para ver si tenía heridas. Como no había médicos ni hospital en la isla, una enfermera que vivía allí llegó en veinte minutos. Todos se unieron por la pequeña Jolie y mi familia de una manera extraordinaria.

A pesar de sentirme aturdido por un miedo que nunca había sentido, me invadió una extraña sensación de paz. De repente supe que las cosas iban a ir bien.

Cuando llevamos a Jolie al dormitorio, las mujeres fiyianas nos preguntaron si podían rezar. Se congregaron a nuestro alrededor tomadas de la mano. La enfermera comenzó a rezar en inglés y luego, al ritmo de una canción, las mujeres fiyianas empezaron a cantar a todo pulmón en su lengua materna. Cada una entonó su propia oración, pero todas las voces fluían juntas en una armonía estremecedora. Las lágrimas escurrían por sus mejillas y las mías. Se sentía como si estuviera temblando en la habitación, como si un poder la cubriera y lo único que pude hacer fue llorar y dar gracias porque mi hija estaba viva.

Junto con el alivio vino una angustia y preocupación abrumadoras que me consumían. Me obsesioné con el miedo en los siguientes días. Los sentimientos eran paralizantes. No podía dejar de analizar la situación y preguntarme: *¿Qué salió mal? ¿Cómo podríamos haber evitado el accidente?*

Una tarde, llamé a mi querido amigo y maestro, el gurú Singh, y comencé a llorar a gritos mientras le contaba lo sucedido. Me interrumpió y dijo:

—Eric, te estás concentrando en lo que no pasó. Lo que no pasó es una ilusión. Deja de enfocarte en eso —advirtió—. Empieza a concentrarse en lo que *sí* pasó —continuó—. Lo que pasó es un milagro. Medita en eso y colócate constantemente en ese espacio. Fuiste testigo de un milagro. Viviste un milagro. Tu hija sobrevivió por un milagro. Tu hija es un milagro.

Sus palabras me llevaron a un nuevo espacio de pensamiento. Tenía toda la razón. Mi hija sobrevivió por la gracia de un milagro y mi única respuesta a partir de ese momento fue la gratitud y el aprecio por los segundos sagrados que componen cada momento que compartimos juntos.

Mi hija sólo había ido a buscar un vaso de agua y sesenta segundos después estaba en el suelo y de ella pendía todo mi corazón y cada sueño que tenía para ella. Estuvo muy cerca de la muerte, pero por la gracia sagrada cayó seis metros y salió ilesa, sin apenas un rasguño.

Hoy mi hija Jolie es como cualquier otra niña de tres años. Juega, va a la escuela, se ríe con su hermana y se acurruca en nuestros brazos como si nada hubiera pasado. La cuestión es que sí pasó y nunca lo olvidaré. No pasa un día en el que no la vea y recuerde el milagro de la vida que ella representa. Ahora entiendo, más que nunca, lo precioso que es cada segundo de la vida. Me doy cuenta cada vez que respiro de lo bendita que es cada alma, joven y vieja, de tener estos momentos.

Como dijeron los fiyianos, estoy convencido de que mi Jolie está aquí por una razón especial. *Todos lo estamos*. Cuando aceptamos los momentos milagrosos de nuestra vida, encontramos más significado, más propósito y aprecio, una llamada cósmica más consciente, gratitud y alegría en todo lo que hacemos.

La vida es muy frágil y, sin embargo, aquí estamos y no doy por sentado ni un segundo. Mi Jolie me enseñó eso con su espíritu angelical. Ella es alegría pura.

~Eric Handler

20

Caldo de Pollo para el Alma

Los niños aprenden lo que viven

No sólo los niños crecen, sino que los padres también. Así como nosotros observamos lo que nuestros hijos hacen con sus vidas, ellos nos observan para ver lo que hacemos con las nuestras. No puedo decirles a mis hijos que traten de alcanzar el sol. Lo único que puedo hacer es tratar de alcanzarlo yo misma.

~Joyce Maynard

Si los niños viven con crítica,
aprenden a condenar.
Si los niños viven con hostilidad,
aprenden a pelear.
Si los niños viven con miedo,
aprenden a ser aprensivos.
Si los niños viven con lástima,
aprenden a compadecerse.
Si los niños viven con el ridículo,
aprenden a ser tímidos.
Si los niños viven con celos,
aprenden lo que es la envidia.
Si los niños viven con vergüenza,
aprenden a sentirse culpables.
Si los niños viven con tolerancia,
aprenden a ser pacientes.
Si los niños viven con estímulo,
aprenden a tener confianza en sí mismos.

Si los niños viven con elogios,
 aprenden a apreciar.
Si los niños viven con aprobación,
 aprenden a quererse.
Si los niños viven con aceptación,
 aprenden a encontrar el amor en el mundo.
Si los niños viven con reconocimiento,
 aprenden a tener una meta.
Si los niños viven compartiendo,
 aprenden a ser generosos.
Si los niños viven con honestidad y justicia,
 aprenden lo que es la verdad y la justicia.
Si los niños viven con seguridad,
 aprenden a tener fe en sí mismos y en los que los rodean.
Si los niños viven con amabilidad,
 aprenden que el mundo es un buen lugar para vivir.
Si los niños viven con serenidad,
 aprenden a tener tranquilidad.
¿Con qué viven tus hijos?

~Dorothy L. Nolte

La escuela de animales

La armonía no se consigue cuando todos cantan la misma nota.
~Doug Floyd

Hace mucho tiempo los animales decidieron que debían hacer algo heroico para hacer frente a los problemas de "un mundo nuevo". Por consiguiente, organizaron una escuela.

Adoptaron un programa de actividades que consistía en correr, escalar, nadar y volar. Para facilitar la administración del plan de estudios, todos los animales cursaron todas las asignaturas.

El pato era excelente nadando, de hecho, era mejor que su instructor, pero obtenía notas que apenas le alcanzaban para aprobar en vuelo y era muy malo corriendo. Como corría despacio, tenía que quedarse después de clases y dejar de nadar para practicar la carrera. Esto continuó hasta que sus patas palmeadas se maltrataron mucho y su rendimiento como nadador se redujo a un nivel promedio. Pero el promedio era aceptable en la escuela, por lo que nadie se preocupó por eso, excepto el pato.

El conejo comenzó siendo el primero de la clase en carreras, pero sufrió un colapso nervioso debido a tanto trabajo para compensar en natación.

La ardilla era una excelente escaladora hasta que la invadió la frustración en la clase de vuelo en la que su maestro la hacía empezar desde el suelo hacia arriba en lugar de desde la copa del árbol hacia abajo. También le dio un espasmo muscular por el exceso de esfuerzo y luego obtuvo C en escalar y D en correr.

El águila era un niño problemático al que hubo que aplicarle medidas disciplinarias severas. En la clase de escalada llegaba primero a la cima del árbol, pero insistía en seguir su propio camino para llegar ahí.

Al final del año, una anguila anormal que podía nadar muy bien, y también correr, escalar y volar un poco obtuvo el promedio más alto y fue la mejor de su clase.

Los perros de la pradera no fueron a la escuela y se opusieron a pagar impuestos porque la administración no había querido añadir la excavación y construcción de madrigueras al plan de estudios. Colocaron a sus hijos como aprendices de un tejón y después se unieron a las marmotas y a las tuzas para fundar una exitosa escuela privada.

¿Esta fábula tiene una moraleja?

~George H. Reavis

20

Caldo de Pollo para el Alma

El toque

Un padre siempre está convirtiendo a su bebé en una mujercita. Y cuando ella es mujer, él la convierte de nuevo en una niña.

~Enid Bagnold

Es mi hija y está inmersa en la turbulencia de los 16 años. Después de un reciente ataque de enfermedad, se enteró de que su mejor amiga se mudaría pronto. En la escuela no iba tan bien como ella esperaba, ni tan bien como su madre y yo esperábamos. Exudaba tristeza acurrucada en la cama debajo de un montón de mantas para consolarse. Quería acercarme a ella y arrancar de cuajo todos los sufrimientos que habían echado raíces en su joven espíritu. Sin embargo, a pesar de lo mucho que me preocupaba y deseaba eliminar su infelicidad, sabía lo importante que era proceder con cautela.

Como terapeuta familiar, conozco bien las expresiones inapropiadas de intimidad entre padres e hijas, principalmente por mis pacientes cuyas vidas ha destrozado el abuso sexual. También soy consciente de la facilidad con la que el cuidado y la cercanía pueden sexualizarse, en especial por los hombres para los que el campo emocional les resulta un terreno desconocido y que confunden cualquier expresión de afecto con una invitación sexual. Cuánto más fácil era abrazarla y consolarla cuando tenía dos o tres años, o incluso siete. Pero ahora su cuerpo, nuestra sociedad y mi hombría parecían conspirar en contra de que consolara a mi hija. ¿Cómo podía consolarla sin dejar de respetar los límites necesarios entre un padre y una hija adolescente? Me conformé con ofrecerle un masaje en la espalda. Ella consintió.

Le di un suave masaje en la espalda y los hombros tensos mientras me disculpaba por mi reciente ausencia. Le expliqué que acababa de regresar de la final internacional de masaje en la espalda, donde había quedado en cuarto lugar. Le aseguré que era difícil superar el masaje en la espalda de un padre preocupado, en particular si se trataba de un padre preocupado que daba masajes de talla mundial en la espalda. Le conté todo sobre el concurso y los demás concursantes mientras con las manos y dedos trataba de aflojar los músculos tensos y desbloquear las tensiones en su joven vida.

Le conté del hombre asiático, anciano y enjuto, que había quedado en tercer lugar en el concurso. Después de estudiar acupuntura y acupresión durante toda su vida, era capaz de concentrar toda su energía en los dedos y convertir en un verdadero arte el masaje en la espalda. "Presionaba y estimulaba con precisión de prestidigitador", le expliqué a mi hija y le di un ejemplo de lo que había aprendido del anciano. Ella gimió, aunque no estoy seguro de si fue en respuesta a mi aliteración o a mi toque. Luego le hablé de la mujer que había quedado en segundo lugar. Era de Turquía y desde su infancia había practicado el arte de la danza del vientre, por lo que podía hacer que los músculos se movieran y ondularan con fluidez. Mediante el masaje en la espalda, sus dedos despertaban la necesidad de vibrar, temblar y bailar en los músculos cansados y los cuerpos exhaustos. "Los dedos guiaban y los músculos la seguían", expliqué mientras demostraba cómo lo hacía.

—¡Qué raro! —comentó con voz débil y amortiguada por una almohada. ¿Hablaba de mi frase o de mi toque?

Luego le froté la espalda a mi hija y nos quedamos en silencio.

—¿Y quién quedó en primer lugar? —preguntó ella después de un rato.

—¡Nunca lo creerías! —respondí—. ¡Un bebé! —y le expliqué cómo los toques suaves y confiados de un bebé que explora un mundo de piel, olores y sabores eran como ningún otro toque en el mundo. Más suaves que lo suave. Impredecibles, delicados, buscando. Manos pequeñitas que decían más de lo que las palabras podrían expresar: sobre pertenecer, sobre la confianza, sobre el amor inocente. Y luego la toqué con suavidad y delicadeza como había aprendido del bebé. Me vino a la mente el recuerdo vívido su infancia: cómo era abrazarla, mecerla, verla andar a tientas y crecer en su mundo. Me di cuenta de que ella, de hecho, era la niña que me había enseñado cómo era el tacto de un bebé.

Después de otro período de masaje suave en la espalda y silencio, comenté que estaba muy contento de haber aprendido tanto de los expertos mundiales en masajes en la espalda. Le expliqué que me había convertido en uno de los mejores masajistas de la espalda gracias a una hija de 16 años que estaba creciendo con el dolor que eso conlleva y convirtiéndose en una mujer adulta. Hice una oración silenciosa de agradecimiento porque esa vida había sido puesta en mis manos y porque me sentía bendecido por el milagro de tocar aunque fuera una parte de ella.

~Victor Nelson

Te quiero, hijo

Los niños deletrean amor T-I-E-M-P-O
~John Crudele

Pensamientos mientras llevo a mi hijo a la escuela: Buenos días, hijo. Te ves muy bien con tu equipo de lobezno de los scouts, no tan gordo como tu padre cuando era lobezno. No creo que haya tenido el pelo tan largo, sino hasta que me fui a la universidad, pero creo que te reconocería de todos modos por lo que eres: un poco peludo alrededor de las orejas, con los dedos de los pies raspados y las rodillas arrugadas. Nos acostumbramos el uno al otro.

Ahora que tienes ocho años me doy cuenta de que ya no te veo mucho. El Día de Colón te fuiste a las nueve de la mañana. Te vi 42 segundos en el almuerzo y reapareciste para la cena a las cinco. Te echo de menos, pero sé que tienes asuntos serios que atender. De hecho, son tan relevantes como las tareas de los otros viajeros en el camino, si no más.

Tienes que crecer y eso es más importante que recortar cupones, arreglar opciones de acciones o vender valores en corto. Tienes que aprender lo que eres capaz de hacer y lo que no, y tienes que aprender a aceptarlo. Tienes que aprender sobre las personas y cómo se comportan cuando no se sienten bien consigo mismas, como los bravucones que se reúnen donde se dejan las bicicletas y molestan a los niños más pequeños. Sí, incluso tendrás que aprender a fingir que los insultos no hacen daño. Siempre te dolerá, pero tendrás que hacerte el valiente o te insultarán peor la próxima vez. Sólo espero que recuerdes cómo se siente, en caso de que decidas molestar a un niño que es más pequeño que tú.

¿Cuándo fue la última vez que te dije que estaba orgulloso de ti? Supongo que, si no puedo recordarlo, tengo trabajo que hacer. Recuerdo la última vez que te grité: te advertí que llegaríamos tarde si no te dabas prisa, pero, en general, como decía Nixon, no te he dado tantas palmadas en la espalda como gritos. Para que conste, en caso de que leas esto, estoy orgulloso de ti. En especial, me gusta tu independencia, la forma en que sabes cuidarte, a pesar de que a veces me asusta un poco. Nunca has sido quejumbroso y eso te hace un chico superior, en mi opinión.

¿Por qué los padres tardan tanto en darse cuenta de que los niños de ocho años necesitan tantos abrazos como los de cuatro? Si no tengo cuidado, muy pronto te estaré dando un puñetazo en el brazo y te diré: "¿Qué te cuentas, chico?", en lugar de abrazarte y decirte que te quiero. La vida es demasiado corta para esconder el afecto. ¿Por qué los niños de ocho años tardan tanto en darse cuenta de que los adultos de 36 necesitan tantos abrazos como los niños de cuatro?

¿Olvidé decirte que estoy orgulloso de que hayas vuelto a llevarte tu almuerzo hecho en casa después de una semana de ese indigesto almuerzo caliente? Me alegra que valores tu cuerpo.

Ojalá el viaje no fuera tan corto. Quiero hablar de anoche cuando tu hermano menor estaba dormido y te dejamos quedarte más tarde a ver el partido de los Yankees. Esos momentos son muy especiales. No hay forma de planearlos. Cada vez que tratamos de planear algo juntos, no sale tan bien ni es tan rico o cálido. Por unos minutos fue como si ya hubieras crecido y nos sentáramos a hablar sin palabras acerca de "¿cómo te va en la escuela, hijo?". Ya había revisado tu tarea de matemáticas de la única manera que podía: con una calculadora.

Eres mejor con los números de lo que yo jamás lo seré. Así que hablamos sobre el juego y tú sabías más de los jugadores que yo y aprendí de ti. Y ambos nos sentimos felices cuando los Yankees ganaron.

Bueno, ahí está el agente de seguridad. Probablemente nos sobreviva a todos. Ojalá no tuvieras que ir a la escuela hoy. Hay tantas cosas que quiero decirte.

Sales rápidamente de mi coche. Quiero saborear el momento, pero ya has visto a un par de tus amigos.

Sólo quería decirte: "Te quiero, hijo".

~Victor B. Miller

Lo que eres es tan importante como lo que haces

Para enseñarle a un niño el camino que debe seguir, recorre ese camino de vez en cuando.

~Josh Billings

Era un sábado soleado por la tarde en Oklahoma City. Mi amigo y orgulloso padre Bobby Lewis llevó a sus dos hijos pequeños a jugar al minigolf. Se acercó al empleado en el mostrador y preguntó:

—¿Cuánto cuesta la entrada?

—Tres dólares por usted y tres dólares por los niños mayores de seis años —respondió el joven—. Los dejamos entrar gratis si tienen seis años o menos. ¿Cuántos años tienen?

—El abogado tiene tres años y el médico siete —respondió Bobby—, así que supongo que le debo seis dólares.

—Oiga, señor, ¿le ha tocado la lotería o algo así? —preguntó el hombre—. Se hubiera ahorrado tres dólares. Podría haberme dicho que el mayor tenía seis años; no habría notado la diferencia.

—Sí, puede que sea cierto —repuso Bobby—, pero los niños habrían notado la diferencia.

Como dijo Ralph Waldo Emerson: "Quien eres habla tan fuerte que no puedo oír lo que dices". En tiempos difíciles, cuando la ética es más importante que nunca, hay que asegurarse de dar un buen ejemplo a todos los que trabajan y viven con nosotros.

~Patricia Fripp

20

Caldo de Pollo para el Alma

La familia estadunidense perfecta

Una de las virtudes de ser muy joven es que no dejas que los hechos se interpongan en tu imaginación.

~Sam Levenson

Son las 10:30 de la mañana de un sábado perfecto y somos, por el momento, la familia estadunidense perfecta. Mi esposa llevó a nuestro hijo de seis años a su primera clase de piano. El mayor de 14 años aún no ha vuelto del país de los sueños. El niño de cuatro años está viendo a pequeños seres antropomórficos lanzarse unos a otros desde los acantilados en la otra habitación. Estoy sentado a la mesa de la cocina leyendo el periódico. Aaron Malachi, el pequeño, al parecer aburrido por la masacre de la caricatura y el considerable poder adquirido por el control remoto del televisor, entra en mi espacio.

—Tengo hambre —anuncia.

—¿Quieres más cereal?

—No.

—¿Quieres un poco de yogur?

—No.

—¿Quieres huevos?

—No. ¿Puedo comer un poco de helado?

—No.

Hasta donde yo sé, el helado puede ser mucho más nutritivo que los cereales procesados o los huevos repletos de antibióticos pero, de acuerdo con mis valores culturales, es un error comer helado a las 10:45 de la mañana de un sábado. Unos cuatro segundos de silencio.

—Papi, nos queda mucha vida por delante, ¿no?

—Sí, nos queda mucha vida, Aaron.

—¿Tú, mami y yo?

—Así es.

—¿E Isaac?

—Sí.

—¿Y Ben?

—Sí. Tú y yo y mamá e Isaac y Ben.

—Nos queda mucha vida. Hasta que todos se mueran.

—¿Qué quieres decir?

—Hasta que toda la gente muera y los dinosaurios vuelvan.

Aaron se sienta sobre la mesa, con las piernas cruzadas como un buda, en el centro de mi periódico.

—¿Qué quieres decir, Aaron, con eso de que "hasta que todos se mueran"?

—Dijiste que todo el mundo muere. Cuando todos mueran, los dinosaurios volverán. Los cavernícolas vivían en cuevas, cuevas de dinosaurios. Entonces los dinosaurios volvieron y los aplastaron.

Me doy cuenta de que para Aaron la vida es una economía limitada, un recurso con un principio y un fin. Se ve a sí mismo y a nosotros en alguna parte de esa trayectoria, una trayectoria que termina en incertidumbre y pérdida.

Me enfrento a una decisión ética. ¿Qué debo hacer ahora? ¿Debería intentar hablarle de Dios, la salvación, la eternidad? ¿Debería echarle una perorata como: "Tu cuerpo es sólo un cascarón y, después de que mueras, todos estaremos juntos en espíritu para siempre"?

¿O debería dejarlo con su incertidumbre y su ansiedad porque creo que es real? ¿Debería tratar de convertirlo en un existencialista ansioso o debería tratar de hacerlo sentir mejor?

No lo sé. Me quedo mirando fijamente el periódico. Los Celtics pierden por lo general los viernes por la noche. Larry Bird está enojado con alguien, pero no veo con quién, porque el pie de Aaron me estorba. No lo sé, pero mi sensibilidad neurótica, adictiva y de clase media me dice que este es un momento muy importante, un momento en el que se están formando las maneras que tendrá Aaron de interpretar el mundo. O tal vez mi sensibilidad neurótica, adictiva y de clase media me hace pensar eso. Si la vida y la muerte son una ilusión, ¿por qué debería jugar con la forma en que otra persona las entiende?

Sobre la mesa Aarón juega con un "soldado", levanta los brazos y lo balancea sobre sus temblorosas piernas. Era Kevin McHale con quien

Larry Bird estaba enfadado. No, no Kevin McHale, sino Jerry Sichting. Pero Jerry Sichting ya no está con los Celtics. ¿Qué pasó con Jerry Sichting? Todo muere; todo llega a su fin. Jerry Sichting juega en Sacramento u Orlando, o ha desaparecido.

No debería jugar con la forma en que Aarón entiende la vida y la muerte porque quiero que tenga un sentido sólido de la estructura, un sentido de la permanencia de las cosas. Es evidente el buen trabajo que las monjas y los sacerdotes hicieron conmigo. Era sufrimiento o felicidad. El cielo y el infierno no estaban conectados por el servicio de larga distancia. Estabas en el equipo de Dios o en la sopa, y la sopa estaba caliente. No quiero que Aaron se queme, pero quiero que tenga una estructura fuerte. La ansiedad neurótica, pero inevitable puede venir después.

¿Es eso posible? ¿Es posible entender que Dios, el espíritu, el karma, Y*H*W*H,* algo es trascendente, sin traumatizar a una persona en el presente, sin machacárselo hasta que se lo grabe en la cabeza? ¿Podemos tener nuestro pastel y comérnoslo también, hablando en sentido ontológico? ¿O es que su frágil sensibilidad, su "ahí", se ve mermado por un acto así?

Percibo un ligero aumento de agitación sobre la mesa y me doy cuenta de que Aaron se está aburriendo con su soldado. Con una actitud dramática propia del momento, me aclaro la garganta y empiezo a decir en tono profesional.

—Aaron, la muerte es algo que algunas personas creen...

—Papá —interrumpe Aaron—, ¿podríamos poner un videojuego? No es un juego muy violento —explica, gesticulando con las manos—. No es un juego de matar. Los tipos se caen y ya está.

—Sí —respondo con cierto alivio—, vamos a poner el videojuego. Pero primero hay algo más que tenemos que hacer.

—¿Qué? —Aaron detiene su carrera y se vuelve a mirarme, ya a mitad de camino de la consola de juegos.

—Primero, vamos a comer un helado.

Otro sábado perfecto para una familia perfecta. Por ahora.

~Michael Murphy

* Yahvé, el nombre de Dios en la Biblia hebrea. Yahweh, Dios de los israelitas, viene de cuatro consonantes hebreas YHWH conocidas como el tetragrama.

The trouble with you, Sheldon, is you lack self-confidence.

El problema contigo, Sheldon, es tu falta de seguridad en ti mismo.

20 Caldo de Pollo para el Alma

¡Dilo y ya!

Si fueras a morir pronto y tuvieras una sola llamada que pudieras hacer, ¿a quién llamarías y qué le dirías? ¿Y a qué esperas para hacerlo?

~Stephen Levine

Una noche, después de leer uno de los cientos de libros sobre la crianza de los hijos que he leído, me sentí un poco culpable porque en el libro se hablaba de algunas estrategias de crianza que no había usado en mucho tiempo. La estrategia principal consistía en hablar con los hijos y pronunciar las palabras mágicas: "Te amo". Se ha recalcado con insistencia que los niños necesitan saber de manera incondicional e inequívoca que los amamos.

Subí a la habitación de mi hijo y llamé a la puerta. Mientras llamaba, lo único que podía oír eran sus tambores. Sabía que estaba ahí, pero no respondía. Abrí la puerta y, como esperaba, ahí estaba él sentado con los auriculares puestos, escuchando una cinta y tocando la batería. Me acerqué para llamar su atención y le dije:

—Tim, ¿tienes un segundo?

—Ah, claro, papá. Siempre tengo un segundo —respondió.

Nos sentamos y después de 15 minutos de charla y tartamudeos, lo miré y le dije:

—Tim, me encanta cómo tocas la batería.

—Ah, gracias, papá, te lo agradezco —contestó.

—Nos vemos más tarde —me despedí y salí de la habitación. Mientras bajaba las escaleras, me di cuenta de que había subido con un cierto mensaje y no lo había entregado. Sentí que era muy importante volver y tener otra oportunidad de decir las palabras mágicas.

Subí de nuevo las escaleras, llamé a la puerta y la abrí.

—¿Tienes un segundo, Tim?

—Claro, papá. Siempre tengo un segundo o dos. ¿Qué necesitas?

—Hijo, la primera vez subí a compartir un mensaje contigo, pero se atravesó otra cosa y no dije lo que en realidad quería. Tim, ¿recuerdas cuando estabas aprendiendo a conducir, que me causó muchos problemas? Escribí dos palabras y las puse debajo de tu almohada con la esperanza de que con eso se arreglaría todo. Yo había cumplido con mi parte como padre y expresado mi amor a mi hijo —por fin, después de hablar un poco de cosas intrascendentes, miré a Tim y le dije—: Lo que quiero que sepas es que te amamos.

Me miró y respondió:

—Ah, gracias, papá. ¿Tú y mamá?

—Sí —repuse—, los dos, pero no lo expresamos lo suficiente.

—Gracias, significa mucho para mí. Sé que me amáis.

Me di la vuelta y salí de la habitación. Mientras bajaba las escaleras, empecé a pensar: "No puedo creerlo. Ya he estado ahí dos veces, sé cuál es el mensaje y, sin embargo, me sale otra cosa de la boca".

Decidí volver en ese instante a decirle a Tim exactamente lo que sentía. Lo iba a oír directamente de mí. ¡No me importaba si medía 1,80 m de estatura! Entonces volví, llamé a la puerta y él gritó:

—Espera un momento. No me digas quién eres. ¿Acaso eres tú, papá?

—¿Cómo supiste? —pregunté.

—Te conozco desde que eres padre, papá —respondió él.

—Hijo, ¿tienes un segundo más? —pregunté entonces.

—Sabes que siempre tengo un segundo, pasa. Supongo que no me dijiste lo que querías decirme.

—¿Cómo lo sabes? inquirí.

—Te conozco desde que usaba pañales.

—Bueno —empecé—, aquí lo tienes, Tim, lo que he estado reprimiendo. Sólo quiero expresarte lo especial que eres para nuestra familia. No es lo que haces, no es lo que has hecho, como todas las cosas que estás haciendo con los niños de secundaria en nuestra ciudad. Es lo que eres como persona. Te amo y sólo quería que lo supieras, y no sé por qué me reservo algo tan importante.

Me miró y dijo:

—Mira, papá, sé que me amas y es muy especial oírtelo decir. Muchas gracias por tus pensamientos, así como por la intención —cuando me disponía a salir de la habitación, añadió—: Ah, oye, papá. ¿Tienes otro segundo?

Empecé a pensar: "Ay, no. ¿Qué me va a decir?".

—Claro que sí, siempre tengo un segundo —respondí.

No sé de dónde sacan esto los chicos, estoy seguro de que no puede ser de sus padres, pero Tim dijo:

—Papá, sólo quiero hacerte una pregunta.

—Sí, dime.

Me miró y preguntó:

—Papá, ¿fuiste a un taller o algo así?

Yo pensé: "Ay, no, como cualquier otro chico de 18 años me conoce muy bien".

—No, estaba leyendo un libro que hablaba de lo importante que es decirles a los hijos lo que realmente sentimos por ellos —confesé.

—Ah, pues gracias por dedicarle tiempo. Hasta luego, papá.

Creo que lo que Tim me enseñó más que nada esa noche es que para entender el verdadero significado y propósito del amor, debes estar dispuesto a pagar el precio. Tienes que salir y arriesgarte a compartirlo.

~Gene Bedley

Legado de amor

Siempre dales a tus hijos un beso de buenas noches, aunque ya estén dormidos.

~H. Jackson Brown, Jr.

Cuando era joven, Al era un artista consumado, un alfarero. Tenía esposa y dos hijos maravillosos. Una noche, su hijo mayor tuvo un fuerte dolor de estómago. Pensando que era sólo un trastorno intestinal común, ni Al ni su esposa tomaron la afección muy en serio. Pero la enfermedad era en realidad apendicitis aguda, y el niño murió esa noche.

Como sabía que podría haber evitado la muerte de su hijo si se hubiera dado cuenta de la gravedad de la situación, la salud emocional de Al se deterioró bajo una enorme carga de culpa. Para empeorar las cosas, su esposa lo abandonó poco tiempo después y lo dejó solo con su hijo menor de seis años. El dolor y la pena de las dos situaciones fueron más de lo que Al podía soportar, y recurrió al alcohol para que le ayudara a sobrellevarlas. Con el tiempo, Al se convirtió en alcohólico.

A medida que el alcoholismo empeoraba, Al comenzó a perder todo lo que poseía: su casa, su terreno, sus objetos de arte, todo. Con el tiempo, Al murió solo en la habitación de un motel en San Francisco.

Cuando me enteré de la muerte de Al, reaccioné con el mismo desdén que el mundo muestra por alguien que termina su vida sin haber logrado nada. "¡Qué rotundo fracaso!", pensé. "¡Qué vida desperdiciada!".

Con el paso del tiempo, empecé a reevaluar mi juicio anterior que había sido muy severo. Verán, conocía al hijo adulto de Al, Ernie. Es uno de los hombres más buenos, amables y cariñosos que he conocido.

Observaba a Ernie con sus hijos y veía el libre flujo de amor que había entre ellos. Comprendí que esa bondad y cariño tenían que haber venido de alguna parte.

No había oído a Ernie hablar mucho de su padre; es muy difícil defender a un alcohólico. Un día me armé de valor para preguntarle:

—Estoy realmente desconcertado por algo —comencé—. Sé que tu padre te crio prácticamente solo. ¿Qué hizo para que te convirtieras en una persona tan especial?

Ernie se sentó en silencio y reflexionó unos momentos. Entonces respondió:

—Desde mis primeros recuerdos de niño hasta que me fui de casa a los 18 años, Al venía a mi habitación todas las noches, me daba un beso y me decía: "Te amo, hijo".

Las lágrimas asomaron a mis ojos cuando me di cuenta de lo tonto que había sido al juzgar a Al como un fracasado. No había dejado ninguna posesión material, pero había sido un padre bueno y cariñoso, y había formado a uno de los mejores y más generosos hombres que he conocido.

~Bobbie Gee
Winning the Image Game

Capítulo

4

Sobre el aprendizaje

Aprender es descubrir lo que ya sabes.
Hacer es demostrar que lo sabes.
Enseñar es recordar a los demás que saben tanto como tú.
Todos somos aprendices, ejecutores, maestros.

~Richard Bach

Arrogancia controlada

El mayor error en el tratamiento de las enfermedades es que hay médicos para el cuerpo y médicos para el alma, aunque los dos no pueden separarse.

~Platón

La cirugía es arrogancia controlada. Considerando que un cirujano cardiaco necesita tomar una sierra y cortar el esternón del paciente para abrirlo y ayudarlo, la seguridad en sí mismo es más esencial que la cortesía, la humildad y un montón de otros atributos que premia nuestra sociedad. Sin embargo, la palabra clave para describir a los cirujanos es "controlada", y no "arrogancia", y nuestros pacientes nos enseñan la diferencia. La sabiduría necesaria para ofrecer una verdadera curación proviene de escuchar las señales que de continuo ofrecen las personas dispuestas a arriesgar su vida confiando en nuestro juicio.

Eso incluye a personas como Frank, que llegó a mi hospital inconsciente y apenas vivo, con un tubo de respiración en la garganta mientras le bombeaban fármacos de potencia industrial en los brazos hinchados. Frank, camionero de 52 años, había sufrido un ataque cardiaco masivo, la principal causa de muerte en Estados Unidos, después de esparcir arena en carreteras nevadas durante una tormenta de 36 horas. Históricamente, sus posibilidades de sobrevivir eran de menos del diez por ciento. Pero, hoy en día, tenemos bombas mecánicas para dar soporte a los corazones dañados, y Frank Jones sobrevivió después de someterse a esta tremenda operación. La medicina moderna había funcionado. ¿O no?

Mientras yo estaba ocupado causándome una lesión en el manguito rotador y felicitándome por el notable éxito de mi operación, Frank estaba furioso porque lo habíamos salvado. Más importante aún, Frank estaba a punto del suicidio. Era una persona profundamente religiosa que creía que una vez que había perdido su uso y propósito en la vida, se le debería haber permitido morir con dignidad.

La depresión causaría que las células inmunológicas de Frank dejaran de funcionar con normalidad y aumentaría el riesgo de infección. Incluso podría aumentar la tasa de mortalidad después de una operación cardiaca exitosa. Estudios extensos han revelado que los peores temores de las personas pesimistas a menudo se hacen realidad a pesar de los hechos médicos, una realidad frustrante para los médicos.

Necesitaba buscar más allá de las soluciones de alta tecnología para salvar a Frank y profundizar en el campo poco tecnológico del amor y la fe. Después de intercambiar ideas con la esposa de mi paciente, llevamos a su ministro al hospital, quien convenció a Frank para que hiciera de la iglesia su vida. Se convirtió en un paciente modelo e incluso comenzó a trabajar como evangelista en la Asociación Cristiana de Motociclistas, donde ayudaba a las pandillas, porque, decía él, "la sociedad les ha dado la espalda".

Los pacientes como Frank no se describen en los libros de texto de medicina, pero he aprendido mucho sobre su curación. Empecé a practicar la medicina con la ingenua creencia de que sabíamos casi todo lo que necesitábamos para curar a los enfermos, y que las soluciones de alta tecnología cerrarían las pocas lagunas que quedaban en nuestro arsenal de curación. Mi especialidad, la cirugía de corazón, era un ejemplo espectacular de esta moderna historia de éxito. Después de todo, si el corazón se rompe en el sentido más literal, podemos reemplazarlo incluso con uno nuevo: la solución suprema. No obstante, una vez que miré hacia fuera desde dentro del ámbito de la medicina, aprendí que había muchas cosas por descubrir.

Todavía no entendía a un nivel visceral el significado poético de este órgano. Cuando el corazón falla, la gente se siente traicionada. ¿Cómo podrían ser dignos de vivir si su propio metrónomo interno los ha abandonado? Incluso la respuesta inmunológica que sus cuerpos crean contra los órganos recién trasplantados se llama "rechazo", exactamente lo que el paciente siente.

Pronto empecé a comprender que las respuestas al bienestar con frecuencia estaban en manos de mis pacientes. Se habían convertido por propia voluntad en nuestro laboratorio de investigación. Los resultados cambiaron profundamente mis puntos de vista sobre el significado de sanar y han dejado lecciones para todo Estados Unidos.

Cuando las personas se aferran con desesperación a la orilla del precipicio de la muerte, buscan cualquier solución que les permita volver a la llanura segura de la vida. Muchas de estas herramientas provienen de tierras lejanas, donde han sido las bases de curación durante milenios. Algunos llaman a estos métodos medicina alternativa, integradora o complementaria, pero creo que todos ellos representan la globalización de la salud. Tomemos las mejores lecciones de curación de todos nuestros ancestros y sociedades, y compartamos la sabiduría que, como nuestros corazones, infunde vida en nuestras almas.

~Dr. Mehmet Oz

20

Yo soy la felicidad

Casi todas las personas son tan felices como deciden serlo.
~Abraham Lincoln

Una vez fui testigo de una conversación encantadora entre una madre y su hija pequeña. Toda la conversación duró apenas un minuto y, sin embargo, nunca la he olvidado. Sucedió mientras estaba sentado en una bulliciosa terminal en el aeropuerto internacional de Nueva Delhi, en la India, esperando a que anunciaran mi vuelo. La madre y su hija, que se llamaba Angela, estaban sentadas frente a mí. Angela, que tenía unos tres años, hablaba y dibujaba, hablaba y comía, hablaba y leía. Mientras tanto, su madre estaba ocupada organizando los billetes de avión y los pasaportes. Aunque oía hablar a Angela, en realidad no estaba escuchando lo que decía hasta que de repente anunció: "Yo soy la felicidad, mamá". Las palabras me llamaron la atención. Sonreí sin darme cuenta. *Qué gran idea*, pensé. Después de eso, Angela se inclinó y tiró de la camiseta de su madre para llamar su atención.

—Yo soy la felicidad, mamá —repitió Angela.

—¿Cómo dices, cariño? —preguntó la madre.

—Yo soy la felicidad, mamá —insistió Angela.

—No, cariño. Lo que quieres decir es: "Soy feliz" —explicó la madre.

—No, mamá —contradijo Angela—. Yo soy la felicidad.

Entonces me di cuenta de que varios otros pasajeros también estaban escuchando la conversación. La madre de Angela también lo notó. Estaba un poco avergonzada, pero todos entendíamos lo tierno y divertido que era el momento.

—Soy-fe-liz —dijo la madre de Angela con voz lenta y deliberada.

—Yo-soy-la-fe-li-ci-dad —respondió Angela con voz lenta y deliberada.

La madre sonrió.

—De acuerdo, Angela, eres la felicidad.

—Sí, mamá, soy la felicidad —repitió Angela, mientras asentía con la cabeza.

Eso fue todo. La breve y dulce conversación terminó de manera tan repentina como había comenzado. Sin embargo, me hizo pensar mucho.

¿Cómo vivirías tu vida si supieras que ya eres feliz? Imagina cómo serías. Imagina lo bien que te sentirías si supieras que tu naturaleza original ya es feliz. Imagina exactamente cómo saludarías cada nuevo día sabiendo que *eres lo que buscas*. Imagina cuánto amor y sanación experimentarías si cambiaras el propósito de tus relaciones de *encontrar la felicidad* a *compartir la felicidad*. Imagina qué fantástico y exitoso serías si siguieras tu alegría y dejaras que tu felicidad brillara a través de ti. Imagina cómo serías.

Imagina si, por un momento, te rindieras completamente a la alegría original de tu verdadera naturaleza. ¡Qué bautismo sería ese! Imagina lo liberador que sería si ya *no necesitaras al mundo para ser feliz*. ¡Qué bendición para todos! Imagina lo bien que te sentirías sabiendo que tu felicidad no es algo ajeno a ti ni está escondida dentro de algo externo. Imagina cómo cambiaría tu actitud hacia el dinero. Imagina cuánto te permitirías relajar y *disfrutar cada momento* si supieras que tu alegría está siempre contigo y no en otro lugar. Imagina cómo cambiaría tu actitud hacia el tiempo. Imagina cómo serías.

Imagina si cada día dejaras que la alegría original de tu *ser* te bendijera y refrescara. Imagina si te hicieras el propósito de que tu vida no fuera *conseguir la felicidad*, sino *propagarla*. Imagina lo mucho que te divertirías. Imagina lo generoso que serías. Imagina lo bondadoso que serías. Imagina lo buen amigo que serías. Si vivieras tu vida sabiendo que tu *ser* ya es feliz, serías libre de ser la persona que "llegaste a ser". Como ya serías feliz, no tendrías miedo de amar. De hecho, probablemente te convertirás en la persona más amorosa que puedas imaginar.

Imagina cómo sería.

~Robert Holden

Tomado de *Be Happy: Release the Power of Happiness in You*, ©2009 Robert Holden. Publicado por Hay House; disponible en www.hayhouse.com.

Una luz en la oscuridad

La tristeza vuela en las alas de la mañana y del corazón de las tinieblas nace la luz.

~Jean Giraudoux

El 14 de diciembre de 2012, ante la conmoción colectiva del mundo, veinte niños pequeños y seis adultos fueron asesinados en el tiroteo de una escuela en Newtown, Connecticut. Cuando me enteré del acontecimiento, tuve los mismos sentimientos que todos experimentamos cuando ocurre una tragedia como esta: dolor, tristeza, enojo, duda sobre este mundo, pero esta vez, con este tiroteo en particular, había algo diferente, porque vivo en Newtown, Connecticut.

Todos hemos oído la frase "demasiado cerca para sentirse cómodo" o "demasiado cerca de casa", y en este caso, por fin se hizo realidad para mí. Ya no podía limitarme a ver las noticias y musitar: "qué triste...". cuando algo así sucedía una vez más, en otra ciudad, en otro país, en otro lugar. Esta vez, me di cuenta de que, literalmente, había sido en mi hogar, y ya no podía darme el lujo de ignorar el hecho de que, en el nivel más profundo, algo tenía que cambiar y que yo tenía que hacer todo lo que estuviera en mis manos para influir en ese cambio.

Ya sea por casualidad o por algún tipo de gran designio, he pasado los últimos diez años estudiando, documentando y compartiendo una técnica llamada "EFT", o simplemente "tapping", que es una combinación de la acupresión de la antigua China y la psicología moderna, y ha demostrado ser extraordinariamente eficaz en el tratamiento del trauma, el trastorno de estrés postraumático, el estrés y muchas de las afecciones que ocasionan sucesos como este tiroteo. Así, en ese día fatídico, dije para mis adentros: "Por terrible que sea todo esto, aquí hay una oportunidad para un cambio real". Después de incontables horas de consultas con expertos de todo el mundo en intervenciones de tapping, socorro en casos de desastre, estrés postraumático y otros temas relacionados, se puso en marcha un plan.

La doctora Lori Leyden, una luz brillante en el mundo que ha dedicado años a trabajar con sobrevivientes del genocidio en Ruanda, para ayudarlos a sanar de sus heridas más profundas, aterrizó apenas unos días después de la tragedia. Un equipo de más de cuarenta voluntarios se reunió durante la semana para capacitarse en la técnica y ayudar a trabajar con la población. Por supuesto, en pocos días empezamos a reunirnos con padres que habían perdido a sus preciosos hijos, maestros y niños de la escuela, socorristas y muchas personas más.

Nuestro enfoque con cada uno de ellos fue utilizar esta poderosa técnica para sanar el trauma que habían experimentado, liberar el estrés y permitirles experimentar en realidad el dolor que necesitaban sentir. Por desgracia, con demasiada frecuencia sucede que cuando el trauma está activo en la mente y el cuerpo, uno no tiene la oportunidad de experimentar el verdadero dolor, una emoción profunda, necesaria y a menudo hermosa. El trabajo continúa y estoy seguro de que así será todavía durante muchos años más, pero me complace informarles de que, en medio de una tragedia tan espantosa, los milagros y el amor de los que he sido testigo han sido verdaderamente notables.

Una madre que solía golpear a sus hijos reconoció por fin que necesitaba cambiar, sanar sus heridas más profundas y encontrar una nueva forma de ser madre.

Un socorrista, al principio atormentado por los recuerdos de ese día, sanó, dejó atrás los recuerdos y dedicó su vida a difundir un mensaje de amor y compasión.

Una madre que perdió a su hijo ese día logró reconectar con su otro hijo y se comprometió a sanar esa relación en todos los aspectos.

En la comunidad, las personas se apoyaron unas a otras y aceptaron el mensaje de amor, sanación y perdón.

Sé que nadie aquí en la comunidad olvidará ese día aciago, pero tengo la esperanza y la firme convicción de que cada persona aquí y en todo el mundo pueda tomar esa tragedia y usarla para acordarse de amar más, perdonar y sanar. Sólo con ese enfoque y esa intención podremos crear un mundo en el que esto no vuelva a suceder.

~Nick Ortner

Una visita al abuelo

Lo que hablamos se convierte en la casa en la que vivimos.
~Hafiz

Nací en una antigua tradición de sabiduría conocida como tolteca. Mi abuelo era un viejo nahual (chamán), y me esforcé mucho toda mi juventud para ganarme su respeto.

Cuando era adolescente, quería impresionarlo con mis opiniones sobre todo lo que estaba aprendiendo en la escuela. Le conté mi punto de vista sobre todas las injusticias del mundo, la violencia y el conflicto entre el bien y el mal. El abuelo escuchó con paciencia, lo que me animó a hablar aún más. Entonces noté una leve sonrisa en su rostro mientras decía: "Miguel, son muy buenas teorías las que has aprendido, pero todo lo que me has contado es sólo una historia. No significa que sea verdad".

Por supuesto que me sentí mal y traté de defender mi punto de vista, pero entonces el abuelo empezó a hablar. "La mayoría de la gente cree que hay un gran conflicto en el universo, un conflicto entre el bien y el mal. Bueno, pues el conflicto sólo existe en la mente humana. No es cierto para el resto de la naturaleza. Además, el verdadero conflicto en nuestra mente es entre la verdad y la mentira. El bien y el mal son el *resultado* de ese conflicto.

"Creer en la verdad crea bondad, amor, felicidad. Creer en mentiras y defenderlas crea lo que llamamos *maldad*. Crea toda la injusticia y la violencia, todo el drama y el sufrimiento, no sólo en la sociedad, sino también en el individuo".

Mmm... lo que decía el abuelo era lógico, pero no le creí. ¿Cómo era posible que todos los conflictos y sufrimientos del mundo fueran el resultado de algo tan simple? Seguramente tenía que ser algo más complicado.

"Miguel, todo el drama de tu vida personal es el resultado de creer en mentiras. Y la primera mentira que crees es: *no soy lo suficientemente bueno, no soy perfecto*. Todos nacemos perfectos y moriremos perfectos porque sólo existe la perfección. Sin embargo, si crees que no eres lo suficientemente bueno, *que se haga tu voluntad* porque ese es el poder y la magia de tu fe. Con esa mentira empiezas a buscar una *imagen de la perfección* que nunca podrás alcanzar. Buscas el amor, la justicia, todo lo que crees que no tienes, sin saber que todo lo que buscas ya está dentro de ti. La humanidad es así porque colectivamente creemos en mentiras que vienen de hace miles de años. Reaccionamos ante esas mentiras con ira y violencia, pero sólo son mentiras".

Me preguntaba cómo reconocería la verdad cuando mi abuelo dijo: "Podemos percibir la verdad con nuestros sentimientos, pero tan pronto como intentamos describirla con palabras, la distorsionamos y ya no es la verdad. Es nuestra historia.

"Imagina que Pablo Picasso pintara un retrato tuyo. Dirías: 'No me veo así', y Picasso te respondería: 'Por supuesto que sí. Así es como yo te veo'. Para Picasso, es verdad; está expresando lo que percibe. Bueno, todo el mundo es un artista, un narrador con un punto de vista único. Utilizamos palabras para hacer un retrato de todo lo que presenciamos. Inventamos historias y, al igual que Picasso, distorsionamos la verdad; pero para nosotros, ésa es la verdad. Cuando entendemos esto, ya no tratamos de imponer nuestra historia a los demás ni de defender aquello en lo que creemos. Como artistas, respetamos el derecho de todos los artistas a crear su propio arte".

En ese momento, mi abuelo me dio la oportunidad de cobrar conciencia de todas las mentiras en las que creemos. Cada vez que nos juzgamos, nos declaramos culpables y nos castigamos, lo hacemos porque creemos en mentiras. Cada vez que tenemos un conflicto con nuestros padres, nuestros hijos o nuestros seres queridos, es debido a que creemos en mentiras, y ellos también las creen.

¿Cuántas mentiras oyes en tu cabeza? ¿Quién está juzgando, quién está hablando, quién es el que tiene todas las opiniones? Si no disfrutas tu vida, es porque una voz en tu cabeza no te permite disfrutarla. La llamo *la voz del conocimiento* porque te dice todo lo que *sabes*, y ese conocimiento está contaminado con mentiras.

En efecto, si sigues dos reglas, las mentiras no sobrevivirán a tu escepticismo y simplemente desaparecerán. Primero, escucha tu historia, pero *no te la creas*, porque ahora sabes que tu historia es ficción en su mayor parte. Segundo, escucha a otros contar su historia, pero *no los creas*. La verdad sobrevive a nuestro escepticismo, pero las mentiras sólo sobreviven si las creemos.

El solo hecho de ser conscientes de las mentiras que existen nos hace conscientes de que la verdad también existe. Al limpiar las mentiras que creemos sobre nosotros mismos, las mentiras que creemos sobre los demás cambiarán. Sólo la verdad nos llevará de vuelta al amor, y éste es un gran paso para sanar la mente humana.

~Don Miguel Ruiz

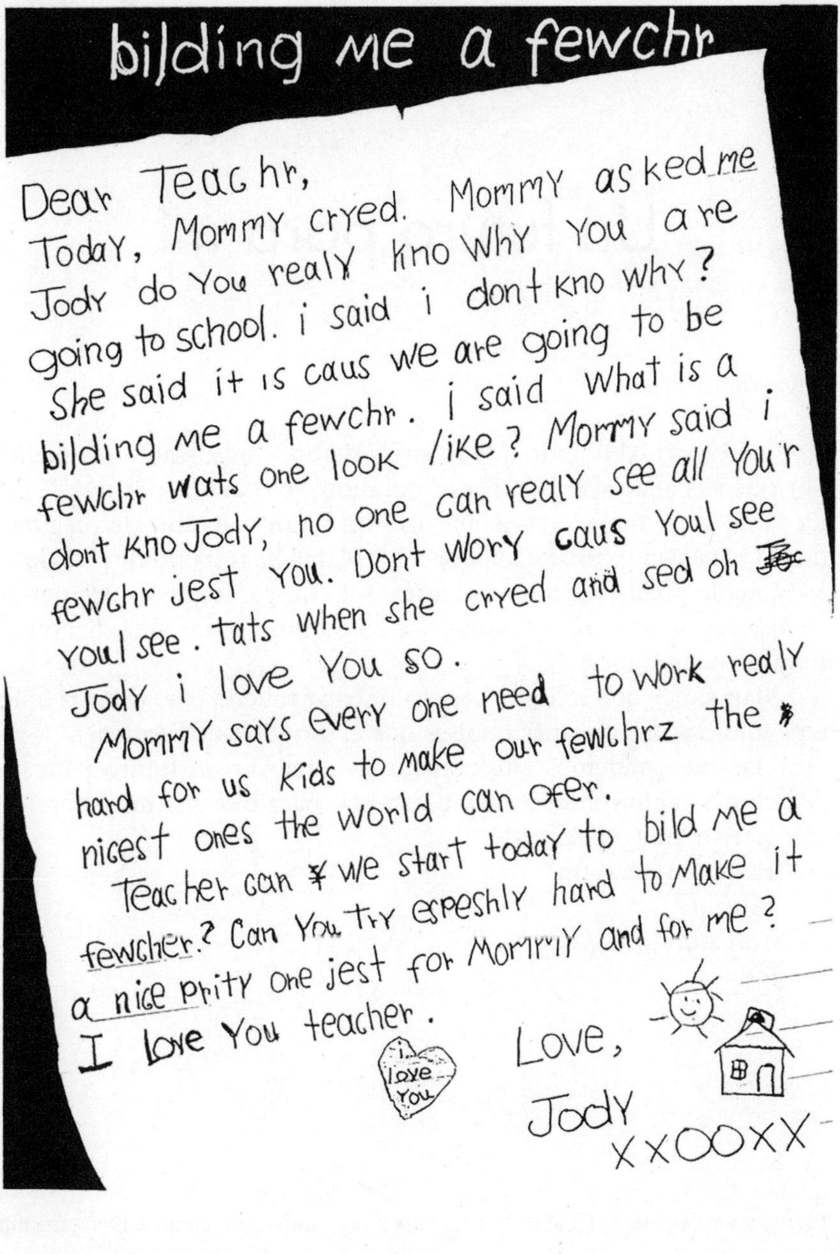

bilding me a fewchr

Dear Teachr,
Today, Mommy cryed. Mommy asked me
Jody do You realy kno Why You are
going to school. i said i dont kno why?
She said it is caus we are going to be
bilding me a fewchr. i said What is a
fewchr wats one look like? Mommy said i
dont kno Jody, no one can realy see all Your
fewchr jest You. Dont wory caus Youl see
Youl see. tats when she cryed and sed oh
Jody i love You so.
Mommy says every one need to work realy
hard for us kids to make our fewchrz the
nicest ones the world can ofer.
Teacher can we start today to bild me a
fewcher? Can You try espeshly hard to make it
a nice prity one jest for Mommy and for me?
I love You teacher.

i love You

Love,
Jody
XXOOXX

Un futuro para mí

Querida maestra:

Hoy mi mamá ha llorado. Me ha preguntado: "Jody, ¿sabes realmente-por qué vas a la escuela?". He respondido: "No lo sé, ¿por qué?". Ella dice que es porque vamos a construir un futuro para mí. He preguntado: "¿Qué es un futuro? ¿Cómo se ve?". Mamá ha respondido: "No lo sé, Jody, nadie puede ver todo tu futuro, sólo tú. No te preocupes porque ya lo verás, ya lo verás." Entonces se ha puesto a llorar y ha dicho: "Ay, Jody, te quiero mucho".

Mamá dice que todos necesitan trabajar mucho para que los niños tengamos los futuros más bonitos que el mundo pueda ofrecer.

Maestra, ¿podemos empezar hoy a construir un futuro para mí? ¿Puedes hacer un gran esfuerzo especial para que sea muy bonito y sólo para mamá y para mí?

Te quiero, maestra.

Te amo.

Con amor,

Jody

Escrito en el original con faltas de ortografía y sin puntuación, como si fuera una niña muy pequeña.

Ahora me gusto

Cuando la imagen de un niño empieza a mejorar, se observan logros significativos en las áreas de aprovechamiento, pero lo que es aún más importante, el niño empieza a disfrutar más de la vida.

~Wayne Dyer

Sentí un gran alivio cuando empecé a entender que un joven necesita algo más que una asignatura. Conozco bien las matemáticas y las enseño bien. Solía pensar que eso era lo único que debía hacer.

Ahora enseño a los niños, no sólo matemáticas. Acepto el hecho de que sólo puedo tener éxito parcial con algunos de ellos.

Cuando no siento la necesidad de tener todas las respuestas, parece que tengo más respuestas que cuando intentaba ser el experto. El niño que realmente me hizo entender esto fue Eddie. Un día le pregunté por qué pensaba que le estaba yendo mucho mejor que el año pasado. Su respuesta dio sentido a mi nueva orientación: “Es porque ahora me gusto cuando estoy contigo”, respondió.

~Un maestro citado por Everett Shostrum
en *Man, The Manipulator*

Todas las cosas buenas

Una palabra amable es como un día de primavera.
~Proverbio ruso

Estaba en la clase de tercer grado que impartía en Saint Mary's School, en Morris, Minnesota. Tenía mucho cariño por mis 34 estudiantes, pero Mark Eklund era verdaderamente especial. De apariencia muy pulcra, tenía esa actitud de ser feliz por estar vivo que hacía que hasta sus travesuras esporádicas fueran deliciosas.

Mark también hablaba de manera incesante. Intenté recordarle una y otra vez que no era aceptable hablar sin permiso. Lo que más me impresionaba, sin embargo, era su respuesta sincera cada vez que tenía que corregirlo por mala conducta. "¡Gracias por corregirme, hermana!". Al principio no sabía qué pensar, pero al poco tiempo me acostumbré a oír su respuesta muchas veces al día.

Una mañana mi paciencia estaba por agotarse porque Mark hablaba demasiado y con frecuencia. Cometí un error de maestro novato. Miré a Mark y le advertí: "Si dices una palabra más, te voy a cerrar la boca con cinta adhesiva".

No habían pasado ni 10 segundos cuando Chuck exclamó: "Mark está hablando de nuevo". No le había pedido a ninguno de los estudiantes que me ayudara a vigilar a Mark, pero como había establecido el castigo frente a la clase, tuve que actuar en consecuencia.

Recuerdo la escena como si hubiera ocurrido esta mañana. Fui a mi mesa, abrí el cajón de manera muy deliberada y saqué un rollo de cinta adhesiva. Sin decir una palabra, me dirigí a la mesa de Mark, corté dos trozos de cinta adhesiva e hice una gran X con ellos sobre la boca del niño. Luego regresé al frente del aula.

Cuando miré a Mark para ver cómo estaba, me guiñó un ojo. ¡Eso fue todo! Empecé a reírme. Toda la clase vitoreó cuando caminé de regreso a la mesa de Mark, le quité la cinta adhesiva y me encogí de hombros. Sus primeras palabras fueron: "Gracias por corregirme, hermana".

Al final del año me pidieron que diera clases de matemáticas en secundaria. Los años pasaron volando y, antes de que me diera cuenta, Mark estaba de nuevo en mi clase. Estaba más guapo que nunca y seguía igual de educado. Como tenía que prestar atención a mi enseñanza de las "nuevas matemáticas", no habló tanto en noveno grado.

Un viernes percibí que algo no marchaba bien. Habíamos trabajado duro en un nuevo concepto durante toda la semana y sentí que los estudiantes estaban cada vez más frustrados consigo mismos y nerviosos unos con otros. Tenía que parar esta irritabilidad antes de que se saliera de control. En consecuencia, les pedí que hicieran una lista de los nombres de los otros estudiantes en el aula en dos hojas de papel, dejando un espacio entre cada nombre. Luego les pedí que pensaran en lo mejor que pudieran decir sobre cada uno de sus compañeros de clase y lo escribieran.

Tardaron toda la clase en terminar la tarea asignada, pero cuando los estudiantes salieron del aula, cada uno me dio su papel. Chuck sonrió. Mark dijo: "Gracias por enseñarme, hermana. Que tenga un buen fin de semana".

Ese sábado, anoté por separado el nombre de cada estudiante en una hoja de papel, y enumeré lo que todos los demás habían dicho sobre esa persona. El lunes le di a cada estudiante su lista. Algunos de ellos tenían dos páginas. Al poco tiempo, toda la clase estaba sonriendo. "¿De verdad?", escuché un susurro. "¡No me imaginaba que eso significara algo para alguien!". "¡No sabía que los demás me querían tanto!".

Nadie volvió a mencionar esas hojas en clase. Nunca supe si hablaron al respecto después de clase o con sus padres, pero no importaba. El ejercicio había cumplido su propósito. Los estudiantes volvieron a estar contentos consigo mismos y con los demás.

Ese grupo de estudiantes siguió adelante. Al cabo de varios años, después de regresar de unas vacaciones, mis padres me recibieron en el aeropuerto. Mientras volvíamos a casa, mi madre me hizo las preguntas habituales sobre el viaje: cómo estaba el tiempo, mis experiencias en general. Hubo una pequeña pausa en la conversación.

La madre miró a papá de reojo y simplemente dijo: "¿Papá?".

Mi padre se aclaró la garganta.

—Los Eklund llamaron anoche —comenzó.

—¿En serio? —respondí—. Hace varios años que no sé nada de ellos. Me pregunto cómo estará Mark.

—Mark ha muerto en Vietnam —respondió papá en voz baja—. El funeral es mañana, y a sus padres les gustaría que asistieras —hasta el día de hoy todavía puedo señalar el punto exacto en la carretera I-494 donde papá me contó lo de Mark.

Nunca había visto a un soldado en un ataúd militar. Mark se veía tan atractivo, tan maduro. Lo único que pude pensar en ese momento fue: *Mark, daría toda la cinta autoadhesiva del mundo a cambio de que pudieras volver a hablar conmigo.*

La iglesia estaba repleta de amigos de Mark. La hermana de Chuck cantó "El Himno de Batalla de la República". ¿Por qué tuvo que llover el día del funeral? Estar junto a la tumba ya era bastante duro. El pastor dijo las oraciones habituales y el corneta tocó *Taps**. Uno por uno los que amaban a Mark se acercaron por última vez al ataúd y lo rociaron con agua bendita.

Fui la última en bendecir el ataúd. Mientras estaba allí de pie, uno de los soldados que había actuado como portador del féretro se me acercó. "¿Era usted la maestra de matemáticas de Mark?", preguntó. Asentí sin quitar la vista del ataúd. "Mark hablaba mucho de usted", añadió.

Después del funeral, la mayoría de los excompañeros de clase de Mark se dirigieron a la granja de Chuck para almorzar. La madre y el padre de Mark estaban ahí, obviamente esperándome. "Queremos mostrarle algo", dijo el padre y sacó una billetera del bolsillo. "Encontraron esto que llevaba Mark cuando lo mataron. Pensamos que quizá lo reconocería".

Al abrir la billetera, sacó con cuidado dos trozos de hojas de cuaderno desgastadas que, obviamente, habían sido pegadas con cinta, dobladas y vueltas a doblar muchas veces.

Supe sin mirar que las hojas eran las que yo había usado para enumerar todas las cosas buenas que cada uno de los compañeros de clase de Mark había dicho sobre él. "Muchas gracias por hacer eso", expresó la madre de Mark. "Como puede ver, Mark lo atesoraba".

Los compañeros de clase de Mark empezaron a reunirse a nuestro alrededor. Chuck sonrió con timidez y dijo: "Todavía tengo mi lista. Está en el cajón superior de mi escritorio en casa". La esposa de John

* Pieza musical de carácter solemne que se interpreta al anochecer en los funerales y en ceremonias militares donde está presente la bandera de Estados Unidos. *(N. de la T.)*

agregó: "John me pidió que pusiera la suya en nuestro álbum de bodas". "Yo también tengo la mía", aseguró Marilyn. "Está en mi diario". Luego Vicki, otra compañera de clase, metió la mano en su cartera, sacó su billetera y mostró al grupo su lista vieja y desgastada. "La llevo conmigo todo el tiempo", afirmó Vicki sin pestañear. "Creo que todos guardamos nuestras listas".

Entonces me senté y por fin lloré. Lloré por Mark y por todos sus amigos que nunca lo volverían a ver.

~Helen P. Mrosla

Eres una maravilla

Los niños son una tercera parte de nuestra población y todo nuestro futuro.
~Panel seleccionado para el fomento de la salud infantil, 1981.

Cada segundo que vivimos es un momento nuevo y único del universo, un momento que nunca volverá a repetirse... ¿Qué les enseñamos a nuestros hijos? Les enseñamos que dos y dos son cuatro, y que París es la capital de Francia.

Pero ¿cuándo les enseñaremos también quiénes son ellos realmente? Debemos decirles a cada uno de ellos: ¿Sabes lo que eres? Eres una maravilla. Eres único. En todos los años que han pasado, nunca ha habido otro niño como tú. Tus piernas, tus brazos, tus dedos inteligentes, la forma en que te mueves.

Puedes convertirte en un Shakespeare, un Miguel Ángel, un Beethoven. Tienes capacidad para todo. Sí, eres una maravilla. Y cuando crezcas, ¿podrás ayudar a que haya otro que también sea una maravilla como tú?

Deben trabajar —todos debemos trabajar— para hacer que el mundo sea digno de sus hijos.

~Pau Casals

Aprendemos al hacer las cosas

Aprendo todo el tiempo. La lápida será mi diploma.
~Eartha Kitt

No hace muchos años que empecé a tocar el violonchelo. Muchos dirían que lo que estoy haciendo es "aprender a tocar" el violonchelo. Pero estas palabras nos llevan a pensar que existen dos procesos muy diferentes: (1) aprender a tocar el violonchelo; y (2) tocar el violonchelo. Implican que haré el primero hasta que lo haya logrado y, en ese momento, suspenderé el primer proceso y comenzaré el segundo. En resumen, seguiré "aprendiendo a tocar" hasta que haya "aprendido a tocar" y luego empezaré a tocar. Por supuesto, eso es una tontería. No hay dos procesos, sino uno. Aprendemos a hacer algo al hacerlo. No hay otra forma.

~John Holt

La mano

Un maestro toma una mano, abre una mente y toca un corazón.
~Autor desconocido

Un editorial del Día de Acción de Gracias en el periódico hablaba de una maestra de escuela que pidió a su grupo de alumnos de primer grado que dibujaran algo por lo que estuvieran agradecidos. Pensó en lo poco por lo que esos niños de los barrios pobres tenían que estar agradecidos. No obstante, sabía que la mayoría de ellos dibujaría pavos o mesas con comida. La maestra se sorprendió con la imagen que le entregó Douglas: una mano dibujada de manera infantil.

Pero ¿la mano de quién? El grupo quedó cautivado por la imagen. "Creo que debe de ser la mano de Dios, la que nos da la comida", manifestó un niño. "Un granjero", intervino otro, "porque él cría los pavos". Finalmente, cuando los demás estaban trabajando, la maestra se inclinó sobre la mesa de Douglas y preguntó de quién era la mano. "Es su mano, maestra", murmuró.

Ella recordó que, con frecuencia, durante el recreo, había tomado de la mano a Douglas, un niño desamparado y menesteroso. A menudo lo hacía con los niños, pero para Douglas significaba mucho. Tal vez ese era el Día de Acción de Gracias de todos, no por las cosas materiales que se nos han dado, sino por la oportunidad, por pequeña que fuera, de dar a los demás.

~Fuente desconocida

Caldo de Pollo para el Alma 20

El niño

No esperes nada original de un eco.
~Autor desconocido

Una vez un niño pequeño fue a la escuela.
Era un niño muy pequeño.
Y la escuela era muy grande.
Pero cuando el niño
Se dio cuenta de que podía entrar a su aula
Con sólo cruzar la puerta desde afuera,
Se puso contento. Y la escuela ya no le pareció
Tan grande.

Una mañana,
Cuando el niño llevaba un rato en la escuela,
La maestra dijo:

"Hoy vamos a hacer un dibujo".
"¡Qué bien!", pensó el niño.
Le gustaba dibujar.
Podía hacer de todo:
Leones y tigres,
Pollos y vacas,
Trenes y barcos
Y sacó su caja de ceras
Y empezó a dibujar.

Pero la maestra dijo:
"¡Espera! ¡No es hora de empezar!".
Y esperó hasta que le pareció que todos estaban listos.

"Ahora", dijo la maestra,
"Vamos a hacer flores".
"¡Qué bien!", pensó el niño,
Le gustaba hacer flores,
Y comenzó a hacer unas muy bonitas
Con sus ceras rosa, anaranjada y azul.

Pero la maestra dijo:
"¡Espera! Y te mostraré cómo hacerlas".
Y dibujó una flor en la pizarra.
Era roja, con tallo verde.
"Ahí tenéis", dijo la maestra.
"Ahora podéis empezar".

El niño miró la flor de la maestra.
Luego vio la flor que él había dibujado,
Le gustaba más su flor que la de la maestra.
Pero no dijo nada,
Sólo dio vuelta a la hoja de papel
E hizo una flor como la de la maestra.
Era roja, con tallo verde.

Otro día,
Cuando el niño abrió
La puerta él solo desde afuera,
La maestra dijo:
"Hoy vamos a hacer algo con masilla".
"¡Qué bien!", pensó el niño.
Le gustaba la masilla.

Podía hacer todo tipo de cosas con masilla:
Serpientes y muñecos de nieve,
Elefantes y ratones,
Automóviles y camiones...
Y empezó a sacar y a pellizcar
Su bola de masilla.

Pero la maestra dijo:
"¡Espera! ¡No es hora de empezar!".
Y esperó hasta que le pareció que todos estaban listos.

"Ahora", dijo la maestra,
"Vamos a hacer un plato".
"¡Qué bien!", pensó el niño,
Le gustaba hacer platos,
Y comenzó a hacer algunos
Que eran de todas las formas y tamaños.

Pero la maestra le dijo:
"¡Espera! Yo te mostraré cómo hacerlo".
Y les mostró a todos cómo hacer
Un plato hondo.
"Ahí lo tenéis", dijo la maestra,
"Ahora podéis empezar".

El niño miró el plato de la maestra
Y luego miró el suyo.
Le gustaban más sus platos que los de la maestra.
Pero no dijo nada,
Sólo formó otra vez una gran bola con la masilla,
E hizo un plato como el de la maestra.
Era un plato hondo.

Muy pronto
El niño aprendió a esperar
Y a mirar,
Y a hacer las cosas como la maestra.
Muy pronto
Dejó de hacer cosas por su cuenta.

Entonces sucedió que
El niño y su familia
Se mudaron a otra casa,
En otra ciudad,
Y el niño
Tuvo que ir a otra escuela.

Esta escuela era aún más grande
Que la otra,
Y no había ninguna puerta desde afuera
Hacia su aula.
Tuvo que subir unos escalones grandes,
Y caminar por un largo pasillo
Para llegar a su aula.

Y el primer día
Que estuvo ahí, la maestra dijo:
"Hoy vamos a hacer un dibujo".

"¡Qué bien!", pensó el niño,
Y esperó a que la maestra
Le dijera qué hacer,
Pero la maestra no dijo nada.
Sólo caminó por el aula.

Cuando se acercó al niño,
preguntó: "¿No quieres hacer un dibujo?".
"Sí", respondió el niño.
"¿Qué vamos a hacer?".
"No lo sé hasta que lo hagas", dijo la maestra.
"¿Cómo lo hago?", preguntó el niño.
"Como quieras", respondió la maestra.
"¿Y de qué color?", preguntó el niño.
"De cualquier color", dijo la maestra,
"Si todos hicierais el mismo dibujo,
Y usarais los mismos colores,
¿Cómo sabría yo quién hizo qué,
Y cuál era qué?".
"No lo sé", respondió el niño.
Y empezó a hacer flores rosas,
Anaranjadas y azules.

Le gustaba su nueva escuela,
¡Aunque no tuviera una puerta
Que diera directamente al aula desde afuera!

~Helen E. Buckley

Soy maestro

La apreciación es algo maravilloso: hace que lo que es excelente en otros nos pertenezca también.

~Voltaire

Soy maestro. Nací en el primer momento en que una pregunta salió de la boca de un niño.

He sido muchas personas en muchos lugares.

Soy Sócrates instando a los jóvenes de Atenas a descubrir nuevas ideas por medio del uso de preguntas.

Soy Anne Sullivan revelando con pequeños golpecitos los secretos del universo en la mano extendida de Helen Keller.

Soy Esopo y Hans Christian Andersen revelando la verdad a través de innumerables historias.

Soy Marva Collins luchando por el derecho de todos los niños a la educación.

Soy Mary McCleod Bethune construyendo una gran universidad para mi gente, usando cajas anaranjadas como escritorios.

Y soy Bel Kaufman luchando por ir a *Contracorriente*.

Los nombres de aquellos que han practicado mi profesión parecen pertenecer al salón de la fama de la humanidad: Booker T. Washington, Buda, Confucio, Ralph Waldo Emerson, Leo Buscaglia, Moisés y Jesús.

También soy aquellos cuyos nombres y rostros han sido olvidados desde hace mucho tiempo, pero cuyas lecciones y carácter siempre serán recordados en los logros de sus estudiantes.

He llorado de alegría en las bodas de exalumnos, me he regocijado con el nacimiento de sus hijos y he estado abrumado de dolor y confusión, con la cabeza agachada, ante tumbas cavadas demasiado pronto para cuerpos demasiado jóvenes.

En el transcurso de un solo día soy llamado a ser actor, amigo, enfermero y médico, entrenador, buscador de artículos perdidos, prestamista, taxista, psicólogo, padre sustituto, vendedor, político y guardián de la fe.

A pesar de los mapas, gráficos, fórmulas, verbos, cuentos y libros, en realidad no he tenido nada que enseñar, porque lo que mis alumnos aprenden depende de ellos mismos, y sé que se necesita el mundo entero para decirles quiénes son.

Soy una paradoja. Hablo más fuerte cuando más escucho. Mis mayores dones radican en lo que estoy dispuesto a recibir con agradecimiento de mis estudiantes.

La riqueza material no es una de mis metas, pero soy un perenne buscador de tesoros en mi búsqueda de nuevas oportunidades para que mis estudiantes usen sus talentos, y en mi búsqueda constante de aquellos talentos que a veces yacen enterrados en la autoderrota.

Soy el más afortunado de todos los que trabajan.

A un médico se le permite traer vida a este mundo en un momento mágico. A mí se me permite ver que la vida renace cada día con nuevas preguntas, ideas y amistades.

Un arquitecto sabe que, si construye con cuidado, su estructura puede durar siglos. Un maestro sabe que si construye con amor y verdad, lo que construye durará para siempre.

Soy un guerrero, que lucha a diario con la presión de mis colegas, la negatividad, el miedo, la conformidad, el prejuicio, la ignorancia y la apatía. Pero tengo grandes aliados: la inteligencia, la curiosidad, el apoyo de los padres, la individualidad, la creatividad, la fe, el amor y la risa se precipitan a congregarse bajo mi estandarte con apoyo indomable.

¿Y a quién tengo que agradecer por esta maravillosa vida que tengo la suerte de llevar, si no es a ustedes, el público, los padres? Me han hecho el gran honor de confiarme su mayor contribución a la eternidad, sus hijos.

Por eso tengo un pasado rico en recuerdos. Tengo un presente que es desafiante, aventurero y divertido porque se me permite pasar mis días vislumbrando el futuro.

Soy maestro, y doy gracias a Dios por ello todos los días.

~John W. Schlatter

Capítulo

5

20 Caldo de Pollo para el Alma

Vive tu sueño

La gente que dice que no se puede hacer no debería interrumpir a los que lo están haciendo.

~George Bernard Shaw

Caldo de Pollo para el Alma 20

Mi propio destino

Hay una vida invisible que nos sueña. Conoce nuestra verdadera dirección y destino. Podemos confiar en nosotros mismos más de lo que nos damos cuenta y no debemos tener miedo al cambio.

~John O'Donohue

Era un as a los 22 años, o al menos eso creía. Como publicista de NBC News en Nueva York, la más joven de todos los tiempos, según me dijeron, ganaba suficiente dinero para alquilar un bonito apartamento cerca del Lincoln Center, disfrutar de manicuras y pedicuras los fines de semana, comer fuera y hacer compras. Nada mal para una buena chica judía de Miami Beach que siempre había soñado con llegar a la Gran Manzana.

Me hablaba de tú con algunos de los nombres más famosos en las noticias de televisión abierta: Jane Pauley, Maria Shriver y el difunto Tim Russert. En algún momento esos personajes destacados se beneficiaron de mis habilidades publicitarias. Era algo embriagador y me hallaba en una buena racha. Imaginaba una larga y feliz carrera en las icónicas oficinas centrales de la NBC en 30 Rock.

Entonces NBC News contrató a un nuevo presidente de la división. Planeaba hacer grandes cambios, según me enteré abruptamente un día en que recibí una llamada de un representante de recursos humanos que me pidió que me presentara en la oficina del nuevo jefe. Cuando entré, estaba sentado detrás de su gran escritorio. No se levantó para saludarme. No era una buena señal. Se puso las manos detrás de la cabeza, se recostó en su sillón de cuero y me dijo que cada vez que alguien se hacía cargo de una empresa o división, quería dejar su marca personal: nuevos protocolos, nuevos procesos y un nuevo equipo.

Entonces caí en cuenta.

—¿Me está despidiendo? —interrumpí.

—Tienes treinta minutos para salir del edificio —repuso con toda naturalidad.

Mi mundo se estaba derrumbando, por lo que me apresuré a tratar de disuadirlo, valiéndome de todas las habilidades que había aprendido como campeona de debates en la escuela preparatoria. Le dije que estaba cometiendo un terrible error, y enumeré las razones. Le dije que si hablaba con cualquiera, fuera interno o externo, le diría que yo era muy valiosa, que conocía muy bien mi trabajo y que estaba comprometida al mil por ciento con NBC News.

Miró su reloj.

Desesperada, le pedí que me diera la oportunidad de demostrárselo.

—Dígame tres cosas que quiera que logre en tres semanas, tres meses, el plazo que usted decida, para ponerme a prueba y demostrarle directamente quién soy —lo único que quería, pedí, era quedarme en NBC News.

¿Su respuesta?

—Tienes veinticinco minutos para salir del edificio.

Se acabó el juego. Cuando me disponía a salir de su oficina, tratando con desesperación de no llorar, sus sabias palabras de despedida fueron: "Tory, el mundo es muy grande, y te sugiero que lo explores".

Me fui en estado de shock. Mi mundo tal como yo lo conocía había llegado a su fin. Pensé que mi carrera había terminado. Ni siquiera pude empacar las cosas de mi oficina. Alguien lo hizo por mí y envió las cajas a mi apartamento más tarde ese mismo día.

Caminé a casa, me puse el pijama y me entregué a una fiesta de autocompasión a la antigua, con un atracón de helado Häagen-Dazs. ¿El entretenimiento? Televisión durante el día, largas conversaciones con mi madre en Florida y muchas noches sin dormir llenas de dudas, preguntándome qué sería de mí. Mi fiesta se convirtió en una maratón de sufrimiento durante meses, financiada por mi finiquito, las prestaciones del seguro de desempleo y la disposición de los ahorros de mi cuenta para el retiro, algo que sólo alguien ingenuo de veinte años pensaría que era una buena idea.

Con un saldo total de 23.000 dólares en mi cuenta, nunca me había dado miedo ir al cajero automático. Es decir, hasta que un día me quedé atónita frente a un cajero de Citibank porque me había quedado sin dinero. No estoy segura de por qué una chica inteligente como yo estaba tan sorprendida: cuando nada entra y todo sale, es inevitable que los fondos se agoten. Me di cuenta de que tenía dos opciones: hacer las maletas y volver a casa a Miami Beach o salir de mi depresión y conseguir otro trabajo.

Como no tenía deseo alguno de dar marcha atrás, hice un balance de mi situación. En primer lugar, me dije: nada dura para siempre. Todos los trabajos son temporales y nadie se aferra al mismo puesto indefinidamente. En segundo lugar, a veces uno lo hace todo bien y, a pesar de eso, pierde su trabajo. Y en tercer lugar, me podían quitar mis tarjetas de presentación, mi identificación corporativa y mi cheque de pago, pero *nadie* podía despojarme de mis habilidades o experiencia o de mis amigos y colegas que responderían por mí y por mi talento. Una vez que comprendí esto y realmente lo creí, tardé sólo unas semanas en conseguir que me contrataran.

Al comenzar mi nuevo trabajo, reflexioné sobre otras lecciones fundamentales, entre las que destaca el hecho de que controlo mi autoestima, y me corresponde a mí proyectar lo que quiero que otros vean. No se trata del puesto o del lugar de trabajo, sino de mí y de todo lo que soy capaz de hacer, dar y lograr.

También me di cuenta de que nunca quise estar en la nómina de otro y dejar mi destino en manos de alguien más. Me molestaba la idea de que, a pesar de todo mi arduo trabajo y firme compromiso, un hombre arrogante y bien trajeado pudiera quitarme mi cheque de pago y tratar de robarme mi dignidad y valor propio. Por mucho que lo intentara, no podía quitarme esa idea de la cabeza. No soportaba la posibilidad de ser despedida nuevamente.

La cicatriz permanente de una carta de despido me convenció de que me sentiría mejor manejando mi propia empresa y firmando mi propio cheque de pago. Contaría exclusivamente *conmigo misma*. Todo dependería de *mí*. Ese concepto es aterrador para mucha gente, pero me resultaba muy estimulante. Todavía lo creo así. Fue el movimiento personal más liberador que pude haber hecho. Pregúntenle a cualquiera que haya dejado el mundo empresarial estadunidense para trabajar por su cuenta, y muchos dirán lo mismo.

~Tory Johnson

Caldo de Pollo para el Alma 20

¡Creo que puedo!

Tanto si crees que puedes como si crees que no, tienes razón.
~Henry Ford

Rocky Lyons, hijo de Marty Lyons, el ala defensivo de los Jets de Nueva York, tenía cinco años cuando iba viajando por la zona rural de Alabama con su madre, Kelly. Estaba dormido en el asiento delantero de la camioneta, con los pies apoyados en el regazo de ella.

Kelly conducía con cuidado por el sinuoso camino de dos carriles cuando al doblar una curva se topó con un puente estrecho. En ese momento, la camioneta cayó en un bache, se salió de la carretera y la rueda delantera derecha se quedó atascada en un surco. Temiendo que la camioneta volcara, Kelly intentó regresar a la carretera pisando con fuerza el pedal del acelerador y girando el volante hacia la izquierda, pero el pie de Rocky quedó atrapado entre la pierna de su madre y el volante, y ella perdió el control de la camioneta.

La camioneta volcó y cayó dando vueltas una y otra vez por un barranco de poco más de seis metros. Cuando tocó fondo, Rocky despertó.

—¿Qué ha pasado, mamá? —preguntó—. Las ruedas apuntan al cielo.

Kelly estaba cegada por la sangre. La palanca de cambios se le había incrustado en la cara y tenía una herida abierta desde el labio hasta la frente. Las encías estaban desgarradas, las mejillas pulverizadas, los hombros aplastados. Con un hueso roto que le sobresalía de la axila, estaba atrapada contra la puerta aplastada.

—Te sacaré, mamá —anunció Rocky, que milagrosamente había escapado ileso. Sacó la pierna de debajo de Kelly, se deslizó por la ventana abierta y trató de sacar a su madre. Pero ella no se movió.

—Déjame dormir —suplicó Kelly, que perdía y recuperaba el conocimiento de manera intermitente.

—No, mamá —insistió Rocky—. No puedes dormirte.

Rocky volvió a la camioneta y logró sacar a Kelly del amasijo de hierros. Luego le dijo que iba a subir a la carretera para detener un automóvil y pedir ayuda. Temiendo que nadie pudiera ver a su hijo en la oscuridad, Kelly se negó a dejarlo ir solo. En vez de eso, subieron a rastras muy despacio por el terraplén, ya que Rocky, que pesaba 18 kilos, tuvo que empujar a su madre de 47 kilos. Avanzaban unos centímetros a la vez. El dolor era tan grande que Kelly quiso darse por vencida, pero Rocky no se lo permitió.

Para motivar a su madre a seguir adelante, Rocky le pidió que pensara "en ese pequeño tren", el del clásico cuento infantil *The Little Engine That Could*, que logró subir una montaña empinada. Para recordárselo, Rocky empezó a repetir su versión de la frase inspiradora de la historia: "Sé que puedes, sé que puedes".

Cuando por fin llegaron a la carretera, Rocky pudo ver con claridad la cara desgarrada de su madre por primera vez. Se puso a llorar. Agitando los brazos y suplicando: "¡Alto! Por favor, deténgase!", el pequeño le hizo señas a un camión. "Lleve a mi madre al hospital", le imploró al conductor.

Se necesitaron 8 horas y 344 suturas para reconstruir la cara de Kelly. Hoy se ve muy diferente: "Antes tenía la nariz larga y recta, los labios finos y los pómulos altos; ahora tengo la nariz aplastada, las mejillas planas y los labios mucho más grandes", pero tiene pocas cicatrices visibles y se ha recuperado de sus heridas.

El heroísmo de Rocky se convirtió en una gran noticia. Sin embargo, el valiente joven insiste en que no hizo nada extraordinario. "No es que haya querido que sucediera", explica. "Sólo hice lo que cualquiera hubiera hecho", pero su madre asegura: "Si no fuera por Rocky, habría muerto desangrada".

~Contado originalmente por Michele Borba

Descanse en paz: el funeral del "no puedo"

El optimismo es la base del valor.
~Nicholas Murray Butler

El aula de clases de cuarto grado de Donna se parecía a muchas otras aulas que había visto antes. Los estudiantes se sentaban en cinco filas de seis mesas. El escritorio de la maestra estaba al frente mirando hacia los alumnos. En el tablón de anuncios se ponía el trabajo de los estudiantes. En la mayoría de los aspectos parecía ser un aula de primaria tradicional. Sin embargo, había algo diferente ese día que entré en ella por primera vez. Parecía haber un trasfondo de emoción.

Donna era una veterana maestra de escuela de un pequeño pueblo de Michigan, a sólo dos años de la jubilación. Además, participaba como voluntaria en un proyecto de desarrollo del personal en todo el condado que yo había organizado y facilitado. El curso de capacitación se centraba en las ideas de lengua y literatura que permitirían a los estudiantes sentirse bien consigo mismos y hacerse cargo de su vida. El trabajo de Donna era asistir a las sesiones de capacitación e implementar los conceptos que se presentaban. Mi trabajo consistía en hacer visitas a las aulas y ayudar a la implementación.

Ocupé un asiento vacío en la parte de atrás del aula y observé. Todos los estudiantes trabajaban en una tarea y llenaban una hoja de cuaderno con ideas y pensamientos. La estudiante de 10 años más cercana a mí estaba llenando su hoja con "No puedo".

"No puedo patear la pelota de futbol más allá de la segunda base".

"No puedo hacer divisiones largas con más de tres números".

"No puedo conseguir caerle bien a Debbie".

Su página estaba medio llena y no mostraba señales de ceder. Trabajó con determinación y persistencia.

Caminé por la fila echando un vistazo al trabajo de los estudiantes. Todos escribía frases que describían cosas que no podían hacer.

"No puedo hacer diez flexiones".

"No puedo batear una bola por encima de la valla del lado izquierdo del campo".

"No puedo comer sólo una galleta".

En ese momento, la actividad despertó mi curiosidad, por lo que decidí consultar a la maestra para ver qué estaba sucediendo. Al acercarme a ella, me di cuenta de que ella también estaba ocupada escribiendo. Me pareció mejor no interrumpir.

"No puedo lograr que la madre de John venga a una conferencia con los maestros".

"No puedo hacer que mi hija le ponga gasolina al auto".

"No puedo convencer a Alan de que use las palabras en lugar de los puños".

Frustrado en mis esfuerzos por entender por qué los estudiantes y la maestra estaban pensando en lo negativo en lugar de escribir afirmaciones más positivas sobre lo que sí podían hacer, volví a mi asiento y continué con mis observaciones. Los estudiantes siguieron escribiendo durante otros diez minutos. La mayoría llenó su página; algunos iniciaron otra.

"Terminen la hoja en la que están trabajando y no empiecen una nueva", fueron las instrucciones que Donna dio para indicar el final de la actividad. Luego les pidió a los estudiantes que doblaran sus hojas por la mitad y las entregaran. Cuando los alumnos llegaron al escritorio de la maestra, depositaron sus listas de "No puedo" en una caja de zapatos vacía.

Cuando todas las hojas de los estudiantes estuvieron reunidas, Donna añadió la suya. Cerró la caja, se la puso bajo el brazo, salió por la puerta y caminó por el pasillo. Los estudiantes siguieron a la maestra, y yo los seguí a ellos.

A mitad del pasillo, la procesión se detuvo. Donna entró en el cuarto del conserje, rebuscó y salió con una pala. Con la pala en una mano y la caja de zapatos en la otra, Donna guio a los estudiantes fuera del edificio de la escuela y los condujo al rincón más alejado del patio de recreo. Ahí comenzaron a cavar.

¡Iban a enterrar sus "No puedo"! La excavación duró más de diez minutos porque la mayoría de los alumnos de cuarto grado querían un turno. Cuando el agujero tenía cerca de un metro de profundidad, la excavación terminó. Colocaron la caja de "No puedo" en el fondo del agujero y la cubrieron de tierra rápidamente.

Treinta y un niños de 10 y 11 años se pararon alrededor de la tumba recién cavada. Cada uno tenía al menos una página llena de "No puedo" en la caja de zapatos a un metro bajo tierra, al igual que su maestra.

En ese momento, Donna anunció: "Niños y niñas, por favor, junten las manos e inclinen la cabeza". Los estudiantes obedecieron. De inmediato formaron un círculo alrededor de la tumba y se cogieron de las manos. Agacharon la cabeza y esperaron. Donna hizo el panegírico.

"Amigos, nos hemos reunido hoy para honrar la memoria de 'No puedo'. Mientras estuvo con nosotros en este mundo, tocó la vida de todos, la de algunos más que la de otros. Su nombre, desafortunadamente, ha sido pronunciado en todos los edificios públicos: escuelas, ayuntamientos, capitolios estatales y, sí, incluso en la Casa Blanca.

"Le hemos dado a 'No puedo' un lugar de reposo final y una lápida que contiene su epitafio. Le sobreviven sus hermanos y hermana: 'Puedo', 'Quiero' y 'Voy a hacerlo de inmediato'. No son tan conocidos como su famoso pariente y, ciertamente, todavía no son tan fuertes y poderosos como él.

"Tal vez algún día, con su ayuda, dejarán una huella aún mayor en el mundo.

"Que 'No puedo' descanse en paz y que todos los presentes rehagan su vida y sigan adelante en su ausencia. Amén". Mientras escuchaba el panegírico, me di cuenta de que esos estudiantes nunca olvidarían este día. La actividad era simbólica, una metáfora de la vida. Era una experiencia del hemisferio derecho del cerebro que se quedaría grabado en la mente consciente e inconsciente para siempre. Escribir los "No puedo", enterrarlos y escuchar el panegírico fue un gran esfuerzo por parte de esta maestra. Y aún no había terminado. Al final del panegírico, pidió a los alumnos que dieran media vuelta y la siguieran de regreso al aula de clases donde hicieron el velorio.

Conmemoraron la muerte de "No puedo" con galletas, palomitas de maíz y zumos de frutas. Como parte de la celebración, Donna recortó una gran lápida de papel de estraza. Escribió las palabras "No puedo" en la parte superior y puso RIP en el medio. Añadió la fecha al final.

La lápida de papel estuvo colgada en el aula de Donna el resto del curso. En esas raras ocasiones en las que un estudiante se olvidaba y decía: "No puedo", Donna simplemente señalaba el letrero de RIP. El estudiante recordaba entonces que "No puedo" había muerto y optaba por reformular su expresión.

[No puedo]

Yo no era estudiante de Donna. Ella era alumna mía. Sin embargo, ese día me enseñó una lección perdurable.

Ahora, años después, cada vez que oigo decir "No puedo", evoco imágenes de ese funeral de cuarto grado y, al igual que los estudiantes, recuerdo que "No puedo" está muerto.

~Chick Moorman

La historia del 333

Cambia tus pensamientos y cambiarás tu mundo.
~Norman Vincent Peale

Estaba impartiendo un seminario de fin de semana en el Deerhurst Lodge, al norte de Toronto. El viernes por la noche un tornado azotó una ciudad al norte de donde estábamos llamada Barrie, mató a varias personas y causó daños por valor de millones de dólares. El domingo por la noche, cuando volvía a casa, detuve el auto cuando llegué a Barrie. Me bajé a un lado de la carretera y miré a mi alrededor. Era un desastre. Dondequiera que miraba, había casas destrozadas y automóviles volteados.

Esa misma noche, Bob Templeton conducía por la misma autopista. Se detuvo a mirar la catástrofe como yo lo había hecho, sólo que sus pensamientos eran diferentes a los míos. Bob era vicepresidente de Telemedia Communications, que tiene una cadena de estaciones de radio en Ontario y Quebec. Pensó que debía de haber algo que pudiera hacer por esa gente utilizando las estaciones de radio que tenía su empresa.

La noche siguiente impartí otro seminario en Toronto. Bob Templeton y Bob Johnson, otro vicepresidente de Telemedia, entraron y se quedaron de pie en la parte de atrás del aula. Compartían la convicción de que tenía que haber algo que pudieran hacer por la gente de Barrie. Después del seminario volvimos a la oficina de Bob. Estaba comprometido con la idea de ayudar a la gente que había quedado atrapada en el tornado.

El viernes siguiente llamó a todos los ejecutivos de Telemedia a su oficina. En la parte superior de una pizarra escribió el número 3.

—¿Les gustaría recaudar 3 millones de dólares en 3 días a partir de ahora, en sólo 3 horas, y dar el dinero a la gente de Barrie? —preguntó a sus ejecutivos. No se oyó nada más que silencio en la habitación.

—Templeton, estás loco —espetó alguien por fin—. No hay manera de que podamos lograrlo.

—Espera un momento. No pregunté si *podíamos* o incluso si *debíamos*. Sólo pregunté si les *gustaría* —respondió Bob.

—Claro que nos gustaría —aceptaron todos.

Luego dibujó una gran T debajo de 333. Por un lado escribió: "Por qué no podemos". Por otro lado, escribió: "Cómo podemos".

—Voy a poner una X grande del lado de "Por qué no podemos". No vamos a perder el tiempo con ideas de por qué no podemos. Eso no tiene ningún valor. Del otro lado vamos a escribir todas las ideas que se nos ocurran sobre cómo podemos. No vamos a salir de aquí hasta que lo averigüemos —de nuevo se hizo silencio.

—Podríamos hacer un programa de radio en todo Canadá —sugirió alguien por fin.

—Es una gran idea —comentó Bob y la escribió.

Antes de que terminara de escribir, alguien objetó:

—No se puede hacer un programa de radio en todo Canadá. No tenemos estaciones de radio en todo el país —era una objeción válida. Sólo tenían estaciones en Ontario y Quebec.

—Por eso podemos —repuso Templeton—. Eso se queda —pero era una objeción muy fuerte porque las estaciones de radio son muy competitivas. Por lo general, no trabajan en conjunto y lograr que lo hicieran sería prácticamente imposible según la forma tradicional de pensar.

—Podríamos conseguir que Harvey Kirk y Lloyd Robertson, los más grandes nombres de la radiodifusión canadiense, presentaran el programa —sugirió alguien de pronto. (Eso sería como hacer que Tom Brokaw y Sam Donaldson presentaran el programa. Son presentadores de televisión nacional. No iban a transmitir por radio.) En ese momento, fue absolutamente asombrosa la vertiginosa velocidad a la que comenzaron a surgir las ideas creativas.

Eso fue un viernes. El martes siguiente tuvieron un radiotón. Consiguieron que 50 estaciones de radio en todo el país accedieran a transmitirlo. No importaba quién se llevara el crédito con tal de que la gente de Barrie recibiera el dinero.

Harvey Kirk y Lloyd Robertson presentaron el programa y lograron recaudar ¡3 millones de dólares en 3 horas dentro de los 3 días hábiles!

Ya ven que podemos hacer cualquier cosa si nos concentramos en cómo hacerlo en vez de en por qué no podemos.

~Bob Proctor

20

Caldo de Pollo para el Alma

No hay camionetas

Nadie puede silbar una sinfonía. Se necesita toda una orquesta para tocarla.

~H. E. Luccock

Recuerdo un Día de Acción de Gracias que nuestra familia no tenía dinero ni comida, y alguien llamó a nuestra puerta. Un hombre estaba ahí de pie con una enorme caja de comida, un pavo gigante y hasta unas cacerolas para cocinarlo. No podía creerlo.

—¿Quién eres? ¿De dónde vienes? —preguntó mi padre.

—Vine porque un amigo tuyo sabe que estás necesitado y que no aceptarías ayuda directa —anunció el desconocido—, así que te he traído esto. Que tengan un excelente Día de Acción de Gracias.

—No, no, no podemos aceptar esto —rechazó mi padre.

—No tienes otra opción —respondió el desconocido, cerró la puerta y se marchó.

Como es lógico, esa experiencia tuvo un profundo impacto en mi vida. Me prometí que algún día tendría una buena posición económica que me permitiera hacer lo mismo con otras personas. A los 18 años ya había creado mi ritual de Acción de Gracias. Me gusta ser espontáneo en lo que hago; por lo tanto, salía de compras y adquiría comida suficiente para una o dos familias. Luego me vestía como repartidor, iba al barrio más pobre y llamaba a una puerta. Siempre incluía una nota que explicaba mi experiencia del Día de Acción de Gracias cuando era niño. La nota concluía: "Lo único que pido a cambio es que se cuiden lo suficiente para que algún día puedan hacer lo mismo por otra persona". He recibido más de este ritual anual que de cualquier cantidad de dinero que haya ganado.

El Día de Acción de Gracias de hace varios años estuve en la ciudad de Nueva York con mi nueva esposa. Se sentía triste porque no estábamos con nuestra familia. Normalmente estaría decorando la casa para Navidad, pero estábamos atrapados ahí en una habitación de hotel.

—Cariño, mira, ¿por qué no decoramos algunas vidas hoy en vez de adornar algunos árboles de Navidad? —propuse. Cuando le conté lo que siempre hacía el Día de Acción de Gracias, se emocionó. Continué—: Vayamos a un lugar donde podamos apreciar quiénes somos en realidad, de qué somos capaces y qué podemos dar. ¡Vamos a Harlem! —ella y varios de mis colegas que estaban con nosotros no se entusiasmaron mucho con la idea—. Vamos —pedí—, vayamos a Harlem a darle de comer a los necesitados. No seremos nosotros los que demos porque eso sería un insulto. Sólo seremos los repartidores. Iremos a comprar comida para seis o siete familias que les dure 30 días. Tenemos suficiente. ¡Vamos a hacerlo! Eso es de lo que en verdad se trata el Día de Acción de Gracias: de agradecer, no de comer pavo. Vamos. ¡Vamos a hacerlo!

Como primero tenía que hacer una entrevista en la radio, les pedí a mis compañeros que me ayudaran a conseguir una camioneta para empezar.

—No podemos hacerlo —me informaron cuando volví de la entrevista—. No hay camionetas en todo Nueva York. Los lugares de alquiler de autos se han quedado sin camionetas. Simplemente no están disponibles.

—Miren, lo esencial es que, si queremos algo, ¡podemos hacer que suceda! —exclamé—. Lo único que tenemos que hacer es actuar. Hay muchas camionetas en la ciudad de Nueva York, sólo que no tenemos una. Vamos a buscarla.

—Hemos llamado a todas partes. No hay ninguna —insistieron.

—Miren la calle. Mírenla. ¿Ven todas esas camionetas? —pregunté.

—Sí, las vemos —respondieron.

—Vamos a buscar una —insté. Primero intenté caminar frente a las camionetas que pasaban por la calle. Aprendí algo sobre los conductores de Nueva York ese día: no se detienen; aceleran.

Luego intentamos esperar junto al semáforo. Nos acercábamos y tocábamos el cristal de la ventanilla y el conductor la bajaba, mirándonos con cierto recelo y yo decía: "Hola, como hoy es Acción de Gracias, nos gustaría saber si estaría dispuesto a llevarnos a Harlem para darles de comer a algunas personas". Cada vez, el conductor se apresuraba a mirar hacia otro lado, subía con furia el cristal y se alejaba sin decir nada.

Finalmente, mejoramos en las preguntas. Tocábamos el cristal de la ventanilla, la bajaban y decíamos: "Hoy es Acción de Gracias. Nos gustaría ayudar a algunas personas desfavorecidas, y queremos saber si está dispuesto a llevarnos a una zona desfavorecida de la ciudad". Parecía un poco más eficaz, pero aun así no funcionó. Entonces empezamos a ofrecer 100 dólares a la gente para que nos llevaran. Eso nos acercó aún más, pero cuando les decíamos que queríamos ir a Harlem, decían que no y se marchaban.

Habíamos hablado con unas dos docenas de personas que se habían negado. Mis colegas estaban dispuestos a renunciar al proyecto, pero yo advertí: "Es la ley de los promedios: alguien va a decir que *sí*". En efecto, llegó la camioneta perfecta. Era perfecta porque era extra grande y cabíamos todos. Nos acercamos, tocamos la ventanilla y preguntamos al conductor: "¿Podría llevarnos a una zona desfavorecida? Le pagaremos 100 dólares". El conductor respondió: "No tienen que pagarme. Estaré encantado de llevarlos. De hecho, los llevaré a algunos de los lugares más difíciles de toda la ciudad". Luego se agachó en el asiento y tomó su sombrero. Cuando se lo puso, me di cuenta de que decía: "Ejército de Salvación". El hombre era el capitán John Rondon y era el jefe del Ejército de Salvación en el sur del Bronx.

Subimos extasiados a la camioneta. Nos dijo: "Los llevaré a lugares a los que ni siquiera imaginaron ir. Pero díganme algo. ¿Por qué quieren hacer esto?". Le conté mi historia y le dije que quería mostrar mi gratitud por todo lo que tenía dando algo a cambio.

El capitán Rondon nos llevó a partes del sur del Bronx que hacen que Harlem parezca Beverly Hills. Cuando llegamos, entramos en una tienda donde compramos mucha comida y algunas canastas. Empaquetamos lo suficiente para alimentar a siete familias durante treinta días. Luego salimos para empezar a repartir la comida. Fuimos a edificios donde había media docena de personas viviendo en una habitación: "ocupantes ilegales" sin electricidad y sin calor en pleno invierno, rodeados de ratas, cucarachas y olor a orina. Fue sorprendente darnos cuenta de que había gente que vivía de esta manera y, al mismo tiempo, resultaba verdaderamente satisfactorio poder marcar una pequeña diferencia.

Como veis, se puede lograr que cualquier cosa suceda si nos comprometemos a ello y tomamos medidas. Milagros como este ocurren todos los días, incluso en una ciudad donde "no hay camionetas".

~Anthony Robbins

Caldo de Pollo para el Alma

20

Pide, pide, pide

Tengo la teoría de que si das el cien por cien todo el tiempo, de alguna manera las cosas saldrán bien al final.

~Larry Bird

A la mejor vendedora del mundo no le importa si la llamas niña. Esto se debe a que Markita Andrews ha generado más de ochenta mil dólares vendiendo galletas de las Girl Scouts desde que tenía siete años.

Al ir de puerta en puerta después de salir de clases, la tímida Markita se transformó en un dínamo de ventas de galletas cuando descubrió, a la edad de 13 años, el secreto de las ventas.

Empieza con el deseo. Deseo ferviente.

Para Markita y su madre, que trabajaba como camarera en Nueva York después de que su marido las abandonara cuando Markita tenía ocho años, su sueño era viajar por el mundo. "Trabajaré duro para ganar dinero suficiente para mandarte a la universidad", dijo un día su madre. "Irás a la universidad y cuando te gradúes, ganarás dinero suficiente para que tú y yo nos vayamos a viajar alrededor del mundo. ¿De acuerdo?".

Por consiguiente, a la edad de 13 años, cuando Markita leyó en una revista de las Girl Scouts que la exploradora que más galletas vendiera ganaría un viaje con todos los gastos pagados para dos personas alrededor del mundo, decidió vender la mayor cantidad de galletas que fuera posible, más galletas de las Girl Scouts que nadie en el mundo hubiera vendido nunca.

Pero no basta con desearlo. Para hacer realidad su sueño, Markita sabía que necesitaba un plan.

"Siempre usa el atuendo adecuado, tu vestimenta profesional", aconsejó su tía. "Cuando hagas negocios, vístete para la ocasión. Ponte tu uniforme de Girl Scout. Cuando vayas a ver a tus posibles clientes en sus edificios de apartamentos a las 16:30 o 18:30 y especialmente el viernes por la noche, solicita un pedido grande. Siempre sonríe, compren o no, siempre sé amable. Y no les pidas que compren tus galletas, pídeles que inviertan".

Muchas otras scouts pueden haber querido ese viaje alrededor del mundo. Muchas otras scouts pueden haber tenido un plan. Pero sólo Markita se ponía el uniforme todos los días después de la escuela y estaba lista para pedir y seguir pidiendo a la gente que invirtiera en su sueño. "Hola. Tengo un sueño. Quiero ganarme un viaje alrededor del mundo para mí y mi mamá con la venta de las galletas de las Girl Scouts", decía en la puerta. "¿Le gustaría invertir en una o dos docenas de cajas de galletas?".

Markita vendió 3.526 cajas de galletas ese año y ganó su viaje alrededor del mundo. Desde entonces, ha vendido más de 42.000 cajas de galletas Girl Scouts, ha hablado en convenciones de ventas en todo el país, protagonizó una película de Disney sobre su aventura y es coautora del *best seller How to Sell More Cookies, Condos, Cadillacs, Computers... and Everything Else*.

Markita no es más inteligente ni más extrovertida que otras miles de personas, jóvenes y mayores, que tienen sus sueños. La diferencia es que Markita descubrió el secreto de las ventas: ¡pide, pide, pide! Muchas personas fracasan antes de empezar porque *no piden* lo que quieren. El temor al rechazo nos lleva a muchos de nosotros a rechazarnos, a nosotros mismos y a nuestros sueños, mucho antes de que nadie más tenga la oportunidad, sin importar lo que vendamos.

Además, todos venden algo. "Te vendes todos los días, en la escuela, a tu jefe, a gente nueva que conoces", manifestó Markita a los 14 años. "Mi madre es camarera: vende el especial del día. Los alcaldes y presidentes que intentan conseguir votos están vendiendo. Una de mis profesoras favoritas era la señora Chapin. Hacía interesante la geografía, y eso es realmente ventajoso. Veo ventas por todas partes. Vender es parte del mundo entero".

Se necesita valor para pedir lo que uno quiere. El valor no es la ausencia de miedo. Es hacer lo que se necesita a pesar del miedo. Y, como Markita ha descubierto, cuanto más preguntas, más fácil (y divertido) se vuelve.

Una vez, en la televisión en vivo, la productora decidió dar a Markita su reto de ventas más difícil. Le pidió a Markita que vendiera galletas de las Girl Scouts a otro invitado al programa. "¿Le gustaría invertir en una o dos docenas de cajas de galletas Girl Scouts?", preguntó.

"¿Galletas de las Girl Scouts? Yo no compro esas galletas", respondió él. "Soy guardia de la penitenciaría federal. Llevo a 2.000 violadores, ladrones, asesinos, asaltantes y abusadores de menores a acostarse todas las noches".

Sin estridencias, Markita respondió de inmediato: "Señor, si usted toma algunas de estas galletas, tal vez no sea tan mezquino, iracundo y malo. Además, señor, creo que sería una buena idea que también les llevara algunas de estas galletas a cada uno de sus 2.000 presos".

El alcaide le extendió un cheque.

~Jack Canfield y Mark Victor Hansen

¿La Tierra se movió por ti?

Sabed, entonces, que todo lo alegre y sereno que fortalece a la mente también beneficia al cuerpo.

~John Armstrong

Angela, de 11 años, padecía una enfermedad debilitante que afectaba el sistema nervioso. No podía caminar y sus movimientos también se veían restringidos de otras maneras. Los médicos no ofrecían muchas esperanzas de que se recuperara. Pronosticaron que pasaría el resto de su vida en una silla de ruedas. Dijeron que muy pocos, si acaso alguno, podían volver a la normalidad después de haber contraído esta enfermedad.

La niña no se amilanó. Ahí, acostada en la cama del hospital, le aseguró a cualquiera que la oyera que definitivamente volvería a caminar algún día.

Fue trasladada a un hospital de rehabilitación especializado en la zona de la bahía de San Francisco. Se utilizaron todas las terapias que podían aplicarse a su caso. Los terapeutas estaban encantados con su espíritu indomable. Le enseñaron a imaginarse, a verse a sí misma caminando, aunque solo fuera por darle esperanza y algo positivo que hacer durante las largas horas de vigilia en su cama. Angela trabajaba con mucho ahínco en fisioterapia, en hidromasajes y en sesiones de ejercicio. Pero trabajaba igual de duro cuando estaba acostada haciendo religiosamente sus ejercicios de imaginación y visualizándose moviéndose, moviéndose, moviéndose.

Un día, mientras trataba con todas sus fuerzas de imaginar que podía mover las piernas de nuevo, ocurrió algo que parecía un milagro: ¡la cama se movió! ¡Empezó a moverse por la habitación! Angela gritó:

"¡Mirad lo que estoy haciendo! ¡Mirad! ¡Mirad! ¡Puedo hacerlo! ¡Me he movido, me he movido!"

Por supuesto, en este mismo momento todos los demás en el hospital también gritaron y corrieron a ponerse a cubierto. La gente gritaba, el equipo empezó a fallar y los cristales se rompieron. Como ya imaginarán, fue un terremoto. Pero no se lo digan a Angela; está convencida de que ella lo hizo. Y ahora, apenas unos años después, ha vuelto a la escuela, caminando por su propio pie, sin muletas, sin silla de ruedas. Después de todo, cualquiera que sea capaz de sacudir la tierra entre San Francisco y Oakland puede superar una enfermedad, ¿no es así?

~Hanoch McCarty

La calcomanía de Tommy

La acción es la clave fundamental de todo éxito.
~Pablo Picasso

Un niño pequeño de nuestra iglesia en Huntington Beach se me acercó después de que me oyó hablar del Children's Bank. Me estrechó la mano y me dijo:

—Me llamo Tommy Tighe, tengo seis años y quiero pedir un préstamo a tu banco de los niños.

—Tommy —respondí—, ese es uno de mis objetivos, prestar dinero a los niños. Hasta ahora, todos han pagado. ¿Qué quieres hacer?

—Desde que tenía cuatro años —explicó él— tengo la visión de que puedo traer la paz a este mundo. Quiero hacer una calcomanía para el parachoques que diga: "¡PAZ, POR FAVOR! HÁGALO POR NOSOTROS LOS NIÑOS", firmado "Tommy".

—Puedo patrocinar tu proyecto —repuse. Necesitaba 454 dólares para producir 1.000 calcomanías para parachoques. El Mark Victor Hansen Children's Free Enterprise Fund giró un cheque a la imprenta donde se estaban imprimiendo las calcomanías.

—Si no paga el préstamo, ¿vas a embargar su bicicleta? —me susurró el padre de Tommy al oído.

—No, toco madera —respondí—, todos los niños nacen con honradez, moralidad y ética. Hay que enseñarles otra cosa. Creo que nos pagará— si tenéis hijos, dejadlos que trabajen para ganar dinero con alguien honrado, moral y ético para que aprendan estos principios desde muy pequeños.

Le dimos a Tommy una copia de todas mis cintas y las escuchó 21 veces cada una hasta que se aprendió de memoria el material. Tommy dijo: "Dice que empiece siempre a vender en la cima". Por consiguiente, Tommy convenció a su padre de que lo llevara a la casa de Ronald Reagan. Tommy tocó el timbre y salió el portero. Tommy hizo una irresistible presentación de ventas de dos minutos sobre su calcomanía para el parachoques. El portero buscó en el bolsillo, le dio a Tommy 1,50 dólares y dijo:

—Toma, quiero una. Espera e iré a buscar al expresidente.

—¿Por qué le has pedido que comprara? —pregunté.

—Dices en las cintas que le pida a todo el mundo que compre.

—Sí, sí —admití—. Soy culpable.

Le envió una pegatina a Mijaíl Gorbachov con una factura de 1,50 $ en fondos estadunidenses. Gorbachov le envió 1,50 dólares y una fotografía que decía: "Trabaja por la paz, Tommy", y la firmó: "Mijaíl Gorbachov, presidente".

—Te daré 500 dólares por el autógrafo de Gorbachov —propuse a Tommy, ya que soy coleccionista de autógrafos.

—No, gracias, Mark —rechazó él.

—Tommy, tengo varias empresas. Cuando seas mayor, me gustaría contratarte.

—¿Estás bromeando? —inquirió él—. Cuando sea mayor, yo te voy a contratar.

La edición dominical del *Orange County Register* incluyó una sección sobre la historia de Tommy, el Children's Free Enterprise Bank y yo. Marty Shaw, el periodista, entrevistó a Tommy durante seis horas y escribió una entrevista fenomenal. Marty le preguntó a Tommy cuál pensaba que sería su efecto en la paz mundial. A lo que Tommy respondió:

—Creo que aún no tengo edad suficiente; creo que hay que tener ocho o nueve años para detener todas las guerras del mundo.

—¿Quiénes son tus héroes? —preguntó Marty.

—Mi padre, George Burns, Wally Joyner y Mark Victor Hansen —respondió. Tommy tiene buen gusto para elegir modelos de conducta.

Tres días después, recibí una llamada de Hallmark. Un concesionario de esa empresa les había enviado por fax una copia del artículo del *Register*. Iban a tener una convención en San Francisco y querían que Tommy hablara. Después de todo, habían visto que Tommy se había fijado nueve metas:

1. Llamar para preguntar por el costo (tarjeta de beisbol como garantía).

2. Imprimir las calcomanías.
3. Hacer un plan para un préstamo.
4. Encontrar la forma de comunicarlo a la gente.
5. Conseguir la dirección de los líderes.
6. Escribir una carta a todos los presidentes y líderes de otros países, y enviarles a todos una calcomanía gratis.
7. Hablar con todos sobre la paz.
8. Llamar al puesto de periódicos y hablarles de mi negocio.
9. Tener una conversación en la escuela.

Hallmark quería que mi empresa contratara a Tommy para que hablara. Aunque la charla no se llevó a cabo porque el plazo de dos semanas era muy corto, la negociación entre Hallmark, Tommy y yo fue divertida, estimulante y eficaz.

Joan Rivers llamó a Tommy Tighe para pedirle que saliera en su programa de televisión. Alguien también le había enviado por fax una copia de la entrevista del *Register* con Tommy.

—Tommy —empezó Joan—, habla Joan Rivers y quiero que vengas a mi programa de televisión que ven millones de personas.

—¡Genial! —exclamó Tommy. No tenía ni la menor idea de quién era.

—Te pagaré trescientos dólares —agregó Joan.

—¡Fantástico! —respondió Tommy. Después de haber escuchado repetida y atentamente mis cintas de *Sell Yourself Rich*, Tommy continuó vendiéndole su visita a Joan y explicó—: Tengo sólo ocho años, así que no puedo ir solo. Puedes pagar lo de mi mamá también, ¿verdad, Joan?

—¡Sí! —aseguró Joan.

—A propósito, acabo de ver un programa de *Lifestyles of the Rich and Famous* que decía que hay que quedarse en el Trump Plaza cuando uno visita Nueva York. Puedes hacer que eso suceda, ¿verdad, Joan?

—Sí —contestó ella.

—También dijeron en el programa que en Nueva York hay que visitar el edificio Empire State y la Estatua de la Libertad. ¿Nos puedes conseguir entradas?

—Sí...

—Fabuloso. ¿Ya te dije que mi madre no conduce? Pero podemos usar tu limusina, ¿verdad?

—Por supuesto —repuso Joan.

Tommy fue a *The Joan Rivers Show* y cautivó a Joan, al equipo de camarógrafos, al público en vivo y a los televidentes. Era muy apuesto, interesante, auténtico y un gran emprendedor. Contó historias tan fascinantes y persuasivas que el público no dudó en sacar dinero de sus billeteras ahí mismo para comprar una de sus calcomanías.

Al final del programa, Joan se inclinó y preguntó:

—Tommy, ¿de verdad crees que tu calcomanía para el parachoques traerá la paz al mundo?

Tommy, entusiasmado y con una sonrisa radiante, respondió:

—Hasta el momento llevo dos años vendiéndola y ya cayó el Muro de Berlín. Lo estoy haciendo muy bien, ¿no crees?

~Mark Victor Hansen

¡PAZ, POR FAVOR!
HÁGANLO POR NOSOTROS LOS NIÑOS

El que no pide, no recibe, pero el que pide, sí

Los problemas no son señales de alto, son directrices.
~Robert Schuller

Mi esposa Linda y yo vivimos en Miami, Florida. Cuando acabábamos de empezar nuestro programa de entrenamiento de autoestima llamado Little Acorns para enseñar a los niños a decir que no a las drogas, la promiscuidad sexual y otras conductas autodestructivas, recibimos un folleto de una conferencia educativa en San Diego. Cuando leímos el folleto y nos dimos cuenta de que todo el mundo que es alguien iba a estar ahí, comprendimos que teníamos que ir, pero no veíamos cómo. Acabábamos de empezar, estábamos trabajando desde nuestra casa y ya habíamos agotado nuestros ahorros personales en las primeras etapas del trabajo. No había manera de que pudiéramos pagar los pasajes aéreos ni ningún otro gasto. No obstante, sabíamos que teníamos que estar ahí, por lo que empezamos a preguntar.

Lo primero que hice fue llamar a los coordinadores de la conferencia en San Diego, explicarles por qué teníamos que estar ahí y preguntarles si nos darían dos entradas de cortesía para la conferencia. Cuando les expliqué nuestra situación, lo que estábamos haciendo y por qué teníamos que asistir, dijeron que sí. Ya teníamos las entradas.

Le dije a Linda que teníamos las entradas y que podíamos asistir a la conferencia. Ella respondió: "¡Fantástico! Pero estamos en Miami y la conferencia es en San Diego. ¿Qué hacemos ahora?".

Así que le dije: "Tenemos que conseguir el transporte". Llamé a una aerolínea que sabía que estaba yendo bien en ese momento, Northeast Airlines. La mujer que respondió era la secretaria del presidente y le comuniqué lo que necesitaba. Me comunicó directamente con el presidente, Steve Quinto. Le expliqué que acababa de hablar con la gente de la conferencia en San Diego, que nos habían dado entradas gratis para la conferencia, pero que no podíamos llegar ahí y le pedí que si por favor nos donaba dos billetes de ida y vuelta de Miami a San Diego.

—Por supuesto que sí —respondió él, así como así.

Fue así de rápido y lo siguiente que dijo me dejó realmente estupefacto.

—Gracias por pedírmelo.

—¿Disculpe? —pregunté.

—No suelo tener la oportunidad de hacer lo mejor que puedo por el mundo a menos que alguien me lo pida —aclaró él—. Lo mejor que puedo hacer es dar de mí mismo y usted me pidió que lo hiciera. Es una buena oportunidad y quiero agradecerle esa oportunidad.

Me dejó muy sorprendido, pero le di las gracias y colgué el teléfono. Miré a mi mujer y le dije: "Cariño, tenemos los billetes de avión". Ella respondió: "¡Genial! ¿Dónde nos hospedaremos?".

Enseguida llamé al Holiday Inn Downtown Miami y pregunté dónde estaban sus oficinas centrales. Me dijeron que estaba en Memphis, Tennessee, así que llamé a Tennessee y me comunicaron con la persona con la que necesitaba hablar. Era alguien de San Francisco. Controlaba todos los Holiday Inn de California. Le expliqué que habíamos obtenido nuestros billetes de avión gracias a la aerolínea y le pregunté si habría alguna forma de que pudiera ayudarnos con el hospedaje durante los tres días. Preguntó que si estaría bien que nos hospedara en el nuevo hotel en el centro de San Diego como sus invitados.

—Sí, estaría muy bien.

—Espere un momento —agregó—. Tengo que advertirle que el hotel está a más de cincuenta y cinco kilómetros del lugar donde se celebrará la conferencia y tendrá que arreglárselas para conseguir cómo llegar ahí.

—Ya me las arreglaré, aunque tenga que comprar un caballo.

Le di las gracias y anuncié a Linda: "Bueno, querida, tenemos las entradas, los billetes de avión y un lugar donde quedarnos. Lo que necesitamos ahora es una manera de ir y venir del hotel al centro de conferencias dos veces al día". Luego llamé a National Car Rental, les conté la historia y les pregunté si podían ayudarme.

—¿Estaría bien un Oldsmobile nuevo del año? —me preguntaron y dije que sí.

Resolvimos todo en un solo día.

Tuvimos que comprar nuestra comida parte del tiempo, pero antes de que terminara la conferencia, me levanté, conté esta historia en una de las asambleas generales y pedí:

—Estaríamos muy agradecidos con quien quiera ofrecerse a invitarnos a almorzar.

Alrededor de 50 personas saltaron y se ofrecieron, así que acabamos comiendo gratis algunas veces.

La pasamos de maravilla, aprendimos mucho y nos conectamos con gente como Jack Canfield, que todavía está en nuestro comité asesor. Cuando regresamos, lanzamos el programa que ha crecido cerca de cien por ciento cada año. El pasado mes de junio graduamos a nuestra familia número 2.250 del entrenamiento de Little Acorns. También hemos celebrado dos importantes conferencias para educadores tituladas *Making The World Safe For Children*, a las que hemos invitado a personajes de todo el mundo. Miles de educadores han venido a obtener ideas sobre cómo impartir cursos de autoestima en sus aulas cuando aún están enseñando las tres *R*.

La última vez que patrocinamos la conferencia, invitamos a venir a educadores de 81 países. Diecisiete países enviaron representantes, incluidos algunos ministros de educación. De ahí han surgido invitaciones para que llevemos nuestro programa a los siguientes lugares: Rusia, Ucrania, Bielorrusia, Kazajstán, Mongolia, Taiwán, las Islas Cook y Nueva Zelanda.

Como ven, pueden conseguir lo que quieran si piden a suficientes personas.

~Rick Gelinas

La búsqueda de Rick Little

Las cosas difíciles llevan mucho tiempo, las imposibles un poco más.
~André A. Jackson

Eran las cinco de la mañana cuando Rick Little se quedó dormido al volante de su coche, cayó por un terraplén de tres metros y se estrelló contra un árbol. Pasó los siguientes seis meses en tracción con la columna vertebral rota. Rick tuvo mucho tiempo para reflexionar sobre su vida, algo para lo que sus trece años de educación no lo habían preparado. Tan sólo dos semanas después de que lo dieran de alta del hospital, regresó a su casa una tarde y encontró a su madre tirada en el piso, casi inconsciente, a causa de una sobredosis de pastillas para dormir. Rick se dio cuenta una vez más de lo inadecuados que eran sus estudios para prepararlo a fin de encarar los problemas sociales y emocionales de su vida.

En los meses siguientes, Rick comenzó a dar forma a una idea: el desarrollo de un curso que equiparía a los estudiantes con alta autoestima, habilidades para relacionarse y manejo de conflictos. Cuando Rick empezó a investigar qué debería contener un curso de este tipo, se topó con un estudio del Instituto Nacional de Educación en el que se había preguntado a mil personas de 30 años si creían que su educación secundaria las había dotado de las habilidades necesarias para enfrentar el mundo real. Más del ochenta por ciento había respondido: "Desde luego que no".

A estos jóvenes de 30 años también se les preguntó qué habilidades desearían que se les hubieran enseñado. Las respuestas más importantes fueron las habilidades para relacionarse: cómo llevarse mejor con las personas con las que vivían; cómo encontrar y conservar un trabajo; cómo manejar los conflictos; cómo ser un buen padre; cómo entender el desarrollo normal de un niño; cómo administrar el dinero; y cómo intuir el significado de la vida.

Inspirado por su visión de crear un curso en el que se pudieran enseñar estas cosas, Rick abandonó la universidad y se fue por todo el país a entrevistar a estudiantes de educación media. En su búsqueda de información sobre lo que debería incluirse en el curso, hizo las dos mismas preguntas a más de dos mil estudiantes de 120 escuelas preparatorias:

1. Si tuvieras que elaborar un programa para tu escuela que te ayudara a sobrellevar lo que ahora enfrentas y lo que crees que vas a enfrentar en el futuro, ¿qué incluiría ese programa?
2. Haz una lista de los diez problemas más importantes de tu vida que te gustaría que se trataran mejor en casa y en la escuela.

Independientemente de que los estudiantes fueran de escuelas privadas ricas o de guetos de los barrios pobres, de zonas rurales o suburbanas, las respuestas fueron sorprendentemente las mismas. La soledad y el no quererse a sí mismos encabezaban la lista de problemas. Además, tenían la misma lista de habilidades que deseaban que se les enseñaran que la de las personas de 30 años.

Rick durmió en su automóvil dos meses y sobrevivió con un total de 60 dólares. La mayoría de los días comía crema de cacahuate con galletas. Algunos días no comía nada. Rick tenía pocos recursos, pero estaba comprometido con su sueño.

Su siguiente paso fue elaborar una lista de los principales educadores y líderes del país en terapia y psicología. Se dispuso a visitar a todos los que aparecían en su lista para pedirles su experiencia y apoyo. Aunque les impresionó su método de preguntar directamente a los estudiantes qué querían aprender, le ofrecieron poca ayuda.

—Eres demasiado joven. Vuelve a la universidad. Consigue tu título. Haz un posgrado y luego podrás seguir con esto.

Eran menos que alentadores.

Sin embargo, Rick insistió. Cuando cumplió 20 años, ya había vendido su auto, su ropa, había pedido dinero prestado a sus amigos y tenía una deuda de 32.000 dólares. Alguien le sugirió que fuera a una fundación a pedir dinero.

Su primera cita en una fundación local fue una tremenda decepción. Cuando entró en la oficina, Rick estaba literalmente temblando de miedo. El vicepresidente de la fundación era un hombre gigantesco de pelo oscuro y expresión fría y severa. Durante media hora lo oyó sin decir una palabra mientras Rick hablaba, con el corazón, sobre su madre, los dos mil niños y los planes para un nuevo tipo de curso para los estudiantes de secundaria. Cuando terminó, el vicepresidente hizo a un lado una pila de carpetas.

—Hijo —empezó—, llevo aquí casi veinte años. Hemos financiado todos estos programas de educación. Y todos ellos han fracasado. El tuyo fracasará también. ¿Las razones? Son obvias. Tienes veinte años, no tienes experiencia, ni dinero, ni título universitario. ¡Nada!

Al salir de la oficina de la fundación, Rick juró que le demostraría a ese hombre que estaba equivocado. Comenzó un estudio sobre las fundaciones que se interesaban en financiar proyectos para adolescentes. Luego pasó meses redactando propuestas de subvenciones, trabajaba desde muy temprano por la mañana hasta muy tarde por la noche. Durante más de un año, se dedicó a la redacción de propuestas, cada una cuidadosamente adaptada a los intereses y requisitos de cada fundación. Cada una se enviaba con grandes esperanzas y cada una regresaba con rechazos.

Envió una propuesta tras otra y todas fueron rechazadas. Finalmente, después de que la 155ª propuesta de subvención fuera rechazada, todo el apoyo de Rick comenzó a desmoronarse.

Sus padres le rogaron que volviera a la universidad y Ken Greene, un educador que había dejado su trabajo para ayudar a Rick a escribir las propuestas, anunció:

—Rick, no me queda dinero y tengo que mantener a mi esposa e hijos. Esperaré una propuesta más. Pero si es un rechazo, tendré que volver a Toledo a dar clases.

Rick tenía una última oportunidad. Movido por la desesperación y la convicción, se las arregló para hablar con varias secretarias y consiguió una cita para almorzar con el doctor Russ Mawby, presidente de la Fundación Kellogg. De camino al restaurante pasaron por un puesto de helados.

—¿Quieres uno? —preguntó Mawby. Rick asintió, pero la ansiedad se apoderó de él. Aplastó el cono en la mano y, con helado de chocolate escurriéndole entre los dedos, hizo un esfuerzo subrepticio, pero desesperado para limpiarlo antes de que el doctor Mawby pudiera darse cuenta de lo que había sucedido. Pero Mawby lo había visto y, soltando una carcajada, volvió con el vendedor y le llevó a Rick un montón de servilletas de papel.

El joven subió al coche, con la cara sonrojada y expresión abatida. ¿Cómo iba a pedir fondos para un nuevo programa educativo cuando ni siquiera podía controlar un cono de helado?

Dos semanas después Mawby llamó por teléfono.

—Pediste cincuenta y cinco mil dólares. Lo sentimos, pero el consejo de administración votó en contra —Rick trató de reprimir las lágrimas. Durante dos años había estado trabajando por un sueño, que ahora parecía desvanecerse—. Sin embargo —continuó Mawby—, los consejeros votaron unánimemente para darte 130.000 dólares.

En ese momento, Rick rompió a llorar. Apenas pudo dar las gracias con voz entrecortada.

Desde entonces, Rick Little ha recaudado más de cien millones de dólares para financiar su sueño. Los programas Quest Skills se imparten actualmente en más de treinta mil escuelas de los 50 estados de la Unión Americana y en otros 32 países. Tres millones de niños al año aprenden importantes habilidades para la vida porque un joven de 19 años se negó a aceptar un "no" por respuesta.

En 1989, debido al increíble éxito de Quest, Rick Little amplió su sueño y se le otorgaron 65 millones de dólares, la segunda subvención más grande que se haya concedido en la historia de Estados Unidos, para crear la Fundación Internacional de la Juventud. El propósito de esta fundación es identificar y ampliar programas juveniles exitosos en todo el mundo.

La vida de Rick Little es un testimonio del poder del compromiso con una visión elevada, aunada a la voluntad de seguir pidiendo hasta hacer realidad el sueño.

—Adaptado de Peggy Mann

La magia de creer

Debes tener metas a largo plazo para evitar que te frustren los fracasos a corto plazo.

~Charles C. Noble

No tengo edad para jugar al beisbol o al futbol. Todavía no tengo ocho años. Mi mamá me dijo que, cuando empezara a jugar al beisbol, no iba a poder correr muy rápido porque me habían operado. Le dije a mamá que no necesitaría correr muy rápido. "Cuando juegue al beisbol, batearé la pelota fuera del campo. Entonces podré caminar".

~Edward J. McGrath, Jr.
An Exceptional View of Life

Caldo de Pollo para el Alma 20

El cuaderno de objetivos de Glenna

El éxito no es el resultado de la combustión espontánea. Debes prenderte fuego.

~Arnold H. Glasow

En 1977 era madre soltera con tres hijas pequeñas. Tenía que hacer frente al pago de la casa, al pago del coche y a la necesidad de reavivar algunos sueños.

Una noche asistí a un seminario y oí hablar a un hombre sobre el principio I x V = R (la imaginación combinada con la vivacidad se convierte en realidad). El orador recalcó que la mente piensa en imágenes, no en palabras, y que cuando imaginamos vívidamente en nuestra mente lo que deseamos, nuestro deseo se convierte en realidad.

Este concepto tocó una fibra sensible en mi corazón. Conocía la verdad bíblica de que el Señor nos concede "los deseos de nuestro corazón" (Salmos 37,4) y que "tal como es su pensamiento en su corazón, así es él" (Proverbios 23,7). Estaba decidida a tomar mi lista de plegarias escritas y convertirlas en imágenes. Empecé a recortar revistas viejas y a reunir imágenes que representaban los "deseos de mi corazón". Las puse en un álbum de fotos y aguardé con expectación.

Fui muy específica con mis imágenes, que incluían:

1. Un hombre apuesto.
2. Una mujer con traje de novia y un hombre vestido de esmoquin.
3. Ramos de flores (soy romántica).

4. Joyas hermosas de diamantes (racionalicé que Dios había amado a David y Salomón y ellos son dos de los hombres más ricos que jamás hayan vivido).
5. Una isla en el azul brillante del Caribe.
6. Una casa encantadora.
7. Muebles nuevos.
8. Una mujer que se había convertido recientemente en vicepresidenta de una gran empresa. (Yo trabajaba en una compañía que no tenía mujeres en puestos ejecutivos. Quería ser la primera mujer vicepresidenta de esa compañía.)

Aproximadamente ocho semanas después, iba conduciendo por una autopista de California, pensando en mis asuntos a las 10:30 de la mañana. De repente un precioso Cadillac rojo y blanco me pasó por delante. Miré el auto porque era hermoso. El conductor me miró y sonrió, y yo le devolví la sonrisa porque siempre sonrío. Ahora estaba en serios problemas. ¿Alguna vez han hecho eso? Traté de fingir que no había mirado. "¿Quién, yo? ¡Pero si ni te miré!". Me siguió los siguientes veinticinco kilómetros. ¡Me ha dado un susto de muerte! Seguí avanzando unos kilómetros más, él también. Me estacioné, se estacionó... ¡Y finalmente me casé con él!

El primer día después de nuestra primera cita, Jim me envió una docena de rosas. Entonces descubrí que tenía un pasatiempo. Su hobby era coleccionar diamantes. ¡Grandes! Estaba buscando a alguien a quien decorar. ¡Me alisté como voluntaria! Salimos unos dos años y cada lunes por la mañana recibía una rosa roja de tallo largo y una nota de amor de su parte.

Casi tres meses antes de casarnos, Jim me dijo: "Encontré el lugar perfecto para ir de luna de miel. Iremos a St. John's en el Caribe". Reí y comenté: "¡Nunca se me habría ocurrido!".

No confesé la verdad sobre mi cuaderno ilustrado hasta que Jim y yo teníamos casi un año de casados. Fue entonces cuando nos mudamos a nuestra hermosa casa nueva y la amueblamos con los elegantes muebles que yo había imaginado. (Resultó que Jim era el distribuidor mayorista en la costa oeste de uno de los mejores fabricantes de muebles de la costa del Atlántico.)

Por cierto, la boda fue en Laguna Beach, California, y el vestido y el esmoquin cobraron realidad. Ocho meses después de haber creado el cuaderno de mis sueños, me convertí en vicepresidenta de recursos humanos de la empresa en la que trabajaba.

En cierto sentido esto parece un cuento de hadas, pero es absolutamente cierto. Jim y yo hemos hecho muchos "cuadernos ilustrados" desde que nos casamos. Dios ha llenado nuestras vidas con la demostración de estos potentes principios de fe en acción.

Decide qué quieres en cada área de tu vida. Imagínatelo vívidamente. Luego actúa según tus deseos y crea tu propio cuaderno de objetivos personales. Convierte tus ideas en realidades concretas por medio de este sencillo ejercicio. No hay sueños imposibles.

~Glenna Salsbury

Otra marca de verificación en la lista

Hay muchas cosas maravillosas que nunca se harán si tú no las haces.
~Charles D. Gill

Una tarde lluviosa, un inspirado muchacho de 15 años llamado John Goddard se sentó a la mesa de la cocina de su casa en Los Ángeles y escribió tres palabras en la parte superior de una hoja de bloc amarillo: "Lista para mi vida". Bajo este título anotó 127 objetivos. Desde entonces, ha cumplido la mayoría de ellos. Mira la lista de los objetivos de Goddard que aparece a continuación. No son objetivos simples o fáciles. Incluyen escalar las principales montañas del mundo, explorar vastos ríos, correr 1,6 km en cinco minutos y leer las obras completas de Shakespeare y toda la *Enciclopedia Británica*.

Explorar:

✓ 1. Río Nilo
✓ 2. Río Amazonas
✓ 3. Río Congo
✓ 4. Río Colorado
5. Río Yangtsé, China
6. Río Níger
7. Río Orinoco, Venezuela
✓ 8. Río Coco, Nicaragua

Estudiar las culturas primitivas de:

✓ 9. El Congo
✓ 10. Nueva Guinea
✓ 11. Brasil
✓ 12. Borneo
✓ 13. Sudán (una tormenta de arena por poco sepulta vivo a John)
✓ 14. Australia
✓ 15. Kenia
✓ 16. Filipinas
✓ 17. Tanganica (ahora Tanzania)
✓ 18. Etiopía
✓ 19. Nigeria
✓ 20. Alaska

Escalar:

21. Monte Everest
22. Monte Aconcagua, Argentina
23. Monte McKinley
✓ 24. Monte Huascarán, Perú
✓ 25. Monte Kilimanjaro
✓ 26. Monte Ararat, Turquía
✓ 27. Monte Kenia
28. Monte Cook, Nueva Zelanda
✓ 29. Volcán Popocatépetl, México
✓ 30. El Matterhorn
✓ 31. Monte Rainer
✓ 32. Monte Fuji
✓ 33. Monte Vesubio
✓ 34. Monte Bromo, Java
✓ 35. Grand Teton
✓ 36. Monte Baldy, California
✓ 37. Estudiar las carreras de medicina y exploración (estudió el curso preparatorio para medicina y trata de enfermedades entre tribus primitivas)
✓ 38. Visitar todos los países del mundo (le faltan 30)
✓ 39. Estudiar a los indios navajos y los hopi.
✓ 40. Aprender a pilotear un avión.
✓ 41. Montar a caballo en el Desfile de las Rosas

Fotografiar:

✓ 42. Cataratas de Iguazú, Brasil
✓ 43. Cataratas Victoria, Rodesia (perseguido por un jabalí en el proceso
✓ 44. Cataratas Sutherland, Nueva Zelanda
✓ 45. Cascadas de Yosemite
✓ 46. Cataratas de Niágara
✓ 47. Seguir la ruta de los viajes de Marco Polo y Alejandro Magno

Exploración subacuática:

✓ 48. Arrecifes de coral de Florida
✓ 49. Gran Barrera de Coral, Australia (fotografió una almeja de casi 136 kilos)
✓ 50. Mar Rojo
✓ 51. Islas Fiyi
✓ 52. Las Bahamas
✓ 53. Explorar el pantano Okefenokee y los Everglades

Visitar:

✓ 54. Polos Norte y Sur
✓ 55. Gran Muralla china
✓ 56. Canales de Panamá y Suez
✓ 57. Isla de Pascua
✓ 58. Islas Galápagos
✓ 59. Ciudad del Vaticano (vio al Papa)
✓ 60. El Taj Mahal
✓ 61. La Torre Eiffel
✓ 62. La Gruta Azul
✓ 63. La Torre de Londres
✓ 64. La Torre inclinada de Pisa
✓ 65. El cenote sagrado de Chichén-Itzá, México
✓ 66. Escalar el Uluru (Ayers Rock) en Australia
67. Seguir el río Jordán desde el mar de Galilea hasta el mar Muerto

Nadar en:

✓ 68. Lago Victoria
✓ 69. Lago Superior
70. Lago Tanganica
✓ 71. Lago Titicaca, América del Sur
✓ 72. Lago Nicaragua

Lograr:

✓ 73. Convertirse en Eagle Scout
✓ 74. Sumergirse en un submarino
✓ 75. Aterrizar y despegar de un portaaviones
✓ 76. Volar en un dirigible, un globo aerostático y un planeador
✓ 77. Montar en elefante, camello, avestruz y bronco
✓ 78. Bucear sin equipo especial a 12 metros de profundidad y contener la respiración dos minutos y medio bajo el agua
✓ 79. Capturar una langosta de 5 kilos y un abulón de 25 centímetros
✓ 80. Tocar la flauta y el violín
✓ 81. Escribir a máquina 50 palabras por minuto
✓ 82. Saltar en paracaídas
✓ 83. Aprender a esquiar en nieve y en agua
✓ 84. Ir a una misión de la Iglesia
✓ 85. Seguir el sendero de John Muir
✓ 86. Estudiar medicinas nativas e impulsar las que sean útiles
✓ 87. Obtener trofeos de cámara de elefante, león, rinoceronte, guepardo, búfalo capa y ballena
✓ 88. Aprender esgrima
✓ 89. Aprender jujitsu
✓ 90. Impartir un curso universitario
✓ 91. Ver una ceremonia de cremación en Bali
✓ 92. Explorar las profundidades del mar
93. Aparecer en una película de Tarzán (ahora considera que éste es un sueño intrascendente de la niñez)
94. Ser dueño de un caballo, chimpancé, guepardo, ocelote y coyote (todavia no tiene un chimpancé o guepardo)
95. Convertirse en operador radioaficionado
✓ 96. Construir su propio telescopio
✓ 97. Escribir un libro (sobre el viaje por el Nilo)
✓ 98. Publicar un artículo en *National Geographic*
✓ 99. Salto de altura de 1,50 metros
✓ 100. Salto de longitud de 4,5 metros
✓ 101. Correr 1,6 km en cinco minutos
✓ 102. Pesar 79,5 kilos sin ropa (todavía tiene ese peso)
✓ 103. Realizar 200 abdominales y 20 flexiones
✓ 104. Aprender francés, español y árabe
105. Estudiar al dragón de Komodo en la isla de Komodo (el barco se descompuso a poco más de 30 km de la isla)

✓ 106. Visitar el lugar de nacimiento del abuelo Sorenson en Dinamarca
✓ 107. Visitar el lugar de nacimiento del abuelo Goddard en Inglaterra
✓ 108. Ir a bordo de un barco carguero como marinero
109. Leer toda la *Enciclopedia Británica* (ha leído partes extensas de cada tomo)
✓ 110. Leer la Biblia de principio a fin
✓ 111. Leer las obras de Shakespeare, Platón, Aristóteles, Dickens, Thoreau, Poe, Rousseau, Bacon, Hemingway, Twain, Burroughs, Conrad, Talmage, Tolstói, Longfellow, Keats, Whittier y Emerson (no todas las obras de cada uno)
✓ 112. Familiarizarse con las composiciones de Bach, Beethoven, Debussy, Ibert, Mendelssohn, Lalo, Rimski-Korsakov, Respighi, Liszt, Rachmaninov, Stravinski, Toch, Tchaikovski, Verdi
✓ 113. Llegar a ser competente en el uso de un avión, motocicleta, tractor, tabla de surf, rifle, pistola, canoa, microscopio, balón de futbol, balón de baloncesto, arco y flecha, lazo y bumerán
114. Componer música
✓ 115. Tocar *Claro de luna* al piano
✓ 116. Ver la ceremonia de caminata en el fuego (en Bali y Surinam)
✓ 117. 'Ordeñar' una serpiente venenosa (mordido por un crótalo
✓ diamante occidental durante una sesión fotográfica)
118. Encender un fósforo con un rifle 22
✓ 119. Visitar un estudio cinematográfico
✓ 120. Subir a la pirámide de Keops
✓ 121. Ser socio del Club de Exploradores y del Club de Aventureros
✓ 122. Aprender a jugar al polo
✓ 123. Viajar por el Gran Cañón a pie y en bote
✓ 124. Circunnavegar el mundo (cuatro veces)
✓ 125. Visitar la Luna ("algún día, si Dios quiere")
126. Casarse y tener hijos (tiene cinco hijos)
✓ 127. Vivir para ver el siglo XXI (tendrá 75 años)
✓

~John Goddard

¡Ten cuidado, nena! Soy el hombre que te ama

Es mejor estar preparado para una oportunidad y no tenerla que tener una oportunidad y no estar preparado.

~Whitney Young, Jr.

Les Brown y su hermano gemelo fueron adoptados por Mamie Brown, una trabajadora de cocina y sirvienta, poco después de que nacieran en un barrio de Miami asolado por la pobreza.

Debido a su hiperactividad y a su continuo parloteo, Les asistió a clases de educación especial para niños con discapacidad de aprendizaje en la escuela primaria y toda la secundaria. Al graduarse, se convirtió en trabajador del servicio de limpieza municipal en Miami Beach. Pero soñaba con ser *disc jockey*.

Por la noche se llevaba una radio de transistores a la cama donde escuchaba a los DJ locales hablar en su peculiar jerga. Creó una estación de radio imaginaria en su pequeña habitación, que tenía el piso de vinilo rasgado. Un cepillo de pelo le servía de micrófono mientras practicaba su tamborileo y presentaba discos a sus oyentes imaginarios.

Su madre y hermano lo oían a través de las delgadas paredes y le gritaban que se callara y se durmiera. Pero Les no hacía caso. Estaba absorto en su propio mundo, viviendo un sueño. Un día, Les se armó de valor y fue a la emisora de radio local durante el descanso para comer después de cortar el césped. Entró en la oficina del gerente de la estación y le dijo que quería ser *disc jockey*.

El gerente miró a ese joven desaliñado vestido de mono y sombrero de paja y le preguntó:

—¿Tienes alguna experiencia en radiodifusión?

—No, señor —respondió Les.

—Bueno, hijo, me temo que entonces no tenemos trabajo para ti.

Les le dio las gracias cortésmente y se marchó. El gerente de la estación supuso que esa sería la última vez que vería al joven, pero subestimó la profundidad del compromiso que Les Brown tenía con alcanzar su meta. Verán, Les tenía un propósito más elevado que simplemente querer ser *disc jockey*. Quería comprar una casa bonita para su madre adoptiva, a la que quería mucho. El trabajo de *disc jockey* era sólo un paso para alcanzar ese objetivo.

Mamie Brown le había enseñado a Les a perseguir sus sueños, y él estaba seguro de que conseguiría un trabajo en esa radiodifusora a pesar de lo que había dicho el gerente de la estación.

Por consiguiente, Les volvió a la estación todos los días durante una semana a preguntar si había alguna vacante. Finalmente, el gerente de la estación cedió y lo aceptó como recadero, sin cobrar. Al principio, llevaba café o recogía almuerzos y cenas para los DJ que no podían salir del estudio. Con el tiempo, su entusiasmo por su trabajo le ganó la confianza de los *disc jockeys* que lo enviaban en sus Cadillac a recoger a visitantes famosos, como los Temptations y Diana Ross y las Supremes. Ninguno de ellos sabía que el joven Les no tenía licencia de conducir.

Les hacía todo lo que se le pedía en la estación, y más. Mientras pasaba el rato con los DJ, aprendía los movimientos de las manos en el tablero de control. Se quedaba en las salas de control y asimilaba todo lo que podía hasta que le pedían que se fuera. Luego, de vuelta en su habitación por la noche, practicaba y se preparaba para la oportunidad que sabía que se le presentaría.

Un sábado por la tarde, cuando Les se hallaba en la estación, un DJ llamado Rock estaba bebiendo mientras transmitía. Además de Rock, Les era la única persona en el edificio, y se dio cuenta de que Rock estaba bebiendo tanto que se metería en problemas. Les se quedó cerca. Caminaba de un lado a otro frente a la ventana de la cabina de Rock. Mientras daba vueltas, pensaba: "¡Bebe, Rock, bebe!".

Les tenía hambre y estaba listo. Habría salido corriendo a la calle a buscar más alcohol si Rock se lo hubiera pedido. Cuando sonó el teléfono, Les se abalanzó sobre él. Era el gerente de la estación, como él imaginaba.

—Les, habla el señor Klein.

—Sí —respondió Les —. Lo sé.

—Les, no creo que Rock pueda terminar el programa.

—Sí, señor, lo sé.

—¿Podrías llamar a otro de los DJ para que vaya y se haga cargo?

—Sí, señor, por supuesto.

Pero cuando Les colgó el teléfono, se dijo: "Sí, cómo no, estaría loco".

Les tomó el teléfono, pero no para llamar a otro *disc jockey.* Primero llamó a su madre, y luego a su novia.

—¡Salgan al porche y prendan el radio a todo volumen porque estoy a punto de salir al aire! —anunció.

Esperó unos quince minutos antes de llamar al gerente general.

—Señor Klein, no encuentro a nadie —comunicó Les.

Entonces el señor Klein le preguntó:

—Joven, ¿sabes cómo funcionan los controles en el estudio?

—Sí, señor —contestó Les.

Les corrió a la cabina, con suavidad hizo a Rock a un lado y se sentó en la plataforma giratoria. Estaba preparado. Y tenía hambre. Accionó el interruptor del micrófono y empezó: "¡Cuidado! Soy yo, LB, el de la triple P: Les Brown, su papito que pone los discos en el plato. No hubo nadie antes de mí y no habrá nadie después de mí. Por lo tanto, eso me convierte en el único. Joven, soltero y me encanta convivir. Certificado, de buena fe, indudablemente calificado para brindarles satisfacción y mucha acción. ¡Ten cuidado, nena! Soy el hombre que te ama".

Debido a su preparación, Les estaba listo. Impresionó al público y al gerente general. Desde ese comienzo marcado por el destino, Les continuó con una exitosa carrera en radiodifusión, política, oratoria y televisión.

~Jack Canfield

Todos tenemos un sueño

Aprovechar varias oportunidades pequeñas puede llevarnos más rápido a donde queremos, que esperar a que llegue una grande.

~Hugh Allen

Hace algunos años acepté un trabajo en un condado del sur para trabajar con personas que dependían de la asistencia pública. Mi objetivo era demostrar que todos tienen la capacidad de ser autosuficientes y que solo necesitan activarla. Pedí al condado que eligiera a un grupo de personas que vivieran de la asistencia pública, personas de diferentes grupos raciales y tipos de familia. Las vería en grupo durante tres horas todos los viernes. También solicité un pequeño presupuesto para abordar necesidades según fueran surgiendo. Lo primero que dije después de estrecharle la mano a todo el mundo fue:

—Quiero saber cuáles son sus sueños —todos me miraron como si estuviera un poco loca.

—¿Sueños? No tenemos sueños.

—Bueno, cuando eran niños, ¿qué ha pasado? ¿No había algo que querían hacer?

—No sé qué se puede hacer con los sueños —me espetó una mujer—. Las ratas se están comiendo a mis hijos.

—¡Qué terrible! —exclamé—. Entiendo, está muy ocupada con las ratas y sus hijos. ¿Cómo podemos solucionar eso?

—Bueno, me vendría bien una puerta mosquitera nueva porque la que tengo ahora tiene agujeros.

—¿Hay alguien que, por casualidad, sepa arreglar una puerta mosquitera? —pregunté.

Había un hombre en el grupo que dijo:

—Hace mucho tiempo hacía cosas así, pero ahora estoy muy mal de la espalda; lo intentaré.

Le dije que tenía algo de dinero si quería ir a comprar un poco de tela metálica para ir a arreglar la puerta de la señora.

—¿Cree que pueda hacerlo?

—Sí, lo intentaré.

A la semana siguiente, cuando el grupo se reunió, pregunté a la mujer:

—Bueno, ¿ya le arreglaron su puerta mosquitera?

—Ah, sí —respondió.

—Entonces podemos empezar a soñar, ¿no? —esbozó una leve sonrisa. Me volví hacia el hombre que realizó el trabajo y pregunté—: ¿Cómo se siente?

—Bueno, mire, es algo muy gracioso. Empiezo a sentirme mucho mejor.

Eso ayudó al grupo a comenzar a soñar. Estos éxitos, en apariencia pequeños, permitieron al grupo entender que los sueños no eran algo descabellado. Estos pequeños pasos comenzaron a hacer que vislumbraran y creyeran que algo podía ocurrir en realidad.

Empecé a preguntar a otras personas por sus sueños. Una mujer dijo que siempre había querido ser secretaria.

—Bueno, ¿qué se interpone en su camino? —esa es siempre mi siguiente pregunta.

—Tengo seis hijos —repuso ella— y no tengo a nadie que los cuide mientras estoy fuera.

—Vamos a averiguarlo —propuse—. ¿Hay alguien en este grupo que pueda cuidar a seis niños un día o dos por semana mientras esta mujer estudia aquí en el colegio comunitario?

—Yo también tengo hijos, pero podría hacerlo —aceptó una mujer.

—Hagámoslo —dije. Trazamos un plan y la mujer fue a la escuela.

La mujer que acogió a los niños obtuvo la licencia para recibir niños en cuidados tutelares. En doce semanas, logré que todas esas personas dejaran de depender de la asistencia pública. No solo lo he logrado una vez, sino que lo he conseguido en múltiples ocasiones.

~Virginia Satir

20

Caldo de Pollo para el Alma

Sigue tu sueño

No te limites a cumplir las expectativas. Sal y haz algo extraordinario.
~Wendy Wasserstein

Tengo un amigo llamado Monty Roberts que tiene un rancho de caballos en San Ysidro. Me ha permitido usar su casa para organizar eventos de recaudación de fondos para reunir dinero para financiar programas para jóvenes en riesgo.

La última vez que estuve allí me presentó diciendo: "Quiero contarles por qué dejo que Jack use mi casa. Todo se remonta a la historia de un joven que era hijo de un entrenador de caballos itinerante que iba de establo en establo, de hipódromo en hipódromo, de granja en granja y de rancho en rancho, entrenando caballos. Como resultado, la carrera del muchacho en la escuela preparatoria sufría interrupciones continuas. Cuando estaba en el último año, se le pidió que escribiera un ensayo sobre lo que quería ser y hacer cuando fuera mayor.

"Esa noche escribió un ensayo de siete páginas en el que describió su meta de ser dueño algún día de un rancho de caballos. Escribió sobre su sueño con gran detalle e incluso dibujó un diagrama de un rancho de 80 hectáreas, que mostraba la ubicación de todos los edificios, los establos y la pista. Luego dibujó un plano detallado de una casa de 372 metros cuadrados que estaría situada dentro del rancho de ensueño de 80 hectáreas.

Se esforzó mucho en el proyecto y al día siguiente se lo entregó a su maestra. Dos días después ella le devolvió el ensayo. En la primera página había una gran F roja con una nota que decía: 'Nos vemos después de clase'.

"El chico del sueño fue a ver a la maestra después de clase y le preguntó: '¿Por qué me puso F?'

"La maestra respondió: 'Es un sueño poco realista para un muchacho como tú. No tienes dinero. Vienes de una familia itinerante. No tienes recursos. Se necesita mucho dinero para tener un rancho de caballos. Tienes que comprar el terreno y el ganado de cría original y después tienes que pagar cuotas cuantiosas por el uso de sementales. Es imposible que lo logres'. Luego la maestra agregó: 'Si reescribes este ensayo con una meta más realista, reconsideraré tu calificación'.

"El chico se fue a casa y lo pensó largo y tendido. Le preguntó a su padre qué debía hacer. Su padre aconsejó: 'Mira, hijo, eso tienes que decidirlo tú. Sin embargo, creo que es una decisión muy importante para ti'. Finalmente, después de pensarlo durante una semana, el muchacho entregó el mismo ensayo, sin hacer ningún cambio. Dijo: 'Puede quedarse con la F, yo me quedo con mi sueño'".

Entonces Monty se volvió al grupo reunido y añadió: "Les cuento esta historia porque están sentados en mi casa de 372 metros cuadrados en medio de mi rancho de caballos de 80 hectáreas. Todavía tengo ese ensayo de la escuela enmarcado sobre la chimenea". Y continuó: "La mejor parte de la historia es que hace dos veranos la misma maestra trajo a treinta niños a acampar en mi rancho una semana. Cuando la maestra se iba, comentó: 'Mira, Monty, ahora puedo decirte esto. Cuando te daba clases, era una especie de ladrona de sueños. Durante esos años robé los sueños de muchos niños. Por fortuna, tuviste suficientes agallas para no abandonar el tuyo'".

No dejes que nadie te arrebate tus sueños. Sigue a tu corazón, pase lo que pase.

~Jack Canfield

Caldo de Pollo para el Alma 20

La caja

La oportunidad es como un desfile. Justo cuando una oportunidad pasa, la siguiente se anuncia con el sonido lejano de un pífano y un tambor.
~Robert Brault

Cuando estaba en el último año de la universidad, llegué a casa a pasar las vacaciones de Navidad y preveía una quincena llena de diversión con mis dos hermanos. Estábamos tan emocionados de estar juntos, que nos ofrecimos a cuidar la tienda para que mi madre y mi padre pudieran tomarse su primer día libre en años. El día anterior a que mis padres se fueran a Boston, mi padre me llevó discretamente a la pequeña covacha detrás de la tienda. La habitación era tan pequeña que sólo contenía un piano y un sofá cama. De hecho, al sacar la cama, esta llenaba la habitación y uno podía sentarse al pie de ella a tocar el piano. Mi padre buscó detrás del viejo piano vertical y sacó una caja de cigarros. La abrió y me mostró un montón de artículos de periódico. Había leído tantas historias de detectives de Nancy Drew que estaba emocionada y con los ojos muy abiertos por la caja oculta de recortes.

—¿Qué son? —pregunté.

—Son artículos que he escrito y algunas cartas a los lectores que han sido publicadas —respondió mi padre con seriedad. Cuando empecé a leer, vi en la parte inferior de cada artículo recortado con esmero el nombre de Walter Chapman.

—¿Por qué no me habías contado esto? —pregunté.

—Porque no quería que tu madre lo supiera. Siempre me ha dicho que como no tuve muchos estudios, no debería intentar escribir. También quería postularme para un cargo político, pero ella me dijo que no debía intentarlo. Supongo que tenía miedo de que la avergonzara si perdía. Sólo quería intentarlo por diversión. Pensé que podría escribir sin que ella se enterara, y así lo hice. Cuando se imprimía cada artículo, lo recortaba y lo escondía en esta caja. Sabía que algún día le mostraría la caja a alguien, y ese alguien eres tú.

Me observó mientras leía algunos de los artículos y cuando levanté la vista, sus grandes ojos azules estaban húmedos.

—Supongo que esta última vez traté de hacer algo demasiado grande —añadió.

—¿Escribiste algo más?

—Sí, envié algunas sugerencias a la revista de nuestra iglesia sobre cómo se podría seleccionar más justamente el comité nacional de nominación. Han pasado tres meses desde que las envié. Supongo que intenté algo demasiado grande.

Este era un lado tan nuevo de mi padre, amante de la diversión, que yo no sabía muy bien qué decir.

—Tal vez todavía llegue algo —atiné a decir.

—Tal vez, pero no te hagas ilusiones —mi padre esbozó una sonrisa y me guiñó el ojo; luego cerró la caja de cigarros y la guardó en el espacio detrás del piano.

A la mañana siguiente, nuestros padres se fueron en autobús a Haverhill Depot, donde tomaron un tren a Boston. Jim, Ron y yo manejamos la tienda y pensé en la caja. No sabía que a mi padre le gustaba escribir. No se lo dije a mis hermanos; era un secreto entre mi padre y yo. El misterio de la caja escondida.

Esa noche, temprano, miré por el escaparate de la tienda y vi a mi madre bajarse del autobús, sola. Cruzó la plaza y caminó con paso enérgico hacia la tienda.

—¿Dónde está papá? —preguntamos al unísono.

—Vuestro padre está muerto —respondió sin una lágrima.

Incrédulos, la seguimos hasta la cocina, donde nos contó que habían estado caminando por la estación del metro de Park Street en medio de una multitud cuando mi padre cayó al suelo. Una enfermera se inclinó sobre él, miró a mi madre y dijo simplemente: "Está muerto".

Mi madre se quedó a su lado, aturdida, sin saber qué hacer mientras la gente se tropezaba con él en su prisa por alcanzar el metro. Un sacerdote dijo: "Llamaré a la policía", y desapareció. Mi madre estuvo a horcajadas sobre el cuerpo de mi padre durante una hora. Por fin llegó una ambulancia y los llevó a ambos al depósito de cadáveres, donde mi madre tuvo que revisarle los bolsillos y quitarle el reloj. Volvió sola en el tren y luego tomó el autobús local a casa. Nos contó la espantosa historia sin derramar una sola lágrima. No mostrar emoción siempre había sido una cuestión de disciplina y orgullo para ella. Tampoco lloramos y nos turnamos para atender a los clientes.

—¿Dónde está el viejo esta noche? —preguntó un cliente asiduo.

—Está muerto —contesté.

—Ah, qué pena —y se marchó.

No lo veía como un viejo, y me molestó la pregunta, pero él tenía 70 años y mi madre sólo 60. Siempre había estado sano y feliz, y había cuidado de nuestra frágil madre sin quejarse y ahora se había ido. No más silbidos, no más cantos de himnos mientras llenaban los estantes. El "viejo" se había ido.

La mañana del funeral, me senté a la mesa en la tienda y empecé a abrir las tarjetas de pésame y a pegarlas en un álbum de recortes cuando vi la revista de la iglesia en la pila. Normalmente, nunca habría abierto lo que yo consideraba una publicación religiosa aburrida, pero tal vez ese artículo sagrado podía estar allí, y así fue.

Llevé la revista a la pequeña covacha, cerré la puerta y rompí a llorar. Había sido valiente, pero ver impresas las audaces recomendaciones de papá a la convención nacional fue más de lo que podía soportar. Leí, lloré y volví a leer. Saqué la caja de detrás del piano y, debajo de los recortes, encontré una carta de dos páginas dirigida a mi padre de Henry Cabot Lodge, Sr., agradeciéndole sus sugerencias de campaña.

No le conté a nadie lo de la caja. Siguió siendo un secreto.

~Florence Littauer

Aliento

Nunca es demasiado tarde para ser quien podrías haber sido.
~George Eliot

Algunos de los casos de éxito más grandes de la historia se han dado después de una palabra de aliento o un acto de confianza de un ser querido o un amigo leal. Si no hubiera sido por una esposa segura de sí misma, Sofía, no habríamos podido incluir entre los grandes nombres de la literatura el de Nathaniel Hawthorne. Cuando Nathaniel, un hombre abatido, fue a casa a decirle a su esposa que era un fracasado y que lo habían despedido de su trabajo en una aduana, ella lo sorprendió con una exclamación de alegría.

—¡Vaya! —exclamó con tono triunfal—, ¡ahora puedes escribir tu libro!

—Sí —respondió el hombre, con la confianza perdida—, ¿y de qué viviremos mientras lo escribo?

Para su sorpresa, ella abrió un cajón y sacó una cantidad considerable de dinero.

—¿De dónde sacaste eso? —preguntó, incrédulo.

—Siempre supe que eras un hombre genial —contestó ella—. Sabía que algún día escribirías una obra maestra. Por eso, cada semana con el dinero que me dabas para los gastos de la casa, ahorraba un poco. Esto es suficiente para que nos dure un año entero.

De su confianza surgió una de las más grandes novelas de la literatura estadunidense, *La letra escarlata*.

~Nido Qubein

Caldo de Pollo para el Alma 20

Walt Jones

La gran pregunta es si serás capaz de aceptar con entusiasmo tu aventura.
~Joseph Campbell

Nadie encarna mejor el hecho de que el éxito es un viaje y no un destino que los muchos "seres humanos en desarrollo", verdes y en crecimiento, que no permiten que la edad sea un factor de disuasión para el logro. Florence Brooks se unió al Cuerpo de Paz cuando tenía 64 años. Gladys Clappison vivía en la residencia estudiantil de la Universidad de Iowa donde trabajaba en su doctorado en historia a la edad de 82 años. Otro ejemplo es Ed Stitt, que, a la edad de 87 años, estudió una carrera en una institución comunitaria de educación superior en Nueva Jersey. Ed decía que esto le impidió contraer la "enfermedad de los viejos" y mantenía su cerebro activo.

Probablemente nadie ha cautivado más mi imaginación a lo largo de los años que Walt Jones de Tacoma, Washington. Walt sobrevivió a su tercera esposa, con quien estuvo casado 52 años. Cuando ella murió, alguien le dijo a Walt que debía de ser triste perder a una amiga de tanto tiempo.

—Bueno, por supuesto que sí, pero puede que haya sido lo mejor —fue su respuesta.

—¿Por qué dices eso?

—No quiero ser negativo ni decir nada que difame su maravilloso carácter, pero en la última década se fue apagando.

Cuando le pidieron que se explicara, añadió:

—Nunca quiso hacer nada, sólo se convirtió en una especie de palo enterrado en el barro. Hace diez años, cuando tenía 94 años, le dije a mi esposa que no habíamos visto nada aparte de la hermosa región noroeste del Pacífico. Me preguntó qué tenía en mente y le dije que estaba pensando en comprar una casa rodante y que tal vez podríamos visitar los cuarenta y ocho estados contiguos. '¿Qué opinas?'

"Me respondió: 'Creo que estás loco, Walt' '¿Por qué dices eso?', le pregunté. 'Nos asaltarán en la carretera. Moriremos y no habría funeraria'. Entonces me preguntó: '¿Quién va a conducir, Walter?' y le dije: 'Yo, cariño'. '¡Nos vas a matar!', respondió ella.

"Me gustaría dejar huellas de mis pisadas en las arenas del tiempo antes de irme, pero eso es imposible si uno siempre está sentado sobre su trasero..., a menos que la intención sea dejar huellas de tu trasero en las arenas del tiempo".

—Y ahora que se ha ido, Walt, ¿qué quieres hacer?

—¿Que qué quiero hacer? Enterré a mi mujer y me compré una casa rodante. Estamos en 1976, y tengo la intención de visitar los cuarenta y ocho estados para celebrar nuestro bicentenario.

Walt llegó a 43 de los estados ese año vendiendo curiosidades y recuerdos. Cuando se le preguntó si alguna vez había recogido a autostopistas, respondió: "De ninguna manera. Muchos de ellos están dispuestos a darte un mazazo en la cabeza por cuatro centavos o a demandarte por una lesión cervical si tienes un accidente.

Walt llevaba sólo unos pocos meses con su casa rodante y su esposa llevaba seis meses enterrada cuando lo vieron conduciendo por la calle con una mujer de 62 años bastante atractiva a su lado.

—¿Walt? —le preguntaron.

—Sí —contestó.

—¿Quién era la mujer que iba sentada a tu lado? ¿Quién es tu nueva amiga, Walt?

A lo que él respondió:

—Sí, lo es.

—¿Sí es qué?

—Sí es mi amiga.

—¿Tu amiga? Walt, te has casado tres veces, tienes 104 años. Esta mujer debe de ser cuatro décadas más joven que tú.

—Bueno —respondió—, no tardé en descubrir que un hombre no puede vivir solo en una casa rodante.

—Lo entiendo, Walt. Probablemente extrañas tener a alguien con quien hablar después de haber tenido una compañera todos estos años.

Sin dudarlo, Walt respondió:

—¿Sabes?, también extraño eso.

—¿También? ¿Insinúas que tienes un interés romántico?

—Es posible que sí.

—¡Walt...!

—¿Qué? —preguntó.

—Llega un momento en la vida de una persona en el que uno deja de hacer esas cosas.

—¿Te refieres al sexo? —inquirió.

—Sí.

—¿Por qué? —preguntó.

—Bueno, porque ese tipo de esfuerzo físico podría ser peligroso para la salud de esa persona.

Walt reflexionó en la pregunta.

—Bueno, si se muere, se muere y ya.

En 1978, con una inflación de dos dígitos que se disparó en nuestro país, Walt fue uno de los principales inversionistas en la construcción de un condominio. Cuando se le preguntó por qué sacaba su dinero de una cuenta bancaria segura y lo invertía en un condominio, respondió: "¿No te has enterado? Son tiempos de inflación. Hay que invertir en bienes inmobiliarios para que se aprecien y puedas disponer de tus recursos en años posteriores, cuando realmente lo necesites". Eso se llama pensamiento positivo.

En 1980, vendió una gran parte de sus bienes en y alrededor del condado de Pierce, Washington. Mucha gente pensó que Walt se estaba muriendo. Reunió a sus amigos y se apresuró a aclarar que no se iba a morir, sino que había vendido sus bienes para tener dinero disponible. "Di un pequeño enganche y firmé un contrato a treinta años. Me darán cuatro mil dólares al mes hasta que cumpla los 138.

Celebró su cumpleaños 110 en el programa de televisión de Johnny Carson. Salió deslumbrante con su barba blanca y su sombrero negro; se parecía un poco al difunto coronel Sanders.

—Me da gusto tenerte aquí, Walt —saludó Johnny.

—Te da gusto estar en cualquier lugar a los 110, Johnny.

—¿110?

—110.

—¿1-1-0?

—¿Qué pasa, Carson, estás sordo? Eso fue lo que dije. Eso es lo que tengo. ¿Cuál es el problema?

—Lo que pasa es que estás a tres días de tener el doble de edad que yo.

Es notable, ¿verdad? Ciento diez años de edad; un ser humano en desarrollo, verde y en crecimiento. Walt retomó la introducción y rápidamente reviró a Johnny.

—¿Cuántos años tendrías si no supieras la fecha en que naciste y no hubiera un maldito calendario para deprimirte un poco una vez al año? ¿Alguna vez has oído hablar de personas que se deprimen a causa de una fecha en el calendario? ¡Ay, Dios mío, ya he cumplido 30 años! Estoy muy deprimido, ya ha pasado mi mejor época y de aquí en adelante todo es cuesta abajo. Ay, no, he llegado a los 40 años. Todos en mi equipo de trabajo se vistieron de negro y enviaron una carroza fúnebre a recogerme. Ay, no, tengo 50 años. Tengo medio siglo. Me enviaron rosas muertas con telarañas. Johnny, ¿quién dice que debes darte la vuelta y morir a los 65 años? Tengo amigos que han prosperado más después de cumplir 75 años que antes. Y como resultado de una pequeña inversión en condominios que hice hace algunos años, he ganado más dinero que nunca a partir de que cumplí 105 años. ¿Puedo darte mi definición de depresión, Johnny?

—Adelante, por favor.

—Perderme un cumpleaños.

Que la historia de Walt Jones nos inspire a todos a seguir siendo verdes y creciendo cada día de nuestras vidas.

~Bob Moawad

20

¿Tienes la fuerza suficiente para manejar las críticas?

Nadie puede hacerte sentir inferior sin tu consentimiento.
~Eleanor Roosevelt

No es el crítico el que cuenta; ni aquel que señala al fuerte que tropieza, o indica dónde el autor de los hechos pudo haberlo hecho mejor. El mérito es del hombre que está en la arena, con el rostro manchado de polvo, sudor y sangre; que lucha valientemente; que se equivoca, que da un traspiés tras otro, porque no hay esfuerzo sin error ni defecto; que conoce las grandes devociones y se entrega a una causa digna; quien, en el mejor de los casos, encuentra al final el triunfo inherente al logro grandioso, y quien, en el peor de los casos, si fracasa, al menos fracasa atreviéndose a lo grande, de manera que su lugar jamás estará entre aquellas almas frías y tímidas que no conocen ni la victoria ni la derrota.

~Theodore Roosevelt

Riesgo

Si no te arriesgas, habrás desperdiciado tu alma.
~Drew Barrymore

Dos semillas yacían una al lado de la otra en el fértil suelo primaveral. La primera semilla dijo: "¡Quiero crecer! Quiero que mis raíces lleguen a lo más profundo de la tierra, y que mis brotes atraviesen la corteza de la tierra por encima de mí. Quiero desplegar mis tiernos capullos como estandartes para anunciar la llegada de la primavera. Quiero sentir el calor del sol en la cara y la bendición del rocío matutino en mis pétalos".

Y así fue como creció.

La segunda semilla dijo: "Tengo miedo. Si mis raíces llegan al subsuelo, no sé qué encontraré en la oscuridad. Si me abro camino y atravieso la tierra dura que hay por encima de mí, puedo dañar mis delicados brotes. ¿Y si dejo que mis capullos se abran y un caracol trata de comérselos? Y si mis flores se abrieran, un niño pequeño podría arrancarlas de la tierra. No, es mucho mejor que espere hasta que sea seguro".

Y así pues, esperó.

Una gallina de corral que picoteaba en la tierra a principios de la primavera en busca de alimento encontró la semilla que esperaba y se la comió sin tardanza.

MORALEJA DE LA HISTORIA
A quienes nos negamos a arriesgarnos y crecer, la vida nos devora.

~Patty Hansen

Prueba algo diferente

Cae siete veces, levántate ocho.
~Proverbio japonés

Cuando leímos por primera vez la siguiente historia, acabábamos de empezar a impartir un curso llamado "El foro del millón de dólares", un curso diseñado para enseñar a la gente a percibir cada vez más ingresos hasta llegar a niveles de un millón de dólares al año o más. Desde el principio descubrimos que la gente se queda estancada en la rutina de esforzarse más sin intentarlo de forma más inteligente. Esforzarse más no siempre funciona. A veces necesitamos hacer algo radicalmente diferente para lograr mayores niveles de éxito. Necesitamos salir de nuestras prisiones paradigmáticas, de nuestros patrones de hábitos y de nuestras zonas de confort.

•

Estoy sentado en una habitación tranquila en el Milcroft Inn, un pequeño y tranquilo lugar escondido entre los pinos a una hora de Toronto. Es poco después del mediodía, a finales de julio, y oigo los sonidos desesperados de una lucha entre la vida y la muerte que tiene lugar a pocos metros de distancia.

Una pequeña mosca está quemando lo último que le queda de energía en su corta vida en un intento inútil de volar a través del cristal de la ventana. Sus alas lastimadas cuentan la conmovedora historia de su estrategia: *esforzarse más*.

Sin embargo, no está funcionando.

El esfuerzo desesperado no ofrece ninguna esperanza de supervivencia. Irónicamente, la lucha es parte de la trampa. Es imposible que la mosca consiga atravesar el cristal por más que se esfuerce. Sin embargo, este pequeño insecto ha apostado su vida en alcanzar su objetivo a base de puro esfuerzo y determinación.

Esta mosca está condenada. Morirá ahí, en el alféizar de la ventana.

Al otro lado de la habitación, a diez pasos, la puerta está abierta. Diez segundos de vuelo y esta pequeña criatura podría llegar al mundo exterior que busca. Con sólo una fracción del esfuerzo que ahora desperdicia, podría liberarse de esta trampa autoimpuesta. La posibilidad de un gran avance está ahí. Sería muy fácil.

¿Por qué la mosca no prueba otra estrategia, algo radicalmente diferente? ¿Por qué se aferra a la idea de que esta ruta en particular y el esfuerzo decidido ofrecen la mayor promesa de éxito? ¿Qué lógica hay en continuar buscando hasta la muerte un avance con más de lo mismo?

Sin duda, este método tiene sentido para la mosca. Lamentablemente, es una idea que la matará.

Esforzarse más no es necesariamente la solución para lograr más. Puede que no ofrezca ninguna promesa real para obtener lo que uno quiere en la vida. A veces, de hecho, es una gran parte del problema. Si depositas tus esperanzas de lograr un gran avance en esforzarte más que nunca, puedes matar tus posibilidades de éxito.

~Price Pritchett

Servicio con una sonrisa

La verdad conlleva una gran medida de absolución, siempre.
~R. D. Laing

Un hombre escribió una carta a un pequeño hotel en un pueblo del medio oeste que planeaba visitar en sus vacaciones. Escribió:

> Me gustaría mucho llevar a mi perro. Está muy bien cuidado y se comporta muy bien. ¿Estarían dispuestos a permitirme que se quedara conmigo en mi habitación durante la noche?

Una respuesta inmediata vino del dueño del hotel, que dijo:

> Tengo este hotel desde hace muchos años. En todo ese tiempo, nunca he tenido un perro que robara toallas, ropa de cama, cubiertos o cuadros de las paredes.
>
> Nunca he tenido que echar a un perro en medio de la noche por borracho y desordenado. Además, nunca he tenido un perro que se haya escapado para no pagar la cuenta de hotel.
>
> Sí, no faltaría más, su perro es bienvenido en mi hotel. Y, si su perro responde por usted, usted también puede quedarse aquí.

~Karl Albrecht y Ron Zenke
Service America

Capítulo
6

Caldo de Pollo para el Alma

Superar obstáculos

Los obstáculos son esas cosas espantosas que ves cuando pierdes de vista tu objetivo.

~Henry Ford

La página en blanco

Sé paciente y resiste; este dolor te va a servir un día.
~Ovidio

Cuando haces una observación, tienes una obligación. Este es el principio con el que trato de guiar mi vida. Es el mantra que me llevó de la zona rural de Pennsylvania a impartir un taller de escritura creativa en la cárcel, la penitenciaría.

Cuando llegué a la cárcel, una mole gris de hormigón con alambre de púas, llovía suavemente como en una película antigua. Recordé que una sola página en blanco había transformado mi vida. Recordé cuando me presenté en Crefeld, una escuela alternativa en Filadelfia, como un adolescente con problemas que había sido expulsado de todas las demás escuelas. Recordé que Stacey, la profesora de inglés, me dio una hoja en blanco y me dijo, simplemente: "Escribe".

—¿Escribir qué? —le pregunté.

La respuesta de Stacey: "lo que quieras" cambió mi vida.

Miré fijamente la página en blanco, un océano de blanco resplandeciente de posibilidades. Su vacío me suplicó que contara una historia, me retó a compartir la mía.

Pero no pude. Me quedé paralizado, invadido de terror e incomodidad. Había cosas que quería decir, pero no podía empezar; mis palabras estaban atrapadas como agua debajo de un bloque de hielo. La distancia entre mi mente y la página podría medirse en años luz.

—Es como si hubiera una pared —me quejé.

—Cada pared es una puerta —contestó Stacey—. No hace falta ser grandioso para empezar, pero hay que empezar a ser grandioso —Stacey transformó su observación de mí en una obligación para mí.

Finalmente tomé el bolígrafo. Mi mano se estremecía y temblaba como si estuviera helada. Entonces caí en la cuenta: había un silencio más fuerte que toda la música que había escuchado. Respiré profundamente, como si acabara de salir de debajo del agua.

Miré tan hondo en la página que me vi a mí mismo. Entonces sentí algo que nunca había sentido: propósito. Me di cuenta de que yo era la página en blanco, que todos somos páginas en blanco.

La página en blanco fue el punto de partida que despertó mi propósito y me ayudó a convertirme de delincuente juvenil en escritor galardonado, cineasta y profesor. Tenía la esperanza de compartir el poder y la posibilidad de la escritura creativa con los presos. Recordé las palabras de mi mentora, Maya Angelou: "Cuando recibas, da. Cuando aprendas, enseña".

Dentro me reuní con un grupo desafiante de reclusos, todos jóvenes, todos empeñados en no dejarse quebrantar. Después del taller, me llevaron a visitar el pabellón donde pasaban la mayor parte de sus días y noches. Al salir, me di cuenta de que Jordan, un participante del taller que sufría de bloqueo del escritor, estaba en la única celda cuya cama no tenía colchón.

—¿No tienes colchón? —le pregunté, perplejo.

—Sí, pero no duermo en él —respondió.

—¿Sobre qué duermes? —inquirí con curiosidad.

—Sobre el suelo duro, el armazón de acero, en cualquier parte menos en esto —afirmó mientras se encorvaba debajo de la litera y mostraba un colchón endeble—. Mira —continuó mientras volvía a ocultar el catre—, no puedo dormir en eso. Es demasiado cómodo y no confío en el confort en un lugar como este.

Para Jordan, ciertas comodidades lo volvían insensible a la áspera realidad de dónde estaba. Usaba su incomodidad para que le recordara dónde estaba y a dónde quería ir. Recordé mi incomodidad inicial con la página en blanco, mi bloqueo del escritor, y pensé en dónde me hallaba en ese momento. Luego pensé en las luchas de Jordan, tanto con la página como fuera de ella, y cómo, gracias a la incomodidad, es posible un crecimiento formidable.

Cuando haces una observación, tienes una obligación.

Antes de irme, le di a Jordan una página en blanco.

~MK Asante

Obstáculos

Dondequiera que haya un ser humano, existe una oportunidad para la bondad.

~Séneca

Los que vivimos en los campos de concentración recordamos a los hombres que iban de barraca en barraca consolando a los demás y les regalaban su último trozo de pan. Puede que hayan sido pocos en cantidad, pero ofrecen prueba fehaciente de que se le puede quitar todo a un hombre excepto una cosa: la última de sus libertades: elegir la actitud que tomará ante cualquier circunstancia dada, elegir su propio camino.

~Viktor E. Frankl
El hombre en busca de sentido

Toma esto en consideración

Para cambiar tu vida: empieza de inmediato. Hazlo extravagantemente. Sin excepciones.

~William James

Toma esto en consideración:

- Después de la primera prueba cinematográfica de Fred Astaire, el memorándum del director de ensayos de MGM, fechado en 1933, decía: "¡No sabe actuar! ¡Ligeramente calvo! ¡Puede bailar un poco!". Astaire conservó ese memorándum sobre la chimenea de su casa de Beverly Hills.
- Un experto dijo de Vince Lombardi: "Tiene pocos conocimientos de futbol. Carece de motivación".
- A Sócrates se le tachó de "corruptor inmoral de la juventud".
- Cuando Peter J. Daniel estaba en cuarto grado, su maestra, la señorita Phillips, decía constantemente: "Peter J. Daniel, no sirves para nada, eres una manzana podrida y nunca llegarás a nada". Peter fue prácticamente analfabeto hasta los 26 años. Un amigo se quedó con él toda la noche y le leyó un ejemplar de *Think and Grow Rich* (Piensa y hazte rico). Ahora es dueño de los negocios en las esquinas donde solía pelear y acaba de publicar su último libro: *Miss Phillips, You Were Wrong!* (Miss Phillips, ¡se equivocó!).
- La familia de Louisa May Alcott, autora de *Mujercitas*, quería que buscara trabajo como sirvienta o costurera.
- Beethoven manejaba el violín con torpeza y prefería centrarse en crear sus propias composiciones en lugar de mejorar su técnica. Su maestro pensaba que, como compositor, era una nulidad.

- Los padres del famoso cantante de ópera Enrico Caruso querían que fuera ingeniero. Su maestro opinaba que no tenía voz y que no podía cantar.
- Charles Darwin, padre de la teoría de la evolución, abandonó la carrera de medicina y su padre lo amonestó: "No te preocupas más que por disparar, los perros y cazar ratas". En su autobiografía, Darwin escribió: "Mis maestros y mi padre me consideraban por debajo de lo común en cuanto a intelecto".
- Walt Disney fue despedido por un editor de periódico por falta de ideas. Walt Disney también se declaró en quiebra antes de construir Disneylandia.
- Los profesores de Thomas Edison dijeron que era demasiado estúpido para aprender algo.
- Albert Einstein no habló sino hasta que tenía cuatro años y no aprendió a leer hasta los siete. Su maestro lo describió como "mentalmente lento, insociable y perdido irremediablemente en sus sueños tontos". Fue expulsado y se le negó la admisión en la Escuela Politécnica de Zúrich.
- Louis Pasteur fue un alumno mediocre en sus estudios de licenciatura y ocupó el puesto 15 de 22 en química.
- A Isaac Newton le fue muy mal en la escuela primaria.
- El padre del escultor Rodin dijo: "Tengo por hijo a un idiota". Descrito como el peor alumno de la escuela, Rodin fracasó tres veces en su intento de conseguir que lo admitieran en la escuela de arte. Su tío lo llamó incapaz de ser educado.
- León Tolstói, autor de *Guerra y paz*, fue suspendido y forzado a abandonar la universidad. Se le describió como "incapaz y poco dispuesto a aprender".
- El dramaturgo Tennessee Williams se enfureció cuando su obra *Yo, Vasha* no fue elegida en un concurso de la Universidad de Washington, donde se inscribió en la asignatura de Inglés XVI. La maestra recordó que Williams cuestionó las decisiones de los jueces y su inteligencia.
- Los empleadores de F. W. Woolworth en la tienda de productos secos dijeron que no tenía suficiente sentido común para atender a los clientes.
- Henry Ford fracasó y se declaró en quiebra cinco veces antes de triunfar finalmente.
- Babe Ruth, considerado por los historiadores del deporte como el mejor atleta de todos los tiempos, destacó en el beisbol por

establecer el récord de jonrones; también ostenta el récord de ponchados en este deporte.

- Winston Churchill suspendió sexto grado. No se convirtió en primer ministro de Inglaterra hasta los 66 años, y sólo después de toda una vida de derrotas y reveses. Sus mayores contribuciones llegaron cuando era un 'anciano'.
- Dieciocho editores rechazaron la historia de diez mil palabras de Richard Bach sobre una gaviota "que volaba muy alto", *Jonathan Livingston Seagull*, antes de que Macmillan la publicara finalmente en 1970. En 1975 había vendido más de 7 millones de ejemplares sólo en Estados Unidos.
- Richard Hooker trabajó siete años en su novela humorística de guerra, M*A*S*H, sólo para que fuera rechazada por más de una docena de editores antes de que Morrow decidiera publicarla. Se convirtió en un *best seller* fenomenal y dio origen a una película muy taquillera y a una serie de televisión de gran éxito.

~Jack Canfield y Mark Victor Hansen

20

John Corcoran, el hombre que no sabía leer

Para los analfabetos una A es sólo tres palitos.
~A. A. Milne

Desde que John Corcoran tenía memoria, las palabras se burlaban de él. Las letras de las frases intercambiaban lugares, los sonidos de las vocales se perdían en los túneles de los oídos. En la escuela se sentaba en su mesa, sin entender y silencioso como una piedra, sabiendo que sería diferente de todos los demás para siempre. Si tan sólo alguien se hubiera sentado al lado de ese pequeño, le hubiera pasado un brazo por el hombro y le hubiera dicho: "Te ayudaré. No tengas miedo".

Pero nadie había oído hablar de la dislexia todavía y John no podía decirles que el lado izquierdo de su cerebro, el lóbulo que los seres humanos usan para organizar los símbolos lógicamente en una secuencia, siempre había fallado.

En segundo grado lo pusieron en la fila de los "tontos". En tercer grado, una monja daba una vara a los otros niños cuando John se negaba a leer o escribir y les permitía azotarlo en las piernas. En cuarto grado, su maestra le pidió que leyera y dejó que un minuto de silencio se apilara sobre otro hasta que el niño pensó que se iba a asfixiar. Luego pasó al siguiente grado y al siguiente. John Corcoran nunca suspendió un año en su vida.

En su último año, John fue elegido rey del baile de inauguración de cursos, salió con la mejor alumna de la generación y formó parte del equipo de baloncesto. Su madre lo besó cuando se graduó e insistió en hablar de la universidad. ¿Universidad? Sería una locura siquiera pensar en eso. Pero finalmente se decidió por la Universidad de Texas en El Paso, donde podría hacer las pruebas para entrar en el equipo de baloncesto. Respiró hondo, cerró los ojos... y cruzó las líneas enemigas.

En el recinto universitario John le preguntaba a cada nuevo amigo: ¿qué maestros ponían exámenes de ensayo? ¿Cuáles de opción múltiple? En el momento en que salía de una clase, arrancaba las páginas llenas de garabatos de su cuaderno, en caso de que alguien pidiera ver sus notas. Miraba los libros gruesos por la noche para que su compañero de cuarto no dudara. Y yacía en la cama, exhausto, pero sin poder dormir, incapaz de lograr que su mente confundida se despejara. John prometió que iría a misa treinta días al amanecer si Dios le concedía obtener su título.

Obtuvo el diploma. Le dio a Dios sus treinta días de misa. ¿Y ahora qué? Tal vez era adicto a las emociones fuertes. Tal vez lo que le causaba más inseguridad (su mente) era lo que más necesitaba que admiraran. Tal vez por eso, en 1961, John se convirtió en maestro.

John daba clases en California. Cada día un estudiante leía el libro de texto a la clase. Ponía exámenes estandarizados que podía calificar colocando un formulario con agujeros sobre cada respuesta correcta y se quedaba acostado durante horas los fines de semana por la mañana, sintiéndose deprimido.

Luego conoció a Kathy, una estudiante sobresaliente y enfermera. No una hoja temblorosa, como John. Una roca.

—Hay algo que tengo que decirte, Kathy —reveló una noche de 1965 antes de que se casaran—. Yo... no sé leer.

"Es maestro", pensó ella. Debe querer decir que no sabe leer bien. Kathy no lo entendió sino hasta años después cuando se dio cuenta de que John no podía leerle un libro infantil a su hija de 18 meses.

Kathy llenaba sus formularios, leía y escribía sus cartas. ¿Por qué no simplemente le pedía que le enseñara a leer y escribir? No creía que nadie pudiera enseñarle.

A la edad de 28 años John pidió un préstamo de 2.500, compró una segunda casa, la arregló y la alquiló. Compró y alquiló otra. Y otra. Su negocio creció cada vez más hasta que necesitó una secretaria, un abogado y un socio.

Entonces un día su contador le dijo que era millonario. Perfecto. ¿Quién se fijaría en un millonario que siempre tiraba de las puertas que decían EMPUJE o se detenía antes de entrar en los baños públicos, esperando a ver de cuál de ellos salían los hombres?

En 1982 las cosas empezaron a ir mal. Sus inmuebles empezaron a estar vacíos y los inversionistas se retiraron. Le llovían amenazas de ejecuciones hipotecarias y demandas. Se pasaba los días enteros suplicando a los banqueros que le concedieran prórrogas para pagar sus préstamos, persuadiendo a los constructores de que siguieran trabajando, tratando de encontrarle sentido a la pirámide de papel. Pronto entendió que lo llamarían al estrado y el hombre de la túnica negra le preguntaría: "La verdad, John Corcoran. ¿Ni siquiera sabes leer?".

Finalmente, en el otoño de 1986, a la edad de 48 años, John hizo dos cosas que juró que nunca haría. Ofreció su casa como garantía para obtener un último préstamo de construcción y entró en la biblioteca de la ciudad de Carlsbad y le dijo a la mujer a cargo del programa de tutores: "No sé leer".

Rompió a llorar.

Lo asignaron a la clase de una abuela de 65 años llamada Eleanor Condit. Con mucho esfuerzo, letra por letra, fonéticamente, ella empezó a enseñarle. En 14 meses su empresa inmobiliaria comenzó a revivir y John Corcoran aprendió a leer.

El siguiente paso fue una confesión: un discurso ante 200 empresarios perplejos en San Diego. Para sanar tenía que confesar. Fue nombrado miembro de la junta directiva del Consejo de Alfabetización de San Diego y comenzó a viajar por todo el país para dar discursos.

—¡El analfabetismo es una forma de esclavitud! —clamaba—. No podemos perder el tiempo en culpar a nadie. ¡Debemos obsesionarnos con enseñar a la gente a leer!

Leía cada libro o revista que podía conseguir, cada señal de tráfico que pasaba, en voz alta, siempre y cuando Kathy pudiera soportarlo. Era glorioso, como cantar. Además, ahora podía dormir.

Entonces un día se le ocurrió: había algo más que finalmente podía hacer. Sí, esa caja polvorienta de su oficina, ese montón de papeles atados con cinta... Un cuarto de siglo después, John Corcoran podía leer las cartas de amor de su esposa.

~Gary Smith

Abraham Lincoln no se dio por vencido

El sentido de la obligación de continuar está presente en todos nosotros. El deber de esforzarse es el deber de todos nosotros. Sentí la llamada a cumplir con ese deber.

~Abraham Lincoln

Probablemente el mayor ejemplo de persistencia es el de Abraham Lincoln. Si quieres saber de alguien que nunca se dio por vencido, no busques más.

Lincoln nació en la pobreza y se enfrentó a la derrota a lo largo de su vida. Perdió ocho elecciones, fracasó dos veces en los negocios y sufrió un colapso nervioso.

Pudo haberse dado por vencido muchas veces, pero no lo hizo y, gracias a eso, se convirtió en uno de los más grandes presidentes de la historia de Estados Unidos.

Lincoln fue un campeón y nunca se rindió. He aquí un resumen del camino de Lincoln a la Casa Blanca: desde su humilde infancia hasta su ascenso a lo más alto en la política:

1816 Su familia fue expulsada de su casa. Tuvo que trabajar para mantenerlos.
1818 Su madre murió.
1831 Fracasó en los negocios.
1832 Se postuló para la legislatura estatal y perdió.
1832 También perdió su trabajo; quería ir a la escuela de derecho, pero no pudo entrar.

1833 Pidió dinero prestado a un amigo para empezar un negocio y a finales de año se declaró en quiebra. Pasó los siguientes 17 años de su vida pagando esta deuda.
1834 Se postuló de nuevo para la legislatura estatal y ganó.
1835 Se comprometió para casarse; su novia murió y su muerte lo dejó destrozado.
1836 Tuvo una crisis nerviosa total y estuvo en cama seis meses.
1838 Intentó ser presidente de la legislatura estatal; fue derrotado.
1840 Trató de ser miembro del colegio electoral; fue derrotado.
1843 Se postuló para el Congreso y perdió.
1846 Se postuló de nuevo para el Congreso; esta vez ganó, fue a Washington y tuvo un buen desempeño.
1848 Se postuló para la reelección al Congreso y perdió.
1849 Se postuló para el puesto de encargado de la oficina del catastro en su estado natal; lo rechazaron.
1854 Se postuló para el Senado de Estados Unidos y perdió.
1856 Buscó la nominación a la vicepresidencia en la convención nacional de su partido y obtuvo menos de cien votos.
1858 Se postuló de nuevo para el Senado de Estados Unidos y otra vez perdió.
1860 Fue elegido presidente de Estados Unidos.

El camino era difícil y resbaladizo. Resbalé y uno de mis pies golpeó al otro y lo sacó del camino, pero me recuperé diciéndome que aquello era un resbalón y no una caída.

~Abraham Lincoln después de perder una elección al Senado

~Fuente desconocida

Caldo de Pollo para el Alma 20

Lección de un hijo

Si la pasión te impulsa, deja que la razón tome las riendas.
~Benjamin Franklin

La pasión de mi hijo Daniel por el surf comenzó cuando tenía 13 años. Antes y después de la escuela, todos los días se ponía su traje de neopreno, remaba más allá de la línea donde rompía el oleaje y esperaba a que lo desafiaran olas de uno a dos metros de altura junto a sus compañeros. El amor de Daniel por las olas se puso a prueba una tarde fatídica.

—Su hijo ha tenido un accidente —informó por teléfono el salvavidas a mi esposo Mike.

—¿Es grave?

—Sí, es grave. Cuando salió a la superficie del agua, la punta de la tabla lo golpeó en el ojo.

Mike lo llevó de prisa al servicio de urgencias y de ahí lo mandaron al consultorio de un cirujano plástico. Recibió 26 puntos de sutura desde el rabillo del ojo hasta el puente de la nariz.

Mientras le cosían el ojo a Dan, yo iba en un avión de regreso a casa después de una charla que había dado. Mike condujo directamente al aeropuerto después de salir del consultorio del médico. Me saludó en la puerta y me dijo que Dan nos estaba esperando en el automóvil.

—¿Daniel? —pregunté. Recuerdo que pensé que las olas debían de haber estado horribles ese día.

—Tuvo un accidente, pero se va a poner bien.

La peor pesadilla de una madre trabajadora que tiene que viajar se había vuelto realidad. Corrí hacia el coche tan rápido que se me rompió el tacón del zapato. Abrí la puerta de un golpe y mi hijo menor, con el ojo parcheado, se inclinó hacia delante y me abrió los brazos, gritando: "Mamá, qué alegría que estés en casa".

Sollocé en sus brazos y le dije que me sentía muy mal por no haber estado ahí cuando el salvavidas llamó.

—No te preocupes, mamá —me consoló—. De todos modos, no sabes surfear.

—¿Cómo? —pregunté, confundida por su lógica.

—Me pondré bien. El doctor dice que puedo volver al agua en una semana.

¿Estaba fuera de sí? Quería decirle que no le permitiría volver a acercarse al agua hasta que tuviera 35 años, pero en vez de eso me mordí la lengua y recé para que se olvidara de surfear para siempre.

Durante los siguientes siete días me presionó para que lo dejara volver a surfear. Un día después de que le repitiera rotundamente que no por centésima vez, me derrotó en mi propio terreno de juego.

—Mamá, nos enseñaste a no renunciar a lo que amamos.

Luego me dio un soborno, un poema enmarcado de Langston Hughes que compró "porque me recordó a ti".

DE MADRE A HIJO

Bueno, hijo, déjame que te diga una cosa:
La vida para mí no ha sido una escalera de cristal; ha tenido
  sus tachuelas.
Y astillas,
Y tablones rotos,
Y lugares sin alfombra en el suelo:
Desnudos.
Pero siempre he seguido subiendo,
Y llegando a los rellanos
Y doblando las esquinas,
Y a veces avanzando en la oscuridad,
Donde no había luz.
Así que, muchacho, no te des media vuelta,
No bajes los peldaños
Porque te parece que es difícil subir.
No te caigas ahora,
Ya ves, cariño, que yo aún sigo,

Todavía sigo subiendo,
Y la vida para mí no ha sido una escalera de cristal.

Me rendí.

Entonces Daniel era sólo un niño apasionado por el surf. Ahora es un hombre con responsabilidades. Está clasificado entre los 25 mejores surfistas profesionales del mundo.

Me pusieron a prueba en mi propia casa con un principio importante que yo enseñaba al público en ciudades lejanas: "Las personas apasionadas aceptan lo que aman y nunca se rinden".

~Danielle Kennedy

... y desde que me enteré de que a Babe Ruth lo poncharon 1.330 veces, ¡me siento mucho mejor!

¿Fracaso? ¡No! Sólo reveses temporales

Ver las cosas en la semilla, eso es la genialidad.
~Lao-Tse

Si pudieran venir a mi oficina en California hoy, notarían que a lo largo de un lado de la habitación hay una hermosa fuente de sodas de estilo antiguo, hecha de azulejos españoles y caoba, con nueve bancos altos forrados de cuero (del tipo a los que solían tener en las farmacias de antaño). ¿Fuera de lo común? Sí. Pero si esos bancos pudieran hablar, les contarían la historia del día en que casi perdí la esperanza y estuve a punto de rendirme.

Hubo un período de recesión después de la Segunda Guerra Mundial y los puestos de trabajo eran escasos. El vaquero Bob, mi esposo, había comprado un pequeño negocio de tintorería con dinero prestado. Teníamos dos bebés adorables, una casa, un auto y todos los pagos a plazos habituales. Entonces, todo se vino abajo. No había dinero para los pagos de la casa ni para nada más.

Sentía que no tenía ningún talento especial, ninguna capacitación, ni educación universitaria. Yo misma no me tenía en gran estima. Sin embargo, recordé a alguien de mi pasado que creía que yo tenía una pequeña habilidad: mi maestra de inglés de Alhambra High School. Ella me animó a estudiar periodismo y me nombró gerente de publicidad y editora de artículos del periódico escolar. Pensé: "Si pudiera escribir una 'Columna de Compradores' en el pequeño semanario de nuestro pueblo rural, tal vez podría ganar suficiente dinero para pagar la casa".

No tenía coche ni niñera. Por consiguiente, empujé el cochecito de bebé desvencijado donde iban mis dos hijos recostados en una almohada grande atada a la parte posterior. La rueda se salía a cada rato, pero la volvía a poner en su lugar con el tacón del zapato y seguía adelante. Estaba decidida a que mis hijos no perdieran su hogar como me había pasado muchas veces cuando era niña.

No obstante, en la oficina del periódico, no había trabajos disponibles debido a la recesión. Así que se me ocurrió una idea. Pregunté si podía comprar espacio publicitario al por mayor y venderlo al detalle como una "Columna de Compradores". Estuvieron de acuerdo, aunque después me confesaron que mentalmente me daban una semana empujando ese cochecito maltratado cargado de cosas por los caminos rurales antes de darme por vencida. Pero estaban equivocados.

La idea de la columna del periódico funcionó. Gané suficiente dinero para el pago de la casa y para comprar un viejo coche usado que el vaquero Bob me encontró. Luego contraté a una chica de preparatoria para que cuidara a los niños de tres a cinco cada tarde. Cuando el reloj daba las tres, tomaba mis muestras de periódicos y salía volando por la puerta para ir a mis citas.

Una tarde oscura y lluviosa, todos los clientes potenciales con los que había trabajado me rechazaron cuando fui a recoger su anuncio.

—¿Por qué? —pregunté. Dijeron que se habían dado cuenta de que Ruben Ahlman, el presidente de la Cámara de Comercio y dueño de la farmacia Rexall, no se anunciaba conmigo. Su tienda era la más popular de la ciudad. Respetaban su opinión. "Debe de haber algún problemal con su publicidad", explicaron.

Se me cayó el alma al suelo. Esos cuatro anuncios representaban el pago de la casa. Entonces pensé que intentaría hablar con el señor Ahlman una vez más. Todo el mundo lo quería y respetaba. Seguramente me escucharía. Cada vez que había tratado de acercarme a él anteriormente, se había negado a verme. Siempre estaba "fuera" u ocupado. Estaba segura de que, si lograba que se anunciara conmigo, los otros comerciantes de la ciudad seguirían su ejemplo.

Esta vez, cuando llegué a la farmacia Rexall, él estaba en el mostrador de recetas en la parte de atrás. Esbocé mi mejor sonrisa y levanté mi preciosa "Columna de Compradores" cuidadosamente marcada con el lápiz de cera verde de mis hijos.

—Todo el mundo respeta su opinión, señor Ahlman —empecé—. ¿Podría echarle un vistazo a mi trabajo un momento para que pueda decirles a los otros comerciantes lo que usted piensa?

La boca del hombre se convirtió en una U al revés. Sin decir una palabra, movió enérgicamente la cabeza, "¡NO!".

De repente, todo mi entusiasmo me abandonó. Llegué hasta la hermosa fuente de sodas en la parte delantera de la farmacia, sintiendo que no tenía fuerzas para volver a casa. No quería sentarme en la fuente de sodas sin comprar algo, así que saqué mi última moneda de diez centavos y pedí una Coca-Cola de cereza. Estaba desesperada y no sabía qué hacer. ¿Perderían mis bebés su casa como a mí me había pasado tantas veces cuando era niña? ¿Estaba equivocada mi maestra de periodismo? Tal vez ese talento del que hablaba no existía. Se me llenaron los ojos de lágrimas.

—¿Qué pasa, querida? —preguntó una dulce voz junto a mí en el banco de la fuente de sodas. Miré el rostro comprensivo de una simpática señora canosa. Le conté mi historia y terminé diciendo:

—Pero el señor Ahlman, a quien todo el mundo respeta tanto, no se digna ver siquiera mi trabajo.

—Déjame ver la Columna de Compradores —pidió ella. Tomó mi ejemplar marcado del periódico y lo leyó detenidamente hasta el final. Luego giró sobre el banco, se puso de pie, miró hacia atrás al mostrador de recetas y, con una voz de mando que se oyó en toda la calle, ordenó—: Ruben Ahlman, ¡ven *aquí*! —¡era la señora Ahlman!

Le dijo a Ruben que me comprara la publicidad. La boca de él se curvó hacia arriba con una gran sonrisa. Luego me pidió los nombres de los cuatro comerciantes que me habían rechazado. Fue al teléfono y llamó a cada uno de ellos. Me dio un abrazo y me informó de que me estaban esperando y que volviera a recoger sus anuncios.

Ruben y Vivian Ahlman se convirtieron con el tiempo en amigos entrañables, así como en clientes publicitarios constantes. Descubrí que Ruben era un hombre encantador que le compraba a todo el mundo. Le había prometido a Vivian que no compraría más publicidad. Sólo intentaba cumplir la palabra que le había dado a su esposa. Si hubiera preguntado a otros en la ciudad, me habría enterado de que debería haber hablado con la señora Ahlman desde el principio. Esa conversación en los bancos de la fuente de sodas fue el punto de inflexión. Mi negocio de publicidad prosperó y se convirtió en cuatro oficinas, con 285 empleados que atienden a 4.000 cuentas publicitarias de contratos continuos.

Tiempo después, cuando el señor Ahlman modernizó la vieja farmacia y quitó la fuente de sodas, mi querido esposo Bob la compró y la instaló en mi oficina. Si estuvieran en California, nos sentaríamos juntos en los bancos de la fuente de sodas. Les serviría una Coca-Cola de cereza y les recordaría que nunca se rindan, que recuerden que la ayuda siempre está más cerca de lo que pensamos.

Luego les diría que si no pueden comunicarse con la persona clave, busquen más información. Que intenten por otro camino. Que busquen a alguien que pueda comunicarse por ustedes y avalarlos. Por último, les diría estas brillantes y refrescantes palabras de Bill Marriott de los Hoteles Marriott:

¿Fracaso? Jamás lo sufrí.
Lo único con lo que me topé fueron reveses temporales.

~Dottie Walters

Para ser más creativo, estoy esperando...

Nos deberían enseñar a no esperar a que llegue la inspiración para emprender algo. La acción siempre genera inspiración. La inspiración rara vez genera acción.

~Frank Tibolt

1. Inspiración
2. Permiso
3. Palabras alentadoras
4. Que el café esté listo
5. Mi turno
6. Que alguien allane el camino
7. El resto de las reglas
8. Que alguien cambie
9. Calles más anchas
10. Venganza
11. Que haya menos presión
12. Más tiempo
13. Que una relación significativa:
    (a) mejore
    (b) termine
    (c) ocurra
14. La persona adecuada
15. Un desastre
16. Que casi se agote el tiempo
17. Un chivo expiatorio lógico

18. Que los hijos se vayan de casa
19. Un Dow Jones de 1500
20. Que el león se acueste con el cordero
21. Consentimiento mutuo
22. Un mejor momento
23. Un horóscopo más favorable
24. Que mi juventud regrese
25. El aviso de los dos minutos
26. Que la profesión jurídica se reforme
27. Que Richard Nixon sea reelegido
28. Envejecer para que me dé derecho a la excentricidad
29. Mañana
30. Que la mano incluya una jota al menos
31. Mi examen médico anual
32. Un mejor círculo de amigos
33. Que haya algo más en juego
34. Que empiece el semestre
35. Que el camino se despeje
36. Que el gato deje de arañar el sofá
37. Ausencia de riesgo
38. Que el perro que ladra al lado se vaya de la ciudad
39. Que mi tío vuelva a casa del servicio militar
40. Que alguien me descubra
41. Protecciones más adecuadas
42. Una tasa más baja de ganancias de capital
43. Que el plazo de prescripción venza
44. Que mis padres se mueran (¡Broma!)
45. La cura del herpes o del sida
46. Que desaparezcan las cosas que no entiendo o que no apruebo
47. Que terminen las guerras
48. Que mi amor se reavive
49. Que alguien vigile
50. Un conjunto de instrucciones claramente escritas
51. Un mejor control de la natalidad
52. Que la Enmienda de Igualdad de Derechos (ERA) se apruebe
53. El fin de la pobreza, la injusticia, la crueldad, el engaño, la incompetencia, la peste, la delincuencia y las sugerencias ofensivas
54. Que se venza una patente de la competencia
55. Que Chicken Little vuelva
56. Que mis subordinados maduren

57. Que mi ego mejore
58. Que la olla empiece a hervir
59. La nueva tarjeta de crédito
60. El afinador de pianos
61. Que se acabe esta reunión
62. Que mis cuentas por cobrar desaparezcan
63. Que se acaben los cheques del seguro de desempleo
64. La primavera
65. Que mi traje vuelva de la tintorería
66. Que mi autoestima se restablezca
67. Una señal del cielo
68. Que ya no tenga que hacer pagos de pensión alimenticia
69. Que las joyas de la brillantez enterradas en mis primeros y torpes esfuerzos sean reconocidas, aplaudidas y premiadas de manera sustancial para que pueda trabajar en el segundo borrador con comodidad
70. Una reinterpretación de las *Reglas de orden de Robert*
71. Que disminuyan varios dolores y molestias
72. Líneas más cortas en el banco
73. Que refresque el viento
74. Que mis hijos sean considerados, limpios, obedientes y autosuficientes
75. La próxima temporada
76. Que alguien más se equivoque
77. Que mi vida actual sea declarada ensayo general con algunos cambios permitidos en el guion antes de la noche del estreno
78. Que la lógica prevalezca
79. La próxima vez
80. Que te quites de mi luz
81. Que mi barco llegue
82. Un mejor desodorante
83. Que termine mi tesis doctoral
84. Un lápiz afilado
85. Que se pueda cobrar el cheque
86. Que mi esposa, película o bumerán vuelvan
87. La aprobación de mi médico, el permiso de mi padre, la bendición de mi ministro o la aprobación de mi abogado
88. La mañana
89. Que California se sumerja en el océano
90. Una época menos turbulenta

91. Que el hombre de hielo llegue*
92. Una oportunidad para llamar por cobrar
93. Un mejor valor de castigo contable
94. Que empiece a ceder mi apremio por fumar
95. Que las tasas bajen
96. Que las tasas suban
97. Que las tasas se estabilicen
98. Que se resuelva la herencia del abuelo
99. Las tasas de fin de semana
100. Una tarjeta de referencia
101. Que tú vayas primero

~David B. Campbell

* Refencia a la obra *The Iceman Cometh* de Eugene O'Neill. *(N. de la T.)*

Todos podemos hacer algo

La diferencia básica entre un hombre común y un guerrero es que un guerrero se toma todo como un desafío, mientras que el hombre común se toma todo como una bendición o una maldición.

~Don Juan

Roger Crawford tenía todo lo que necesitaba para jugar al tenis, excepto dos manos y una pierna. Cuando los padres de Roger vieron a su hijo por primera vez, vieron a un bebé con una proyección en forma de pulgar que salía directamente del antebrazo derecho y un pulgar y un dedo que sobresalían del antebrazo izquierdo. No tenía palmas. Los brazos y las piernas del bebé eran más cortos de lo normal, y sólo tenía tres dedos en el pie derecho encogido y una pierna izquierda marchita, que posteriormente sería amputada.

El médico explicó que Roger tenía ectrodactilia, un raro defecto congénito que afecta sólo a uno de cada 90.000 niños nacidos en Estados Unidos. El médico dijo que lo más probable era que Roger nunca caminaría ni podría valerse por sí mismo.

Por fortuna, los padres de Roger no le creyeron al médico.

—Mis padres siempre me enseñaron que sería tan discapacitado como quisiera serlo —comenta Roger—. Nunca me permitieron sentir lástima por mí mismo ni aprovecharme de la gente debido a mi discapacidad. Una vez me metí en problemas porque siempre entregaba tarde los trabajos de mi escuela —explica Roger, que tenía que sostener el lápiz con ambas "manos" para escribir despacio—. Le pedí a mi padre que escribiera una nota a mis maestros para pedirles una prórroga de dos días para entregar mis tareas. En vez de eso, mi padre me hizo empezar a escribir mi trabajo dos días antes.

El padre de Roger siempre lo animó a practicar deportes: le enseñó a atrapar y lanzar una pelota de voleibol y a jugar al futbol americano en el patio trasero después de la escuela. A los 12 años, Roger consiguió un puesto en el equipo de futbol de la escuela.

Antes de cada partido, Roger visualizaba su sueño de anotar un touchdown. Un día se presentó su oportunidad. El balón cayó en sus brazos y salió corriendo lo más rápido que pudo con su pierna ortopédica hacia la línea de meta, mientras su entrenador y sus compañeros lo animaban gritando a todo pulmón. Pero en la yarda diez, un muchacho del otro equipo alcanzó a Roger y lo agarró del tobillo izquierdo. Roger trató de liberar la pierna ortopédica, pero en vez de eso se la arrancaron.

—Todavía estaba de pie —recuerda Roger—. No sabía qué hacer, así que empecé a saltar hacia la línea de meta. El árbitro corrió y levantó los brazos. ¡Touchdown! Sabes, incluso mejor que los seis puntos fue la expresión en la cara del otro chico que se quedó con mi pierna ortopédica en las manos.

El amor de Roger por los deportes creció y también su confianza en sí mismo. Pero no todos los obstáculos cedieron ante la determinación de Roger. Comer en el comedor con los otros niños viéndolo intentar con torpeza llevarse la comida a la boca resultó ser muy doloroso para él, al igual que su repetido fracaso en la clase de mecanografía.

—Aprendí una buena lección en clase de mecanografía —asegura Roger—: no se puede hacer *todo*; es mejor concentrarse en lo que se puede hacer.

Algo que Roger podía hacer era manejar una raqueta de tenis. Desafortunadamente, cuando la movía con fuerza, por lo general salía despedida por los aires a causa de su débil prensión. Por suerte, Roger encontró una raqueta de tenis de aspecto extraño en una tienda de deportes y accidentalmente metió el dedo entre el mango de doble barra cuando la levantó. El cómodo ajuste hizo posible que Roger pudiera abanicar, servir y volear como un jugador apto. Practicaba todos los días y pronto empezó a jugar, y a perder, partidos.

No obstante, Roger insistió. Practicaba y practicaba y jugaba y jugaba. Una operación en los dos dedos de la mano izquierda le permitió a Roger tomar mejor su raqueta especial y mejoró enormemente su juego. Aunque no tenía a nadie que le sirviera de ejemplo y lo guiara, Roger se obsesionó con el tenis y con el tiempo empezó a ganar.

Roger siguió jugando al tenis universitario y terminó su carrera de tenis con 22 victorias y 11 derrotas. Tiempo después se convirtió en el primer jugador de tenis con discapacidades físicas en ser certificado como profesional de la enseñanza por la Asociación de Tenis Profesional de Estados Unidos. Ahora recorre el país hablando con grupos sobre lo que se necesita para ser un ganador, sin importar quién seas.

—La única diferencia entre tú y yo es que tú puedes ver mi discapacidad, pero yo no puedo ver la tuya. *Todos* las tenemos. Cuando la gente me pregunta cómo he podido superar mis discapacidades físicas, les digo que no he superado nada. Simplemente he aprendido qué es lo que no puedo hacer, como tocar el piano o comer con palillos, pero lo más importante es que he aprendido lo que *puedo* hacer. Entonces hago lo que puedo con todo mi corazón y mi alma.

~Jack Canfield

Sí, sí puedes

La experiencia no es lo que se le sucede a un hombre, sino lo que ese hombre hace con lo que le sucede.

~Aldous Huxley

¿Qué pasaría si a los 46 años te quemaras en un terrible accidente de motocicleta y quedaras irreconocible, y cuatro años después te quedaras paralizado de la cintura para abajo en un accidente de avión? Entonces, ¿puedes imaginar que te conviertes en millonario, en un orador respetado, un recién casado feliz y un empresario exitoso? ¿Te ves haciendo rafting en aguas bravas? ¿Paracaidismo? ¿Postulándote para un cargo político?

W. Mitchell ha hecho todo esto y más después de dos horribles accidentes que le dejaron la cara cubierta de injertos de piel multicolor, las manos sin dedos y las piernas delgadas e inmóviles en una silla de ruedas.

Mitchell tuvo que someterse a dieciséis operaciones después del accidente de motocicleta en el que se quemó más de 65 por ciento del cuerpo y que lo dejó incapacitado para tomar un tenedor, marcar un teléfono o ir al baño sin ayuda. Pero Mitchell, un exmarine, nunca creyó que estaba derrotado. "Estoy a cargo de mi propia nave espacial", dijo. "Son mis altos y mis bajos. Podría optar por ver esta situación como un revés o como un punto de partida". Seis meses después volvió a pilotar un avión.

Mitchell se compró una casa victoriana en Colorado, algunos bienes raíces, un avión y un bar. Posteriormente se asoció con dos amigos y cofundó una empresa fabricante de estufas de leña que se convirtió en el segundo empleador privado más grande de Vermont.

Luego, cuatro años después del accidente de motocicleta, el avión que Mitchell estaba piloteando se estrelló contra la pista durante el despegue, le aplastó las doce vértebras torácicas y lo dejó paralizado permanentemente de la cintura para abajo. "Me preguntaba qué demonios me estaba pasando. ¿Qué había hecho para merecer esto?".

Impertérrito, Mitchell trabajó día y noche para recuperar la mayor independencia posible. Fue elegido alcalde de Crested Butte, Colorado, para salvar a la ciudad de la explotación de minerales que arruinaría su belleza y medio ambiente. Mitchell se postuló luego para el Congreso y convirtió su extraña apariencia en una fortaleza con lemas tales como "No sólo otra cara bonita".

A pesar de su apariencia que al principio resulta impresionante y sus dificultades físicas, Mitchell comenzó a hacer rafting en aguas bravas, se enamoró y se casó, obtuvo una maestría en administración pública y continuó volando, haciendo activismo ambiental y hablando en público.

La inquebrantable actitud mental positiva de Mitchell le ha valido aparecer en el *Today Show* y en *Good Morning America*, así como en artículos de fondo en *Parade*, *Time*, *The New York Times* y otras publicaciones.

"Antes de quedarme paralítico, había diez mil cosas que podía hacer", dice Mitchell. "Ahora hay nueve mil. Puedo pensar en las mil que perdí o concentrarme en las nueve mil. Le digo a la gente que he sufrido dos grandes golpes en mi vida. Si decidí no usarlos como pretexto para rendirme, entonces, tal vez, algunas de las experiencias que los están deteniendo a ustedes puedan verse desde una nueva perspectiva. Pueden dar un paso atrás, tener una visión más amplia y la oportunidad de decir: 'Quizá no sea tan importante después de todo'".

Recuerda: "No es lo que te sucede, sino lo que haces al respecto".

~Jack Canfield y Mark Victor Hansen

Corre, Patti, corre

Sigue tu pasión y el éxito te seguirá.
~Terri Guillemets

A una edad joven y tierna, el médico le comunicó a Patti Wilson que era epiléptica. Su padre, Jim Wilson, es corredor matutino. Un día Patti sonrió mostrando los aparatos de ortodoncia de adolescente y dijo: "Papá, lo que realmente me encantaría hacer es correr contigo todos los días, pero me da miedo de que me dé un ataque.

Su padre respondió: "Si eso ocurre, sé cómo manejarlo, así que empecemos a correr".

Eso es precisamente lo que hicieron todos los días. Fue una experiencia maravillosa para ellos compartir y Patti no tuvo ninguna convulsión mientras corría. Después de unas semanas, le dijo a su padre: "Papa, lo que realmente me gustaria hacer es batir el récord mundial de carreras de larga distancia para mujeres".

Su padre revisó el *Libro Guinness de los Récords Mundiales* y descubrió que lo más lejos que una mujer había corrido eran 129 kilómetros. Cuando era estudiante de primer año de preparatoria, Patti anunció: "Voy a correr desde el condado de Orange hasta San Francisco". (Una distancia de 644 kilómetros.) "Cuando esté en segundo año", continuó, "voy a correr a Portland, Oregon". (Cerca de 2.414 kilómetros.) "En el tercer año correré a St. Louis (alrededor de 3.219 kilómetros) y en el último año, correré a la Casa Blanca" (a más de 4.828 kilómetros).

En vista de su discapacidad, Patti era tan ambiciosa como entusiasta, pero aseguró que consideraba la discapacidad de ser epiléptica como "un simple inconveniente". No se centró en lo que había perdido, sino en lo que le *quedaba*. Ese año realizó su carrera a San Francisco con una camiseta que decía "Me encantan los epilépticos". Su padre corrió cada kilómetro a su lado, y su madre, una enfermera, la siguió en una caravana por si algo salía mal. En su segundo año, los compañeros de clase de Patti la apoyaron. Crearon un cartel gigante que decía: "¡Corre, Patti, corre!". (Ese ha sido su lema desde entonces y el título de un libro que escribió.) En su segunda maratón, de camino a Portland, se fracturó un hueso del pie. Un médico le dijo que tenía que dejar de correr.

—Tengo que enyesarte el tobillo para que no sufras daños permanentes —advirtió él.

—Doctor, usted no entiende —respondió ella—. Esto no es sólo un capricho mío, ¡es una magnífica obsesión! No lo hago sólo por mí, lo hago para romper las cadenas de los cerebros que limitan a muchos otros. ¿No hay forma de que pueda seguir corriendo?

El médico le ofreció una opción. Podía envolver el tobillo con adhesivo en lugar de enyesarlo. Le advirtió que sería increíblemente doloroso, y añadió: "Se le van a formar ampollas". Le pidió al doctor que lo envolviera.

Terminó la carrera a Portland, completando el último kilómetro y medio con el gobernador de Oregon. Tal vez hayas visto los titulares: "La súper corredora Patti Wilson termina la maratón por la epilepsia en su 17 cumpleaños".

Después de cuatro meses de correr casi continuamente de la costa oeste a la costa este, Patti llegó a Washington y estrechó la mano del presidente de Estados Unidos. Ella le dijo: "Quería que la gente supiera que los epilépticos somos seres humanos normales con vida normal".

Conté esta historia en uno de mis seminarios no hace mucho tiempo, y más tarde un hombre que tenía los ojos llorosos se acercó a mí, me tendió su mano grande y carnosa y dijo: "Mark, me llamo Jim Wilson. Estabas hablando de mi hija, Patti". Gracias a sus nobles esfuerzos, me contó, se había recaudado suficiente dinero para abrir 19 centros multimillonarios para tratar la epilepsia en todo el país.

Si Patti Wilson puede hacer tanto con tan poco, ¿qué puedes hacer para superarte en un estado de bienestar total?

~Mark Victor Hansen

20

Caldo de Pollo para el Alma

El poder de la determinación

La perseverancia no es una carrera larga; son muchas carreras cortas una tras otra.

~Walter Elliott

Una estufa de carbón anticuada calentaba la pequeña escuela rural. Un niño pequeño tenía la tarea de ir a la escuela temprano cada día para encender el fuego y calentar la habitación antes de que llegaran su maestra y sus compañeros de clase.

Una mañana llegaron y encontraron la escuela envuelta en llamas. Sacaron arrastrando al niño inconsciente del edificio en llamas más muerto que vivo. Tenía quemaduras graves en la mitad inferior del cuerpo y hubo que trasladarlo al hospital cercano del condado.

Desde su cama, el niño, espantosamente quemado y semiconsciente, oyó a lo lejos al médico hablar con su madre. El médico le dijo a la madre que era muy probable que el niño muriera, lo cual sería lo mejor, en realidad, porque el terrible incendio le había destrozado la mitad inferior del cuerpo.

Pero el valiente niño no quería morir. Decidió que sobreviviría. De alguna manera, para sorpresa del médico, sobrevivió. Cuando pasó el peligro de muerte, volvió a oír al médico y a su madre hablar en voz baja. El médico le dijo a la madre que como el fuego había destruido tanta carne en la parte inferior del cuerpo del niño, casi sería mejor que hubiera muerto, ya que estaba condenado a ser un lisiado de por vida ya que no podría volver a usar las extremidades inferiores.

Una vez más el chico valiente se decidió. No sería un lisiado. Caminaría. Pero desafortunadamente de la cintura para abajo no tenía habilidad motora. Sus delgadas piernas colgaban casi sin vida.

A la larga fue dado de alta del hospital. Todos los días su madre le daba masajes en las pequeñas piernas, pero no tenía sensación, ni control, nada. Sin embargo, su determinación de volver a caminar era tan fuerte como siempre.

Cuando no estaba en la cama, estaba confinado a una silla de ruedas. Un día soleado, su madre lo llevó al jardín a tomar aire fresco. Este día, en lugar de quedarse sentado, se tiró de la silla. Avanzó sobre la hierba, arrastrando las piernas detrás de él.

Se abrió paso hasta la cerca blanca que bordeaba el terreno. Con gran esfuerzo, se levantó sobre la cerca. Luego, de una estaca a otra, comenzó a arrastrarse a lo largo de la valla, resuelto a caminar. Empezó a hacer eso todos los días hasta que dejó un camino allanado alrededor del patio al lado de la cerca. No había nada que quisiera más que infundir vida a esas piernas.

Finalmente, gracias a los masajes diarios, su persistencia de hierro y su determinación resuelta, desarrolló la capacidad de ponerse de pie, luego empezó a caminar de forma vacilante, luego a caminar por sí solo y luego a correr.

Comenzó a caminar a la escuela, luego a correr a la escuela, a correr por el puro placer de correr. Tiempo después, en la universidad, entró en el equipo de atletismo.

Posteriormente, en el Madison Square Garden, este joven que no se esperaba que sobreviviera, que de seguro nunca caminaría, que nunca podría esperar correr, este decidido joven, el doctor Glenn Cunningham, ¡fue el más veloz en correr mil quinientos metros en el mundo!

~Burt Dubin

Fe

Los problemas y la perplejidad me llevan a la oración y la oración me aleja de la perplejidad y la angustia.

~Philip Melanchthen

Somos una raza fuerte, nosotros los tetrapléjicos. Si no lo fuéramos, no estaríamos aquí hoy. Sí, somos una raza fuerte. En muchos sentidos, hemos sido bendecidos con una inteligencia y un espíritu que no se le da a todo el mundo.

Además, permítanme decir que este rechazo de la aceptación total o plena de la propia discapacidad se conecta con una sola cosa: la fe, una fe casi divina.

Abajo en la sala de recepción del Instituto de Medicina Física y Rehabilitación, sobre el río del Este, en 400 East 34th Street en la ciudad de Nueva York, hay una placa de bronce que está remachada a la pared. Durante los meses que volví al Instituto para recibir tratamiento (dos o tres veces por semana), pasé por esa sala de recepción muchas veces, yendo y viniendo. Pero nunca tuve tiempo de ir a un costado a leer las palabras de la placa que fueron escritas, según se dice, por un soldado confederado desconocido. Entonces, una tarde, fui a leerla. La leí y la releí. Cuando terminé de leer por segunda vez, me sentí a punto de estallar, no de desesperación, sino por un resplandor interior que me hacía esforzarme por sujetar los brazos de mi silla de ruedas. Me gustaría compartirlo contigo.

UN CREDO PARA AQUELLOS QUE HAN SUFRIDO

Le pedí a Dios fortaleza, para alcanzar logros.
Me hizo débil, para aprender a obedecer con humildad...

Pedí salud, para hacer grandes cosas.
Me fue dada la enfermedad, para poder hacer cosas mejores...

Pedí riquezas, para poder ser feliz.
Se me dio pobreza, para ser sabio...

Pedí poder, para tener la alabanza de los hombres.
Se me dio debilidad, para sentir la necesidad de Dios...

Pedí todas las cosas, para poder disfrutar de la vida.
Se me dio la vida, para poder disfrutar de todas las cosas...

No conseguí nada de lo que pedí, sino todo lo que había esperado.
Casi a pesar de mí mismo, mis oraciones tácitas fueron respondidas.

¡Soy, entre los hombres, el más rico en bendiciones!

~Roy Campanella

Ella salvó 219 vidas

Todos los días se ve una cicatriz o valor.
En lo que te centres definirá tu lucha.
~Dodinsky

La señora Betty Tisdale es una heroína de talla mundial. Cuando la guerra de Vietnam se intensificó en abril de 1975, comprendió que tenía que salvar a los 400 huérfanos que estaban a punto de quedarse en la calle. Ya había adoptado a cinco niñas vietnamitas huérfanas con su exesposo pediatra, el coronel Patrick Tisdale, que era viudo y ya tenía cinco hijos.

Como médico de la marina estadunidense en Vietnam en 1954, Tom Dooley había ayudado a refugiados a huir del norte comunista. Betty afirma: "De verdad creo que Tom Dooley era un santo. Su influencia cambió mi vida para siempre". Debido al libro de Dooley, ella tomó los ahorros de toda su vida y viajó a Vietnam catorce veces en sus vacaciones para visitar y trabajar en los hospitales y orfanatos que él fundó. Mientras estaba en Saigón, se enamoró de los huérfanos de An Lac (Lugar feliz), dirigido por madame Vu Thi Ngai, que fue evacuada por Betty el día que Vietnam cayó, y regresó con ella a Georgia para vivir con Betty y sus diez hijos.

Cuando Betty, una persona a la que gusta actuar en el momento e inventar soluciones para los problemas a medida que estos van surgiendo, se dio cuenta de la penosa situación de los 400 niños, entró en acción a la velocidad del rayo. Llamó a la señora Ngai y le dijo: "Sí, iré a buscar a los niños y los colocaré en adopción a todos". No sabía cómo lo haría, sólo sabía que lo lograría. Con el tiempo, en una película sobre la evacuación, *The Children of An Lac*, Shirley Jones hizo el papel de Betty.

En momentos comenzó a mover montañas. Recaudó el dinero necesario de muchas maneras diferentes, incluso aceptando sellos verdes*. Simplemente decidió hacerlo y lo cumplió. Dijo: "Visualicé a todos esos bebés creciendo en buenos hogares en Estados Unidos, no bajo el comunismo". Eso la mantuvo motivada.

Salió hacia Vietnam de Fort Benning, Georgia, el domingo, llegó el martes a Saigón, y de manera milagrosa e incansable superó todos los obstáculos para sacar por vía aérea a 400 niños de Saigón el sábado por la mañana. Sin embargo, a su llegada, el jefe de la asistencia social de Vietnam, el doctor Dan, anunció de repente que sólo aprobaría la salida de los niños menores de diez años y que todos los niños debían tener acta de nacimiento. Betty no tardó en descubrir que los huérfanos de guerra tienen suerte de estar vivos y no tienen actas de nacimiento.

Betty fue al departamento de pediatría del hospital, obtuvo 225 actas de nacimiento y a toda prisa creó fechas, horas y lugares de nacimiento para los 219 bebés, niños pequeños y adolescentes que cumplían los requisitos impuestos. Cuenta: "No tengo idea de cuándo y dónde nacieron ni de quiénes fueron sus padres. Mis dedos crearon actas de nacimiento y ya". Las actas de nacimiento eran la única esperanza que tenían de salir del lugar sin riesgos y de tener un futuro viable con libertad. Era ahora o nunca.

Necesitaba un lugar para albergar a los huérfanos una vez que fueran evacuados. Los militares de Fort Benning se resistieron, pero Betty persistió con brillantez y tenacidad. Por mucho que lo intentó, no pudo comunicarse con el comandante general por teléfono, así que llamó a la oficina del secretario del ejército, Bo Callaway. En su oficina tampoco contestaron las llamadas de Betty, sin importar la urgencia y la importancia que tenían para salvar vidas.

Sin embargo, Betty no es de las que se deja vencer. Había llegado demasiado lejos y había hecho demasiado para detenerse. Por lo tanto, como Callaway era de Georgia, Betty llamó a su madre y le expuso el caso. Betty se la ganó con el corazón y le suplicó que intercediera. Prácticamente de la noche a la mañana, el secretario del ejército, su hijo, respondió e hizo los arreglos para utilizar una escuela de Fort Benning como albergue provisional para los huérfanos de An Lac.

* Los sellos verdes eran parte de un programa de recompensas de S&H muy populares en Estados Unidos desde la década de 1930 hasta finales de la década de 1980. Los clientes podían canjearlos por productos de su catálogo. *(N. de la T.)*

Pero el problema de cómo sacar a los niños aún no se había resuelto. Cuando Betty llegó a Saigón, se dirigió de inmediato al embajador Graham Martin y le rogó que le diera algún tipo de transporte para los niños. Había intentado alquilar un avión de Pan Am, pero Lloyd's of London, había aumentado tanto la prima del seguro que era imposible negociar en ese momento. El embajador accedió a ayudar si todos los documentos eran aprobados por el gobierno vietnamita. El doctor Dan firmó el último manifiesto, literalmente, cuando los niños estaban abordando los dos aviones de la Fuerza Aérea.

Los huérfanos estaban desnutridos y enfermos. La mayoría nunca había estado lejos del orfanato. Estaban asustados. Betty había conseguido que soldados y el equipo de la cadena ABC ayudaran a ponerles el cinturón de seguridad, transportarlos y alimentarlos. Es increíble cuán profunda y permanentemente se conmovieron los corazones de esos voluntarios ese hermoso sábado cuando 219 niños fueron transportados a la libertad. Todos los voluntarios lloraron de alegría y agradecimiento por haber contribuido de manera tangible a la libertad de otros.

Fue un lío enorme fletar aviones para ir de Filipinas a Estados Unidos. Hubo un gasto de 21.000 dólares por un avión de United Airlines. El doctor Tisdale garantizó el pago debido a su amor a los huérfanos. Si Betty hubiera tenido más tiempo, lo habría conseguido gratis. Pero el tiempo apremiaba, así que se actuó con rapidez.

Cada uno de los niños fue adoptado en menos de un mes de su llegada a Estados Unidos. La Tressler Lutheran Agency en York, Pensylvania, que se especializa en la adopción de niños discapacitados, encontró un hogar para cada huérfano.

Betty ha demostrado una y otra vez que se puede hacer cualquier cosa si uno simplemente está dispuesto a pedir, a no conformarse con un "no", a hacer lo que sea necesario y a perseverar.

Como dijo una vez el doctor Tom Dooley: "Se necesita gente común y corriente para hacer cosas extraordinarias".

~Jack Canfield y Mark Victor Hansen

Caldo de Pollo para el Alma 20

¿Vas a ayudarme?

La esperanza es la fe que extiende la mano en la oscuridad.
~George Iles

En 1989, un terremoto de 8,2 grados casi arrasó Armenia y mató a más de 30.000 personas en menos de cuatro minutos.

En medio de la devastación y el caos, un padre dejó a su esposa a salvo en casa y corrió a la escuela donde debía de estar su hijo, sólo para descubrir que el edificio había quedado tan plano como un panqueque.

Después de la conmoción inicial, recordó la promesa que le había hecho a su hijo: "Pase lo que pase, ¡siempre estaré contigo para ayudarte!". Se le salieron las lágrimas. Mientras miraba la pila de escombros que una vez fue la escuela, la situación parecía desesperada, pero no podía olvidar el compromiso que tenía con su hijo.

Trató de concentrarse en dónde llevaba a su hijo a clases cada mañana. Recordó que el aula de clases de su hijo estaba en la esquina posterior derecha del edificio, corrió hacia ahí y empezó a cavar entre los escombros.

Mientras cavaba, otros padres desolados llegaron clamando acongojados: "¡Mi hijo!". "¡Mi hija!". Otros padres bien intencionados trataron de sacarlo de lo que quedaba de la escuela.

—¡Es demasiado tarde! —le decían.

—¡Están muertos!

—¡No hay nada que hacer!

—¡Vete a casa!

—¡Vamos, enfrenta la realidad, no hay nada que pueda ayudar!

—¡Sólo vas a empeorar las cosas!

A cada padre le respondía con una simple pregunta: "¿Vas a ayudarme?". Y luego seguía cavando en busca de su hijo, quitando piedra por piedra.

El jefe de bomberos apareció y trató de sacarlo de entre los escombros de la escuela.

—Están estallando incendios —explicó—, hay explosiones por todas partes. Estás en peligro. Nosotros nos encargaremos. Vete a casa.

A lo que este padre amoroso y preocupado respondió: "¿Vas a ayudarme?".

La policía vino y dijo:

—Estás furioso y desolado, pero se acabó. Estás poniendo en peligro a otros. Vete a casa. ¡Nosotros nos encargaremos!

A lo que él respondió: "¿Vas a ayudarme?". Nadie lo ayudó.

Con valentía continuó trabajando solo porque necesitaba comprobarlo por sí mismo: "¿Está mi hijo vivo o muerto?".

Cavó durante ocho horas... 12 horas... 24 horas... 36 horas... entonces, tras 38 horas, al quitar una piedra grande oyó la voz de su hijo.

—*¡ARMAND!* —gritó el nombre del niño.

—¡Papá! ¡Soy yo, papá! —respondió el niño—. Les dije a los otros niños que no se preocuparan. Les dije que, si estabas vivo, vendrías a salvarme y que cuando me salvaras, ellos se salvarían. Lo prometiste: "Pase lo que pase, siempre estaré contigo para ayudarte". ¡Lo cumpliste, papá!

—¿Qué está pasando ahí dentro? ¿Cómo están? —preguntó el padre.

—Quedamos catorce de los treinta y tres que éramos, papá. Estamos asustados, tenemos hambre y sed, pero contentos de que estés aquí. Cuando el edificio se derrumbó, formó una cuña, como un triángulo, y eso nos salvó.

—¡Sal, muchacho!

—¡No, papá! Deja que salgan primero los otros niños, porque estoy seguro de que vendrás por mí. Pase lo que pase, sé que siempre estarás conmigo.

~Mark Victor Hansen

Sólo una vez más

La fe es el pájaro que canta cuando el amanecer aún está oscuro.
~Rabindranath Tagore

Hay una novela inglesa del siglo XIX ambientada en un pequeño pueblo galés en el que todos los años, durante los últimos 500 años, la gente se reúne en la iglesia en Nochebuena para rezar. Poco antes de la medianoche, encienden faroles de velas y, cantando villancicos e himnos, caminan varios kilómetros por un sendero rural hasta llegar a una vieja choza de piedra abandonada. Ahí montan un nacimiento completo. Con sencillez piadosa, se arrodillan y oran. Sus himnos calientan el aire frío de diciembre. Todos los del pueblo que pueden caminar acuden a la cita.

Hay un mito en ese pueblo: la creencia de que si todos los pobladores están presentes en Nochebuena, y si todos rezan con fe perfecta, entonces y sólo entonces, al filo de la medianoche, ocurrirá la Segunda Venida. Durante 500 años han ido a esas ruinas de piedra y han rezado. Sin embargo, la Segunda Venida no ha ocurrido.

A uno de los protagonistas de esta novela se le preguntó:

—¿Crees que Él volverá en Nochebuena a nuestro pueblo?

—No —responde, moviendo la cabeza con tristeza—, no lo creo.

—¿Entonces por qué vas cada año? —preguntan.

—Ah —responde sonriente—, ¿y si soy yo el único que no está ahí cuando ocurra?

Bueno, pues eso es tener muy poca fe, ¿no? Sin embargo, es algo de fe. Como dice el Nuevo Testamento, sólo necesitamos tener fe, aunque sea tan pequeña como un grano de mostaza, para entrar en el Reino de los Cielos. A veces, cuando trabajamos con niños perturbados, jóvenes en riesgo, adolescentes con problemas, parejas, amigos o clientes alcohólicos, maltratadores, deprimidos y suicidas, es en esos momentos cuando más necesitamos ese pequeño grano de fe que hizo que ese hombre volviera a las ruinas de piedra en Nochebuena. Sólo una vez más. Quizás esa próxima vez suponga el gran avance.

A veces se nos pide que trabajemos con personas para las que otros han abandonado toda esperanza. Quizás incluso hayamos llegado a la conclusión de que no hay posibilidad de cambio o crecimiento. Es en ese momento cuando, si podemos encontrar el más mínimo indicio de esperanza, podemos dar la vuelta a la esquina, lograr una ganancia mensurable, salvar a alguien que vale la pena salvar. Por favor, vuelve, amigo mío, sólo una vez más.

~Hanoch McCarty

Hay grandeza a tu alrededor, ¡utilízala!

Compromiso individual con un esfuerzo grupal: eso es lo que hace que un equipo, una empresa, una sociedad y una civilización funcionen.

~Vince Lombardi

Hay muchas personas que podrían ser campeones olímpicos, jugadores *All-American* que nunca lo han intentado. Calculo que cinco millones de personas podrían haberme derrotado en el salto con pértiga en los años en que lo gané, *por lo menos* cinco millones. Hombres que eran más fuertes, más grandes y más rápidos que yo podrían haberlo logrado, pero nunca levantaron una pértiga, nunca hicieron un débil esfuerzo por despegar los pies del suelo para tratar de pasar por encima de la barra. Hay grandeza a nuestro alrededor. Es fácil ser grande porque gente grandiosa te ayuda. Lo fantástico de todas las convenciones a las que voy es que los más grandes del negocio van y comparten sus ideas, sus métodos y sus técnicas con los demás. He visto a los mejores vendedores abrirse y mostrar a los jóvenes vendedores exactamente cómo alcanzaron el éxito. No se reprimen. Esto también ocurre en el mundo del deporte.

Nunca olvidaré la vez que intenté batir el récord de Dutch Warmerdam. Estaba más o menos treinta centímetros por debajo de su récord, cuando decidí llamarlo por teléfono.

—Dutch, ¿puedes ayudarme? —pedí—. Parece que ya me estanqué. No puedo llegar más alto.

—Claro, Bob —respondió él—, ven a visitarme y haré todo lo que esté en mi mano por ayudarte.

Pasé tres días con el maestro, el mejor saltador de pértiga del mundo. Durante tres días, Dutch me contó todo lo que había visto. Había cosas que yo estaba haciendo mal y me corrigió. Para resumir, logré llegar 20 centímetros más alto. Ese gran hombre me dio lo mejor que tenía. He descubierto que los campeones deportivos y los héroes lo hacen de manera voluntaria sólo por ayudarte a ser grande también.

John Wooden, el gran entrenador de baloncesto de la UCLA, tiene la filosofía de que todos los días debe ayudar a alguien que nunca podrá devolverle el favor. Esa es su obligación.

Cuando estaba trabajando en la universidad en su tesis de maestría sobre los buscadores de talento y el futbol americano defensivo, George Allen elaboró una encuesta de treinta páginas y la envió a los grandes entrenadores del país. Ochenta y cinco por ciento de ellos la contestaron en su totalidad.

Las personas grandes comparten; eso es lo que hizo a George Allen uno de los mejores entrenadores de futbol del mundo. Los grandes te cuentan sus secretos. Búscalos, llámales por teléfono o compra sus libros. Ve a donde están, acércate a ellos, habla con ellos. Es fácil ser grande cuando te rodeas de gente grande.

~Bob Richards, atleta olímpico

Capítulo

7

Caldo de Pollo para el Alma

Sabiduría ecléctica

Esta vida es un ensayo.
Es sólo un ensayo.
Si fuera
la vida real,
habríamos recibido
más instrucciones sobre
a dónde ir y qué hacer.

~Encontrado en un tablón de anuncios

En un abrir y cerrar de ojos

No es la carne ni la sangre, sino el corazón lo que nos hace padres e hijos.
~Friedrich von Schiller

Juré que nunca jugaría al golf. El juego es exactamente lo contrario de todo lo que soy. Poseo algunas cualidades, pero la paciencia no es una de ellas. Tengo que esforzarme para ser paciente. Lo que me encanta es la velocidad: botes rápidos, autos rápidos, resultados rápidos. Desde hace tres décadas ayudo a transformar la calidad de vida de las personas y mi mensaje ha sido siempre el mismo: se puede cambiar en un abrir y cerrar de ojos. ¿Cómo? Cambiando la perspectiva. Si cambiamos las historias que nos contamos, podemos cambiar el significado de lo que nos sucede.

Siempre pensé que el golf era lento y aburrido. Pero mis hijos empezaron a jugar al golf y yo quería hacer cosas con ellos, así que empecé a jugar, aunque lo detestaba. Entonces pensé: "¿Para qué perder el tiempo si no vas a disfrutar del juego?".

Me centré en lo que me gustaba de este deporte. Los campos de golf están en algunos de los lugares más bellos del mundo, de modo que podía disfrutar de las vistas. Entonces un amigo me dijo que podía jugar según mis propias reglas. Si no quería jugar los dieciocho hoyos, que jugara seis. Podía jugar sólo los mejores hoyos, los más pintorescos. No tardé en cambiar de opinión: "¡Eh, este deporte es genial!".

Cuando aprendemos a cambiar de perspectiva, nos ayuda a sentir gratitud por lo que tenemos, y esa es la verdadera clave de la felicidad. Lo que más agradezco en la vida es tener a mi hermosa esposa, Sage. Ella me ha dado más alegría que cualquier otra cosa en mi vida. Las únicas personas a las que amo tanto como a mi esposa e hijos son mi suegro y mi suegra. Tuve cuatro abuelos, todos ellos muertos, y mi madre ya murió también. Por eso, los padres de Sage son mi madre y mi padre.

Cuando aprendí a amar el golf, quise compartirlo con mi padre. Es un hombre muy fuerte, un hombre bueno y honorable que pasó su vida en el negocio maderero y nunca tuvo tiempo para algo como el golf. Pero lo convencí de jugar y en poco tiempo se volvió adicto.

Un día me dijo: "Tony, vamos a jugar golf". Luego mencionó un campo de golf que estaba a dos horas en coche, y no era un campo especialmente bueno. Tuve que tomar un vuelo a Londres a primera hora de la mañana siguiente, pero como me daba cuenta de cuántas ganas tenía de ir y lo amaba tanto, no quería decepcionarlo. Así que fuimos.

Cuando llegamos, el campo estaba en malas condiciones, y yo no estaba jugando bien. De repente, en el preciso momento en que estábamos a punto de salir al tee, tres ciervos salieron del bosque y se detuvieron justo frente a nosotros. Se quedaron mirándonos fijamente, y nosotros a ellos. Fue un momento perfecto, suspendido en el tiempo. Entonces, de repente, los ciervos se echaron a correr y desaparecieron en la espesura.

Mientras caminábamos de vuelta al auto, recuerdo que pensé: "Nunca se sabe cuánto tiempo vamos a tener a la gente que amamos".

De inmediato me olvidé del juego y del espantoso campo de golf, y mi padre y yo empezamos a pasar un rato aún mejor juntos. Cuando llegamos al último hoyo, mi padre saltó del carro y dijo: "Voy primero". Dio dos pasos, luego dio media vuelta y me miró. Los ojos se le pusieron totalmente en blanco y se derrumbó como un árbol grande que cae en un claro, cayó de espaldas y se golpeó la cabeza en el suelo. En ese momento todo en mi mundo cambió, y sucedió con una increíble rapidez.

No sabía qué hacer. Nunca había aprendido a administrar reanimación cardiopulmonar. Pero sabía que mi padre moriría si no hacía *algo*. Todo mi sistema nervioso comenzó a acelerarse y recordé que había leído en alguna parte que tenía que despejar la vía aérea y colocar el mentón hacia arriba para que la lengua no obstruyera el paso del aire y evitar así que se asfixiara. Lo hice, pero no respiraba. Empecé a darle respiración de boca a boca, como había visto en las películas, pero no funcionó. Estaba flácido y empezaba a cambiar de color. Grité pidiendo ayuda, pero no había nadie que pudiera oírme. Pensamientos terribles me cruzaron por la mente. "¡Si no lo hubiera llevado a jugar al golf no estaríamos aquí en este lugar dejado de la mano de Dios! No puedo dejar que muera frente a mí, sin su mujer y su hija a su lado".

Entonces algo me vino a la cabeza de la nada, un programa de noticias de la CNN que por casualidad había visto hace años y que no tenía razón alguna para verlo. Hablaban de personas que podrían haberse salvado si les hubieran dado compresiones torácicas en lugar de reanimación de boca a boca. Ya hay oxígeno en la sangre, y las compresiones torácicas intensas pueden forzarlo a entrar en el cerebro, y es el cerebro el que hay que mantener vivo. Empecé las compresiones torácicas, pero no funcionaron. Después de tres o cuatro minutos seguía inconsciente.

Me estaba volviendo loco y me puse a gritar: "¡No te vas a morir hoy! ¡No mientras yo esté aquí! ¡Vas a estar con tu familia!". Dije una oración y luego empecé a comprimir el pecho, golpeándolo con ferocidad increíble. Comprimí y comprimí y entonces, de repente, tosió y empezó a respirar. Todavía no podía abrir los ojos. No podía hablar, así que lo tomé de la mano y le pedí: "Aprieta mi brazo aquí si entiendes lo que digo ahora mismo". Lo apretó.

Por fin llegó la ayuda y llevamos a mi padre a un hospital. No sufrió ningún daño cerebral, y nunca pudieron decirnos qué había pasado ni por qué. Había tenido algún tipo de arritmia, seguida de un paro cardiaco. El corazón se detuvo, y después volvió a latir.

Hay muchas maneras de contar esta historia. Quise culparme por haberle enseñado a mi padre a jugar golf y luego por haberlo llevado a un lugar tan lejano, en el que era difícil conseguir ayuda. Pero entonces pensé: ¿qué me creía? ¿Quién me había puesto a cargo de lo que sucede? Una mejor manera de verlo era pensar que el momento en que le dio el ataque cardiaco era un regalo. ¿Qué habría pasado si no hubiéramos estado jugando golf y él hubiera ido en su auto cuando perdió el conocimiento? ¿Y si hubiera estado solo en su taller cuando ocurrió? No habría estado ahí para salvarlo.

Para algunas personas, cuando una ambulancia pasa a toda velocidad y por poco las atropella, lo que se les ocurre es: "Casi me matan". Otras personas piensan: "Vaya, Dios me protegió hoy". La calidad de la vida no es la calidad de los sucesos, es el significado que le damos a lo que nos sucede.

La historia que prefiero contarme es que mi padre está vivo y que Dios lo guio. Tengo que ser parte de ese proceso y por eso ahora se me concedió más tiempo para estar con él. Voy a valorar cada momento que pasemos juntos, incluso más que antes. Y pasaremos parte de ese tiempo jugando golf.

~Anthony Robbins

Caldo de Pollo para el Alma 20

Para conectarnos, ¿debemos desconectarnos?

El peligro del pasado era que los hombres se convirtieran en esclavos. El peligro del futuro es que el hombre se convierta en robot.
~Erich Fromm

Como fundador del Agape International Spiritual Center, tuiteo y tengo como amigos en Facebook a miles de socios locales y *streamers* en vivo en todo el mundo. A esto se suman las ventajas de los medios sociales como los mensajes de texto y las llamadas, que me mantienen conectado con el personal y la familia. Ah sí, definitivamente disfruto y aprecio las ventajas de la tecnología. Después de todo, no podría escribir este relato sin ella, ni mantenerme en contacto como se requiere cuando viajo a dar charlas, conferencias, etcétera. En fechas recientes, y para ser franco *no* por elección propia, descubrí lo inesperado y desagradable que es para uno sentirse aislado, sin previo aviso, de todos los mecanismos y sistemas de los que dependemos para comunicarnos de manera eficiente y expedita.

Así sucedió. El sitio web de Agape no funcionó durante más de una semana. Al mismo tiempo, tuve problemas con el ordenador de mi casa y no podía tener acceso al correo electrónico ni a internet. "No hay nada que hacer", me dije para consolarme, "aunque siempre hay mensajes de texto y llamadas". Entonces las cosas empeoraron. Después de una cacería digna de un equipo de búsqueda y rescate, mi teléfono móvil no apareció por ninguna parte. Tuve que reírme de mí mismo cuando percibí el pánico que me empezó a invadir cuando me sentí desconectado del mundo exterior. Era un buen momento para cultivar las herramientas de un yogui consumado: clarividencia, comunicación telepática y bilocación. Como yo en realidad no lo era, no tuve más remedio que usar la línea de teléfono de mi casa, que parecía tan anticuada como enviar mensajes por medio de paloma mensajera.

Lo bueno de mi predicamento era que al verme obligado a ponerme en "pausa", no podía negar lo devoradores que pueden ser los medios sociales. Lo que parecían formas totalmente naturales de comunicación en un momento dado, cuando se colocaban bajo el microscopio de la introspección, revelaban no sólo su potencial adictivo, sino también el hecho de que su mal uso está creando lo que yo llamo una sociedad de "mucha tecnología y poco contacto". Las tecnologías de interrupción se han convertido en la norma. Sólo hay que salir a comer para ver a los niños ocupados jugando en sus iPads mientras sus padres envían mensajes de texto y hablan por teléfono, pero rara vez entablan contacto visual o sostienen una conversación personal.

Neurólogos, sociólogos, psicólogos y otros expertos lanzan advertencias sobre la Era de la Distracción en la que vivimos. No culpan a las redes sociales; ¿cómo podrían si somos nosotros los que tenemos la responsabilidad de cómo y cuándo las usamos? Oímos en las noticias de accidentes causados por un ingeniero del metro que iba enviando mensajes de texto o por un conductor que lastimó a alguien, a veces de muerte, porque envió un mensaje de texto con una sola palabra trivial. Tal vez T. S. Eliot comprendía la intemporalidad de sus palabras cuando escribió: "Estamos distraídos de la distracción por la distracción".

Entendí al fin el mensaje de que hay un momento para desconectarse, para frenar el apetito insaciable de adónde nos llevará el siguiente clic. En pocas palabras, se debe asumir el mismo compromiso con la conexión a la "red interna". Así como en el mundo exterior aprendemos a adaptarnos a la tecnología en constante avance, así también debemos participar en el mundo interior de la conciencia en constante evolución. Prácticas como la meditación, la oración afirmativa y la elaboración de visiones nos mantienen centrados, presentes en el aquí y el ahora. Sincronizan cuerpo, mente y espíritu, y son el antídoto contra la seducción de la distracción, la interrupción constante y la multitarea. Sobre todo, despiertan al Ser Esencial. Y para eso no existe ningún sustituto tecnológico.

~Michael Bernard Beckwith

Caldo de Pollo para el Alma

20

Cómo dejar los malos hábitos

El hábito es al principio ligero como una telaraña, pero bien pronto se convierte en un sólido cable.

~Proverbio español

A lo largo de mi vida he dejado muchos malos hábitos. La última vez dejé el café. Dejar de tomar café no fue fácil. De hecho, por extraño que parezca, fue aún más difícil que cuando decidí volver a la sobriedad hace ocho años y dejé las drogas y el alcohol. La cafeína era mi última droga, y como no me estaba matando, continué dándome permiso para beberla.

Una de las principales razones por las que seguimos con hábitos que sabemos que no nos sirven es por nuestros pensamientos permisivos, como "Una taza de café al día no me va a matar". O "Sólo bebo los fines de semana". Estos pensamientos nos convencen de que no hay nada malo en nuestro comportamiento, aunque en el fondo sepamos que no es cierto.

En muchos casos usamos nuestros malos hábitos para no tener que afrontar algo mucho más difícil. En mi caso, estaba usando el café como vicio final. Como mujer sobria, pensaba que merecía tener algo a lo cual recurrir cuando sentía que necesitaba una sacudida. Este hábito parecía inofensivo, pero cuando me sinceré conmigo misma se hizo evidente que sólo estaba usando el café como otra droga. Al hacer un examen a fondo de mi comportamiento me di cuenta de que tenía que dejar de darme permiso para tomar café y que era hora de cambiar el hábito.

La transición para salir de un mal hábito puede ser realmente incómoda al principio. Para facilitar el proceso, resumo a continuación los tres pasos que funcionaron para mí cuando dejé el café.

Paso uno: pensar sólo en un día a la vez

Una de las principales razones por las que tropezamos cuando tratamos de cambiar un hábito es que empezamos a tropezarnos en el futuro. Por ejemplo, cuando empecé a dejar de tomar café, me proyectaba hacia el futuro con pensamientos como: "¿Qué voy a hacer cuando esté en Europa y quiera un capuchino?". Lo que más me ayudó con esas crisis futuras fue simplemente pensar en un día a la vez. Me decía: *no necesito preocuparme por el mañana. Hoy he decidido no tomar café.* Mantengo mi compromiso un día a la vez.

Paso dos: cambiar el patrón de respiración

En el momento en que cambiamos nuestro patrón de respiración, cambiamos nuestra energía y transformamos nuestra experiencia. Cada vez que te des cuenta de que estás a punto de recaer en una conducta negativa, respira profunda y largamente. Cuando cambia la respiración, cambia la energía. Tu energía tranquila y centrada te apoyará para continuar con una conducta positiva y evitará que te entregues a tu mal hábito.

Paso tres: procura estar alegre

Abandonar un hábito negativo no tiene por qué ser una tortura. De hecho, puede ser alegre. Para crear un verdadero cambio necesitamos algo más que fuerza de voluntad: debemos encontrar la alegría y la curiosidad de hacerlo. Dejar un mal hábito es, en realidad, crear un nuevo hábito. En ese nuevo hábito puedes encontrar la felicidad. En mi caso, opté por no pensar en la pérdida del café y en cambio me enamoré del té orgánico y me he convertido en una gran conocedora del té. Cuando te alegras de crear un nuevo hábito, puedes abandonar sin esfuerzo el malo.

Si estás preparado para dejar un vicio desagradable, sigue estos tres pasos; piensa sólo en un día a la vez, respira durante la transición y encuentra alegría en crear nuevos hábitos.

~Gabrielle Bernstein

Las dos palabras más tristes

Prevenir es mejor que remediar.
~Edward Coke

Dos de las palabras más tristes son "si hubiera...". Vivo mi vida con el objetivo de no tener que decir nunca esas palabras, porque transmiten arrepentimiento, oportunidades perdidas, errores y decepciones. A veces las palabras "si hubiera..." nacen de tragedias terribles. Piensa en cuántas veces has oído hablar de algo horrible, acompañado de "si hubiera llamado para asegurarse de que estaba bien...". o "si hubiera investigado qué era ese ruido..." o "si se hubieran asegurado de que la puerta de la piscina se cerrara al salir...".

Mi suegro es famoso en nuestra familia por decir: "Tómate un minuto extra para hacerlo bien". Debe de estar haciendo algo bien, ya que cumplió 91 años y todavía está muy lúcido.

Siempre trato de vivir según la regla del "minuto extra". A veces sólo necesito unos segundos para asegurarme de que escribí algo correctamente, o para buscar algo en internet, o mover un objeto antes de que alguien se tropiece. Por supuesto, cuando mis hijos eran pequeños, y propensos a todo tipo de percances, yo seguía al pie de la letra la regla del minuto extra. Siempre pensaba en lo que podía hacer para evitar un momento de "si hubiera...", independientemente de que se tratara de algo menor como quitar una taza llena de café caliente del borde de la mesa, o de algo que requería un poco más de esfuerzo, como pegar con cinta adhesiva un protector acolchado en las esquinas afiladas de una mesita de centro de cristal.

Acabo de leer una noticia sobre un aprendiz de piloto que salió despedido del avión cuando el toldo se desprendió. El instructor, que llevaba el cinturón abrochado, se encontraba bien. El estudiante, que no se había abrochado el cinturón de seguridad, se precipitó a tierra y encontraron su cuerpo en el suelo en algún lugar de Tennessee. Imagínense cuánta gente está de luto, y lo aterrorizado que debe de haber estado ese hombre cuando cayó del avión y se dio cuenta de que iba a morir. Imaginen el coro de "si hubieras..." entre su familia. Si se hubiera abrochado el cinturón de seguridad... ¿No habría sido muy sencillo?

No muevo mi coche ni un centímetro hasta que oigo que el cinturón de seguridad de cada pasajero hace clic. Desenchufo la plancha cuando salgo del cuarto de lavandería "sólo un minuto". Odiaría distraerme, no volver al cuarto de lavandería y provocar un incendio con esa plancha olvidada. Imaginen el "si hubiera..." que diría entonces. Después de darme cuenta de que no se me podía confiar una tetera (la dejé hirviendo en la estufa una hora), la tiré a la basura y compré una tetera eléctrica que se apaga sola. Las cenizas de la chimenea me ponen paranoica. Espero a que tengan dos semanas, luego las meto en una bolsa el día de la recolección de basura y la pongo a seis metros de distancia de la casa en medio de la entrada de coches.

Cuando mi hijo adolescente empezaba a conducir, me preocupaba que, si le imponía una hora de llegada demasiado estricta, eso haría que condujera con exceso de velocidad, lo que podría provocar un accidente. Un muchacho del pueblo vecino se mató cuando conducía demasiado rápido por tratar de llegar a casa antes de la medianoche. Por consiguiente, mi hijo y yo acordamos un plan: si no llegaba a la hora señalada, perdería el doble de esos minutos la siguiente noche que saliera. Diez minutos de retraso significaban que tenía que llegar 20 minutos más temprano la próxima vez, consecuencia que no era tan gravosa como para que volviera volando a casa.

Cuando tuve un accidente automovilístico hace unos años, que me trajo como consecuencia una operación de la columna vertebral y daño permanente en los nervios, lo manejé bien a nivel emocional, porque yo no era el conductor que había tenido la culpa. No había un solo pensamiento de "si hubiera..." por mi parte, y es mucho más fácil perdonar a otro que a uno mismo.

No sólo evito esos momentos de "si hubiera..." cuando se trata de seguridad. Es igualmente importante evitar el "si hubiera..." en nuestras relaciones personales. Todos conocemos a personas que perdieron a un ser querido y ahora lamentan haber dejado pasar la oportunidad de decir "te amo" o "te perdono". Cuando mi padre anunció que iba al oftalmólogo frente a mi oficina el Viernes Santo, le dije que era un día festivo para Chicken Soup for the Soul y que no iba a ir a trabajar; sin embargo, luego pensé en que tiene 84 años y me di cuenta de que no debía perder la oportunidad de verlo. Lo llamé y le dije que había decidido ir a trabajar en mi día libre después de todo. Cuando el querido y anciano tío de mi esposo me llamó ayer varias veces sin querer con su nuevo teléfono móvil, le pedí a mi marido que le devolviera la llamada, invocando la posibilidad del "si hubiera...". Mi esposo lo llamó y se alegró de haberlo hecho. Ahora, si algo sucede, mi esposo no tendrá que decir: "Si tan sólo lo hubiera llamado aquel día".

Sé que a pesar de todo habrá ocasiones en las que tenga que lamentar "si hubiera..." respecto a algo, pero mi vida es definitivamente más serena debido a mi filosofía de hacer todo lo posible para evitar esa eventualidad. Aunque necesite un minuto extra para hacer algo bien, o de vez en cuando me tome una hora o dos más en mi apretada agenda para hacer una conexión personal, sé que estoy haciendo lo correcto. Me estoy comprando tranquilidad y ese es el mejor tipo de seguro para mi bienestar emocional.

~Amy Newmark

¡Trato hecho!

Si el amor no sabe dar y recibir sin restricciones, no es amor, sino una transacción que nunca deja de poner el énfasis en un más y un menos.
~Emma Goldman

Cuando Marita tenía 13 años, era la época de las camisetas teñidas y los vaqueros deshilachados. Aunque crecí en la época de la Depresión y no tenía dinero para comprarme ropa, nunca me vestí como una pordiosera. Un día la vi en la entrada frotando los dobladillos de sus pantalones nuevos con tierra y piedras. Estaba horrorizada de que arruinara esos pantalones que yo acababa de pagar y salí corriendo a decírselo. Ella siguió desgastándolos mientras yo le contaba la telenovela sobre las carencias de mi niñez. Como concluí sin haberla conmovido hasta las lágrimas de arrepentimiento, le pregunté por qué estaba destrozando sus nuevos vaqueros.

—No puedo ponerme unos nuevos —contesto Marita sin levantar la mirada.

—¿Por qué no?

—Porque no puedo, por eso los estoy arruinando para que parezcan viejos.

¡Qué falta total de lógica! ¿Cómo podía ser la moda arruinar la ropa nueva?

Cada mañana, cuando salía para ir a la escuela, la miraba fijamente y suspiraba: "¡Cómo es posible que mi hija se vea así". Ahí estaba ella con la camiseta vieja de su padre, teñida con grandes manchas azules y rayas. Apta para un barrendero, pensaba yo. Y esos vaqueros, tan bajos que temía que, si respiraba hondo, se le caerían del trasero. Pero ¿a dónde iría con ellos? Estaban tan apretados y rígidos que no podía ni moverse. El dobladillo deshilachado, con la ayuda de las piedras, tenía hilos que arrastraban detrás de ella al caminar.

Un día después de salir para la escuela, fue como si el Señor me llamara la atención y me dijera: "¿Te das cuenta de cuáles son tus últimas palabras para Marita cada mañana? '¡Cómo es posible que mi hija se vea así'. Cuando llegue a la escuela y sus amigas hablen de sus madres anticuadas que se quejan todo el tiempo, ella contribuirá con comentarios constantes. ¿Alguna vez has visto a las otras chicas de la secundaria? ¿Por qué no les echas un vistazo?".

Fui a por ella ese día en el coche y observé que muchas de las otras chicas se veían aún peor. De camino a casa mencioné que había reaccionado exageradamente ante el hecho de que arruinara sus pantalones. Le ofrecí un intercambio:

—A partir de ahora puedes ponerte lo que quieras para ir a la escuela y con tus amigos, y no te molestaré —transigí.

—Será un alivio.

—Pero cuando te lleve conmigo a la iglesia o de compras o con mis amigas, me gustaría que te vistieras con algo que sabes que me gusta sin tener que decirte una palabra.

Lo pensó un momento.

—Eso significa —agregué— que tú te sales con la tuya noventa y cinco por ciento de las veces y yo cinco por ciento. ¿Qué te parece?

Los ojos le brillaron cuando extendió la mano y estrechó la mía.

—¡Trato hecho, mamá!

A partir de entonces me despedí de ella alegremente por las mañanas sin molestarla por su ropa. Cuando la llevaba conmigo, se vestía bien sin hacer alboroto. ¡Teníamos un trato!

~Florence Littauer

Dedica un momento a ver de verdad

La intuición es una facultad espiritual que no explica, sino que simplemente señala el camino.

~Florence Scovel Shinn

Todos hemos oído la expresión: "Recuerda detenerte a oler las rosas". Sin embargo, con nuestras vidas agitadas y apresuradas, ¿cuántas veces empleamos nuestro tiempo para sentir el mundo que nos rodea? Con demasiada frecuencia nos quedamos atrapados en nuestros apretados horarios, pensando en nuestra próxima cita, en el tráfico o en la vida en general, y ni siquiera nos damos cuenta de que hay otras personas cerca.

Soy tan culpable como cualquiera de no prestar atención al mundo, especialmente cuando conduzco por las abarrotadas y bulliciosas calles de California. Sin embargo, hace poco tiempo fui testigo de un acontecimiento que me demostró que el estar absorto en mi pequeño mundo personal me ha impedido ser plenamente consciente del panorama completo del mundo que me rodea.

Iba a una cita de negocios y, como de costumbre, estaba planeando mentalmente lo que iba a decir. Llegué a una intersección muy concurrida donde el semáforo se acababa de poner en rojo. "Muy bien", pensé, "puedo librar el siguiente semáforo si me adelanto a los demás".

Mi mente y mi auto estaban en piloto automático, listos para arrancar, cuando de repente salí del trance a causa de una visión inolvidable. Una pareja de jóvenes, ambos ciegos, cruzaron del brazo esta concurrida intersección con autos que pasaban a toda velocidad en todas las direcciones. El hombre llevaba de la mano a un niño pequeño, mientras que la mujer llevaba un portabebés en el pecho, donde obviamente llevaba a un niño. Cada uno de ellos llevaba un bastón blanco extendido con el que buscaban señales que les ayudaran a atravesar la intersección.

Al principio, la escena me conmovió. Estaban superando lo que yo consideraba una de las discapacidades más temidas: la ceguera. "¿No sería terrible ser ciego?", pensé. El horror me invadió al ver que la pareja no estaba caminando en el cruce de peatones, sino que giraba en diagonal, directamente hacia el centro de la intersección, sin darse cuenta del peligro en el que se hallaban. Estaban justo en el camino de los vehículos que venían en dirección contraria. Tuve miedo por ellos porque no sabía si los otros conductores entendían lo que estaba pasando.

Mientras miraba desde la primera fila del tránsito (yo tenía el mejor asiento de la casa), vi un milagro que ocurrió ante mis ojos. *Todos los autos* en *todas* las direcciones se detuvieron al mismo tiempo. Nunca oí el chirrido de los frenos ni el ruido de la bocina de un auto. Nadie gritó: "¡Quítense del camino!". Todo se paralizó. En ese momento, el tiempo pareció detenerse para esta familia.

Sorprendido, miré los vehículos que me rodeaban para comprobar que todos veíamos lo mismo. Noté que la atención de todos también estaba fija en la pareja. De repente, el conductor a mi derecha reaccionó. Sacó la cabeza de la ventanilla y gritó: "A su derecha. ¡A su derecha!". Otras personas siguieron al unísono, gritando: "¡A su derecha!".

Imperturbable, la pareja ajustó el rumbo siguiendo las indicaciones. Confiando en sus bastones blancos y en las llamadas de algunos ciudadanos preocupados, llegaron al otro lado de la calzada. Cuando llegaron a la acera, me di cuenta de algo: seguían del brazo.

Las expresiones sin emoción en sus rostros me dejaron perplejo y pensé que no tenían ni idea de lo que realmente estaba pasando a su alrededor. Sin embargo, de inmediato percibí los suspiros de alivio que exhalaron todos los que se detuvieron en esa intersección.

Mientras miraba los vehículos a mi alrededor, el conductor a mi derecha exclamó: "Vaya, ¿habéis visto eso?". El conductor a mi izquierda decía: "¡No puedo creerlo!".

Creo que todos nosotros estábamos profundamente conmovidos por lo que acabábamos de presenciar: seres humanos que salieron por un momento de su ensimismamiento para ayudar a cuatro personas necesitadas.

He reflexionado sobre esta situación muchas veces desde que ocurrió y he aprendido varias lecciones impresionantes. La primera es: "Ve despacio y huele las rosas". (Algo que rara vez había hecho hasta entonces.) Dedica tiempo a mirar a tu alrededor y ver en realidad lo que está sucediendo frente a ti en este momento. Haz esto y te darás cuenta de que este momento es todo lo que hay; más importante aún, este momento es todo lo que tienes para marcar una diferencia en la vida.

La segunda lección que aprendí es que podemos alcanzar los objetivos que nos fijamos si tenemos fe en nosotros mismos y confianza en los demás, a pesar de los obstáculos en apariencia insuperables.

El objetivo de la pareja de ciegos era simplemente llegar intactos al otro lado de la calle. Su obstáculo eran ocho carriles de automóviles que iban directamente hacia ellos. No obstante, sin pánico ni dudas, siguieron adelante hasta alcanzar su meta.

Nosotros también podemos avanzar en el logro de nuestros objetivos si no prestamos atención a los obstáculos que se interponen en nuestro camino. Sólo necesitamos confiar en nuestra intuición y aceptar la guía de otros que podrían tener una mayor perspicacia.

Por último, aprendí a apreciar realmente el don de la vista, algo que había dado por sentado con demasiada frecuencia.

¿Te imaginas lo diferente que sería la vida sin los ojos? Trata de imaginar por un momento que vas caminando por una intersección muy transitada sin poder ver. Cuántas veces olvidamos los sencillos, pero increíbles dones que tenemos en nuestra vida.

Cuando me alejé de esa concurrida intersección, lo hice con más conciencia de la vida y compasión por los demás de las que tenía al llegar ahí. Desde entonces tomé la decisión de ver en verdad la vida mientras realizo mis actividades diarias y empleo los talentos que Dios me ha dado para ayudar a otros menos afortunados.

Hazte un favor mientras caminas por la vida: ve despacio y tómate tu tiempo para ver de verdad. Dedica un momento a ver lo que está sucediendo a tu alrededor en este preciso instante. Puede que te estés perdiendo de algo maravilloso.

~Jeffrey Michael Thomas

Si tuviera que volver a vivir mi vida

Haz lo que quieras ahora. Nadie tiene prometido el futuro.
~Wayne Dyer

Me atrevería a cometer más errores la próxima vez.
Me relajaría. Haría más ejercicios de calentamiento.
Sería más boba de lo que he sido en este viaje.
Me tomaría menos cosas en serio.
Me arriesgaría más.
Haría más viajes.
Escalaría más montañas y nadaría en más ríos.
Comería más helado y menos frijoles.
Quizá tendría más problemas reales, pero menos imaginarios.
Verán, soy una de esas personas que viven con sensatez y cordura hora tras hora, día tras día.
Ah, sí: he tenido mis momentos, y si tuviera que hacerlo de nuevo, tendría más de ellos. De hecho, trataría de no tener nada más; sólo momentos.
Uno tras otro, en lugar de vivir tantos años adelantándome a cada día.
He sido una de esas personas que nunca van a ningún lado sin un termómetro, una bolsa de agua caliente, un impermeable y un paracaídas.
Si tuviera que hacerlo de nuevo, la próxima vez viajaría con un equipaje más ligero; me aseguraría de llevar solo lo esencial.
Si tuviera que volver a vivir mi vida, empezaría descalza más temprano en la primavera y me quedaría así más tarde en el otoño.

Iría a más bailes.
Subiría a más carruseles.
Recogería más margaritas.

~Nadine Stair (85 años)

Sachi

En el alma, sigo siendo ese niño pequeño al que no le importaba nada más que los hermosos colores de un arcoíris.

~Papiha Ghosh

Poco después de nacer su hermano, la pequeña Sachi comenzó a pedir a sus padres que la dejaran sola con el nuevo bebé. A ellos les preocupaba que, como la mayoría de los niños de cuatro años, se sintiera celosa y quisiera golpearlo o sacudirlo, y le dijeron que no. Pero la niña no mostraba señales de celos. Trataba al bebé con cariño y sus súplicas respecto a quedarse a solas con él se hicieron más urgentes. Decidieron permitirlo.

Eufórica, entró en la habitación del bebé y cerró la puerta, pero dejó un resquicio, lo suficientemente grande para que sus curiosos padres pudieran asomarse y escuchar. Vieron que la pequeña Sachi caminó en silencio hacia la cuna de su hermanito, acercó la cara y le pidió en voz baja: "Bebé, cuéntame cómo es estar cerca de Dios. Estoy empezando a olvidarlo".

~Dan Millman

Caldo de Pollo para el Alma 20

El regalo del delfín

Sostengo que el agradecimiento es la forma más elevada de pensamiento; y que la gratitud es la felicidad duplicada por el asombro.
~G. K. Chesterton

Estaba sola a unos 12 metros bajo el agua. Sabía que no debía haber ido sola, pero era muy competitiva y me arriesgué. No había mucha corriente, y el agua estaba muy tibia, clara y tentadora. Cuando me dio un espasmo, me di cuenta de inmediato de lo necia que había sido. No me alarmé demasiado, pero estaba casi completamente doblada por el dolor abdominal. Intenté quitarme el cinturón de lastre, pero estaba tan doblada que no pude alcanzar el seguro. Me estaba hundiendo y empecé a sentirme más asustada, incapaz de moverme. Vi el reloj y comprendí que tenía muy poco tiempo antes de quedarme sin aire en el tanque. Traté de darme un masaje en el abdomen. No estaba usando el traje de neopreno, pero no podía enderezarme ni alcanzar los músculos acalambrados con las manos.

Pensé: "¡No me puedo irme así! ¡Tengo cosas que hacer!". No podía morir anónimamente sin que nadie supiera lo que me había pasado. Grité en mi mente: "¡Que alguien, algo, me ayude!".

No estaba preparada para lo que pasó. De repente sentí un pinchazo detrás de mí bajo la axila. Pensé: "¡Ay, no, tiburones!". Sentí verdadero terror y desesperación. Pero algo me estaba levantando el brazo con fuerza. En mi campo de visión entró un ojo, el ojo más maravilloso que podría haber imaginado. Juro que estaba sonriendo. Era el ojo de un delfín grande. Miré ese ojo y supe que estaba a salvo.

Avanzó empujando y enganchando la aleta dorsal por debajo de mi axila con mi brazo sobre su lomo. Me relajé, lo abracé, llena de alivio.

Sentí que el animal me transmitía tranquilidad, que me curaba y me elevaba hacia la superficie. Los cólicos abdominales desaparecieron mientras ascendíamos y me relajé al sentirme segura, pero también me convencí de que me había sanado.

En la superficie me arrastró hasta la orilla. Me llevó a aguas tan poco profundas que empecé a preocuparme de que pudiera quedarse varado, y lo empujé hacia atrás, a aguas un poco más profundas, donde me esperó, sin quitarme la mirada, supongo que para ver si estaba bien.

Sentí como si empezara otra vida. Cuando me quité el cinturón de lastre y el tanque de oxígeno, me desnudé y corrí de vuelta al mar con el delfín. Me sentía tan ligera, libre y viva que sólo quería jugar bajo el sol y el agua en toda esa libertad. El delfín me llevó a pasear y jugó conmigo en el agua. Noté que había muchos delfines allí, más lejos.

Después de un tiempo, me llevó de vuelta a la orilla. Ya estaba muy cansada, casi al borde del colapso, y él se aseguró de ponerme a salvo en las aguas menos profundas. Luego se giró de lado con un ojo mirando al mío. Nos quedamos así durante lo que me pareció una eternidad, atemporal, supongo, casi en un trance en el que pensamientos personales del pasado pasaron por mi mente. Entonces hizo un solo sonido y salió a unirse a los demás. Y todos se fueron.

~Elizabeth Gawain

El toque de la mano del Maestro

Mandar luz a la oscuridad del corazón de los hombres, ése es el deber del artista.

~Schumann

Estaba maltrecho y marcado, y el subastador
pensó que apenas valía la pena
perder el tiempo con el viejo violín,
pero lo mostró con una sonrisa.
"¿Cuánto me ofrecen, buenas personas?", gritó,
"¿Quién empezará la puja?".
"Un dólar, un dólar", entonces, ¡dos! ¿Sólo dos?
"Dos dólares, ¿y quién da tres?
"Tres dólares, a la una; tres dólares, a las dos;
Se va a las tres...". Pero no,
desde la sala, muy al fondo, un hombre de pelo canoso
se adelantó y tomó el arco;
Luego, limpió el polvo del viejo violín,
tensó las cuerdas sueltas
y tocó una melodía tan pura y dulce
como cantaría villancicos un ángel.

La música cesó, y el subastador,
con voz tranquila y grave, preguntó:
"¿Cuánto me ofrecen por el viejo violín?".
Y lo levantó con el arco.

"Mil dólares, ¿y quién ofrece dos?
¡Dos mil! ¿Y quién da tres?
Tres mil, a la una; tres mil, a las dos;
Se va, se va se fue", anunció.
La gente vitoreó, pero algunos gritaron:
"No entendemos bien,
¿Qué cambió su valor?".
La respuesta fue rápida:
"El toque de la mano de un maestro".

Y muchos hombres con vida desafinada,
maltrechos y marcados por el pecado,
son subastados por una bicoca a la multitud irreflexiva,
como el viejo violín.
Una bagatela, una copa de vino;
un juego, y él sigue viajando.
"Se va" a la una, "se va" a las dos,
"Se va" y casi "se fue".
Pero viene el Maestro y la multitud insensata
no puede entender
el valor de un alma y el cambio que produce
el toque de la mano del Maestro.

~Myra B. Welch

Epílogo

El tema dominante en este libro es el pensamiento positivo. Historia tras historia se muestra cómo las personas han usado el pensamiento positivo para sortear situaciones difíciles, reorientar sus vidas y mejorar sus relaciones personales. Todos queremos vivir nuestros días con una perspectiva positiva, pero no siempre sabemos cómo lograrlo.

En Chicken Soup for the Soul nuestro trabajo es centrarnos en encontrar historias para el lector que sean positivas, edificantes y útiles. Antes de integrarme como editora de Chicken Soup for the Soul hace cinco años, pasé seis meses conociendo la empresa y leí cien de los viejos títulos. Después de leer todos esos libros y decenas de miles de historias enviadas para nuestros libros más recientes, lo que más me ha impresionado es la resiliencia del espíritu humano. Tratamos de mostrar eso en todos nuestros libros.

He aprendido que los seres humanos son muy fuertes y resistentes, y he leído cómo han superado desafíos y han seguido adelante con su vida, incluso después de haber pasado por cosas horribles. Es inspirador estar en mi puesto y leer todas estas historias de personas como nosotros, gente común y corriente, que han hecho cosas extraordinarias que no imaginaba que podían hacerse. Todos esos nuevos y eficaces líderes de pensamiento que contribuyeron con las historias adicionales para esta edición del vigésimo aniversario de *Caldo de Pollo para el Alma* fueron personas comunes y corrientes en un tiempo, que llegaron a ser extraordinarias debido a los acontecimientos de sus vidas..., ¡y porque practicaron el pensamiento positivo!

Lo que he aprendido es que todos somos capaces de manejar muchas cosas, y que nuestra capacidad para manejarlas parece aumentar cuando lo necesitamos.

Norman Vincent Peale lo dijo mejor: "Cambia tus pensamientos y cambiarás tu mundo". Eso tiene mucho sentido, porque el mundo que ves está teñido por *cómo* lo ves. Me parece que ahora actúo de manera mucho más optimista y soy más centrada que hace años, y creo que se debe a los buenos ejemplos que veo en nuestros libros: relatos de personas de todas las profesiones y condiciones sociales que muestran un espíritu sumamente capaz, una resiliencia y una actitud muy positiva a pesar de sus circunstancias. Veo que la gente común y corriente se convierte en gente *extraordinaria*, y me doy cuenta de que todos tenemos esa capacidad dentro de nosotros mismos.

He reunido algunos buenos consejos de los miles de historias que hemos publicado sobre cómo vivir la vida de manera positiva, y me gustaría compartir siete de ellos contigo:

1. Persigue al menos una de tus pasiones. Si tienes un trabajo que sólo paga tus gastos, de acuerdo entonces, es sólo tu trabajo, pero no tiene que ser lo que *haces*. Busca tiempo para hacer lo que de verdad te gusta. He oído que uno debería pensar en lo que le gustaba hacer cuando tenía 10 años e intentar hacerlo ahora. Para mí, eran dos cosas: leer y caminar por el bosque detrás de nuestra casa. Hoy día hago precisamente eso: leo por trabajo, leo por placer, y cuando el clima y el tiempo lo permiten, mi esposo y yo vamos a caminar por los senderos de la reserva natural de nuestro vecindario.

2. Haz algo que tenga significado para ti y que te dé un propósito. Ralph Waldo Emerson decía: "Hazte necesario para alguien". Te levantas el ánimo cuando levantas el de otros. Tenemos cientos de historias de personas que descubrieron que hacer algún tipo de trabajo voluntario prácticamente les salvó la vida; el hecho de dar algo a cambio, de sentirse valorados por otras personas, sin importar cuáles fueran sus propias circunstancias, transformó todo para ellos. Hacer el bien a los demás es increíblemente bueno para ti.

3. Da gracias por lo que tienes. Recibimos más historias de las que podríamos publicar sobre personas que llevan un diario con el propósito de cambiar sus actitudes. Algunas personas escriben una cosa buena que les pasa cada día, incluso si es algo así como "no había cola en Starbucks esta mañana". Otras personas se obligan a escribir tres cosas buenas que les pasan cada día. Puede que suene falso, pero funciona, y oímos hablar de estos diarios de gratitud todo el tiempo. Se

ha comprobado científicamente que las personas que llevan un registro de las "cosas buenas" que pasan en sus vidas son más saludables y productivas y se llevan mejor con otras personas.

4. Sonríe a todos. No importa qué tipo de día estés teniendo, sonríe. Tenemos incontables historias de personas que lo intentaron, entre ellas, una mujer que se vio a sí misma por accidente en un espejo y se preguntó quién era esa mujer gruñona. Tuvo un momento de revelación cuando se dio cuenta de que estaba mirando su propia imagen y decidió empezar a sonreír sin importar cómo se sintiera por dentro. Comenzó a recibir sonrisas a cambio, la gente la trató de modo diferente y empezó a actuar como la persona no gruñona que deseaba ser en realidad.

5. Sigue aprendiendo. ¿Alguna vez has notado que te sientes lleno de energía cuando aprendes algo nuevo? Por supuesto, ya lo estás haciendo al leer este libro. Mis padres tienen más de ochenta años y, sin embargo, los veo que leen libros para aprender historia, viajan y ven documentales en la televisión. Nunca dejan de aprender, y hablan de lo que han aprendido con gran entusiasmo.

6. Adopta una visión a largo plazo. Piensa en tu legado, no en el día a día. No importa lo que esté pasando ahora, sino lo que vas a dejarle al mundo. ¿Cuál ha sido tu contribución? Para mí, ese legado son nuestros hijos, a pesar de que mi nombre está en la portada de docenas de libros. No importa lo duro que trabaje o lo mucho que lo disfrute, mi logro más importante de mi vida siempre serán los dos hijos que di a luz y mis dos hijastros. Nuestros cuatro increíbles hijos adultos (y sus prometidos e incluso sus perros) son lo que realmente nos hace felices. Sé que el rostro se me ilumina cuando alguien pregunta por los muchachos, sin importar qué otra cosa esté pasando durante el día.

7. Por último, tómate un tiempo para ti. A veces, llego a casa del trabajo después de las ocho y estoy muy cansada, pero antes de entrar en la casa para empezar lo que llamo el segundo turno, me siento en el coche un minuto en el garaje y escucho el final de un reportaje noticioso interesante o una canción. O salgo a caminar el fin de semana, sin iPod, y escucho mis pensamientos en lugar de música. Ese es mi tiempo. Sin importar lo cansada que esté o cuán tarde me acueste, me tomo diez o quince minutos para leer. También ese es tiempo para mí.

Ya te has dado el regalo de un poco de tiempo para ti al leer este libro. Mientras leías las historias conmovedoras de este libro, recargaste tus baterías, adquiriste perspectiva sobre tus problemas actuales y recordaste las cosas por las que estás agradecido en tu vida.

~Amy Newmark

Editora, jefa de redacción y coautora

Chicken Soup for the Soul

Caldo de Pollo para el Alma 20

Conozca a los colaboradores de las historias nuevas

MK Asante es autor muy vendido y cineasta galardonado al que la CNN llama "un maestro narrador y una gran fuerza creativa". Autor de cuatro libros famosos, Asante ha sido galardonado con el premio Langston Hughes. Su último libro, *Buck*, es un libro aclamado por la crítica sobre su juventud en Filadelfia. Es profesor distinguido de escritura creativa y cinematografía de la Universidad Estatal de Morgan. Para comunicarse con él, visite mkasante.com.

Michael Bernard Beckwith es el fundador del Agape International Spiritual Center con sede en Los Ángeles. Es autor de *Spiritual Liberation, Life Visioning* y creador del Proceso de Visión de Vida. Ha aparecido en *The Oprah Show, Larry King Live, Tavis Smiley* y su propio programa especial de PBS, *The Answer Is You*.

Gabrielle Bernstein es autora del libro *May Cause Miracles,* un *best seller* de *The New York Times*. Sus primeros títulos incluyen *Spirit Junkie* y *Add More ~Ing to Your Life*. Gabrielle fue presentada en fechas recientes en el *Super Soul Sunday* de Oprah como una de las líderes de pensamiento de la próxima generación. Es fundadora del sitio de relaciones sociales HerFuture.com para que las mujeres se inspiren, se empoderen y conecten.

Kris Carr es una de las autoras más vendidas de *The New York Times* y defensora de la salud. Sus libros y películas incluyen la innovadora serie *Crazy Sexy Cancer, Crazy Sexy Diet* y *Crazy Sexy Kitchen*. Kris regularmente da conferencias en escuelas de medicina, hospitales, centros de bienestar y empresas. Sus apariciones en televisión incluyen: el programa *Today*, *Good Morning America*, CBS *Evening News* y *The Oprah Winfrey Show*. Encontrará más información sobre ella en www.kriscarr.com.

El doctor **Deepak Chopra** es autor de más de setenta libros con veintiún *best sellers* de *The New York Times*. Es fundador de la Chopra Foundation, cofundador y presidente del consejo de administración del Chopra Center for Wellbeing, fundador de The Chopra Well en YouTube, profesor adjunto de la Escuela de Administración Kellogg de la Universidad del Noroeste, profesor adjunto de la Escuela de Negocios de la Universidad de Columbia y científico principal de The Gallup Organization.

Lori Deschene es fundadora de tinybuddha.com, un blog comunitario sobre la sabiduría que atrae a un millón de lectores al mes. Dirige el sitio como un esfuerzo grupal porque cree que todos somos estudiantes y maestros. Es autora de *Tiny Buddha: Simple Wisdom for Life's Hard Questions* y *Tiny Buddha's Guide to Self-Love*, que se publicará próximamente.

Eric Handler es cofundador y editor de positivelypositive.com, una plataforma multimedia en línea conocida por su contenido creativo diseñado para inspirar a los lectores a vivir plenamente, conectarse y encender el fuego dentro de ellos. Positively Positive tiene millones de lectores mensuales.

Darren Hardy es orador famoso, mentor de luminarias empresariales y revisor y editor fundador de *SUCCESS*, la galardonada revista que trabaja para potenciar a los propietarios de pequeñas empresas y a las personas con espíritu emprendedor. Lea su carta mensual, consejos de marketing y ventas de los líderes de opinión, reportajes inspiradores y guías detalladas para maximizar su potencial en SUCCESS.com y DarrenHardy.com.

El trabajo de **Robert Holden** en psicología y espiritualidad ha sido presentado en *Oprah*, *Good Morning America*, *Shift Happens!*, un especial de PBS, y en dos importantes documentales de BBC-TV: *The Happiness Formula* y *How to Be Happy*. Es autor de *Hapiness NOW!*, *Shift Happens!*, *Authentic Success*, *Be Happy* y *Loveability*. Robert también conduce un programa semanal en Hay House Radio llamado *Shift Happens!* www.robertholden.org.

Tory Johnson fundó dos negocios multimillonarios: Women For Hire y Spark & Hustle; también trabaja como colaboradora de *Good Morning America*, es autora muy vendida de *The New York Times*, editora colaboradora de la revista *SUCCESS* y oradora popular. Su séptimo libro, *The Shift*, se publicó en septiembre de 2013.

Mastin Kipp es fundador de TheDailyLove.com, un sitio web, correo electrónico diario y cuenta de Twitter que sirven de inspiración conmovedora para una nueva generación. Cuando presentó a Mastin en su programa semanal *Super Soul Sunday*, Oprah lo calificó de "líder de pensamiento prometedor de la próxima generación de pensadores espirituales". El libro de Mastin, *Float: An Achiever's Journey from Crisis to Grace*, fue publicado por Hay House a principios de 2014.

Nick Ortner es autor del *best seller The Tapping Solution: A Revolutionary System for Stress-Free Living,* publicado por *The New York Times*, y del famoso documental del mismo nombre. Imparte clases y escribe sobre "EFT" o "Tapping", una técnica que ha demostrado ser eficaz para aliviar el dolor, limitar las creencias negativas, bajar de peso, vencer los miedos y las fobias y mucho más.

El **Dr. Mehmet Oz**, dos veces ganador del premio Emmy a la televisión diurna por su trabajo como anfitrión de *The Dr. Oz Show,* programa que también ha sido dos veces ganador del premio Emmy a la televisión diurna, es vicepresidente y profesor de cirugía en la Universidad de Columbia. Dirige el Instituto Cardiovascular y el Programa de Medicina Complementaria del New York Presbyterian Hospital. Es autor de más de 400 publicaciones originales, capítulos de libros y libros de medicina, ha obtenido varias patentes y realiza más de un centenar de cirugías cardiacas al año.

Desde hace más de 35 años, **Anthony Robbins** ha dedicado su vida a ayudar a personas de todo el mundo a descubrir y desarrollar sus propias cualidades únicas de grandeza. Considerado el líder nacional en desempeño máximo y autoridad reconocida en la psicología del liderazgo, la transformación personal y el cambio organizacional, ha sido homenajeado constantemente por su intelecto estratégico y sus esfuerzos humanitarios.

Don Miguel Ruiz es el autor de *The Four Agreements, best seller* internacional (y *best seller* de *The New York Times* durante siete años), *The Mastery of Love*, *The Voice of Knowledge* y *The Fifth Agreement*. En la actualidad continúa compartiendo la antigua sabiduría tolteca por medio de conferencias y viajes a lugares sagrados de todo el mundo.

Conozca a los colaboradores de las historias originales

Biografías de 1993, año de la publicación del libro original

Wally "Famous" Amos es fundador de Famous Amos Cookies y autor del libro y álbum de cintas *The Power... In You*. Wally vive en Maui, Hawái. Para comunicarse con él, escriba a P.O. Box 897, Kailua, HI 96734, o llame al (808) 261-6075.

Joe Batten, C.P.A.E., es orador profesional y empresario exitoso que sabe cómo inspirar confianza en las organizaciones en los buenos y malos tiempos económicos. Sus 35 años como autor, consultor y orador le han valido el título de Mentor Corporativo. Joe escribió el *best seller Tough Minded Management*. Joe es un hombre que ama la vida y la risa, y transmite esa calidez y pasión a todos los públicos. Para comunicarse con Joe escriba a 4505 S.W. 26th St., Des Moines, IA 50321-2813. Llame al (515) 285-8069 o por fax al (515) 285-5672.

Gene Bedley es director de escuela jubilado, ganador en 1985 del Premio Nacional al Educador del Año que otorga la PTA y del premio Educador del Año 1994 de la Milken Family Foundation; además, es autor de numerosos libros sobre la creación de un ambiente positivo en el aula. Se le puede localizar en 14252 East Mall, Irvine, California 92714 o llame al (714) 551-6690.

Michele Borba es autora prolífica sobre el tema de fomento de la autoestima en las aulas de educación primaria. Es miembro del consejo de administración del National Council for Self-Esteem. Su mejor libro es *Esteem Builders*, una colección de 379 actividades en clase. Para comunicarse con ella escriba a 840 Prescott Drive, Palm Springs, California 92262 o llame al (619) 323-5387.

Helice Bridges es oradora e instructora reconocida y dinámica que viaja internacionalmente para impartir capacitación y talleres sobre autoestima en escuelas, organizaciones y empresas. Es presidenta del consejo de administración de Difference Makers, Inc., y se le puede escribir a P.O. Box 2115, Del Mar, California 92014 o llame al (800) 887-8422 o (760) 634-1851.

Les Brown es orador muy aclamado que da conferencias en empresas de la lista *Fortune 500* e imparte seminarios personales y profesionales en todo Estados Unidos. Es muy conocido entre los televidentes gracias a sus programas especiales de PBS, todos los cuales están disponibles en cintas de audio y vídeo. Para comunicarse con él, escriba a Les Brown Unlimited, 2180 Penobscot Building, Detroit, Míchigan 48226 o llame al (800) 733-4226.

La **Dra. Helen E. Buckley** es profesora jubilada de inglés del State University College de Nueva York en Oswego y exmaestra de escritura infantil del Departamento de Educación Continua de la Universidad de Syracuse. Es colaboradora de publicaciones profesionales y autora de 16 libros infantiles, entre ellos: *Grandfather and I*, *Grandmother and I* y *Someday with My Father*.

Dan Clark es orador motivacional profesional que ha dado miles de charlas dirigidas a estudiantes de secundaria, padres de familia y empresas. Para comunicarse con él, escriba a P.O. Box 8689, Salt Lake City, Utah 84108 o llame al (801) 532-5755.

Alan Cohen es orador y autor prolífico y dinámico. Nuestro libro favorito de Alan es *The Dragon Doesn't Live Here Anymore*. Para comunicarse con él, escriba a P.O. Box 98509, Des Moines, WA 98198 o llame al (800) 462-3013.

Roger Crawford es un dinámico orador motivacional. Su libro se titula *Playing From The Heart*. Para comunicarse con él, escriba a 1050 St. Andrews Drive, Byron, California 94514 o llame al (510) 634-8519.

Stan Dale, anteriormente la voz de "The Shadow" y locutor/narrador de los programas de radio "The Lone Ranger". "Sgt. Preston" y "The Green Hornet", es el director y fundador del Human Awareness Institute de San Mateo, California, una organización dedicada a "crear un mundo en el que todos ganen". Imparte los talleres "Sexo, amor e intimidad" en todo el mundo. Stan es autor de *Fantasies Can Set You Free* y *My Child, My Self: How To Raise The Child You Always Wanted To Be*. Ambos libros también están disponibles en audiocintas en The Human

Awareness Institute, 1720 S. Amphlett Blvd., Suite 128, San Mateo, California 94402 o llame al (800) 800-4117 o al (415) 571-5524.

Burt Dubin es el desarrollador del Speaking Success System, un potente instrumento para ayudar a aspirantes a oradores y a oradores profesionales a posicionarse, promocionarse y presentarse. "Usted es un maestro, un verdadero maestro, y recomiendo su sistema sin ninguna reserva", dice Jos J. Charbonneau, C.S.P., C.P.A.E. Para comunicarse con Burt, escriba a Personal Achievement Institute, 1 Speaking Success Road, Kingman, Arizona 86402-6543 o llame al (800) 321-1225.

Charles Faraone es uno de los grandes abrazadores del mundo. Imparte talleres y conferencias sobre abrazos, espiritualidad y la vida de soltero. Se le puede escribir a Once Upon A Planet, P.O. Box 610220, Bayside, NY 11361-0220 o llame al (516) 883- 4932. Para recibir el boletín y cupones de abrazos gratis, envíe un sobre rotulado con su dirección y franqueo previamente pagado a Let's Hug!, P.O. Box 610220, Bayside, NY 11361-0220.

Patricia Fripp, C.S.P., C.P.A.E., es "oradora por todas las razones". Es expresidenta de la National Speakers Association y una de las oradoras más dinámicas que conocemos. Para comunicarse con ella, escriba a 527 Hugo Street, San Francisco, California 94122 o llame al (415) 753-6556.

Bobbie Gee, C.S.P., es reconocida como una de las oradoras más destacadas de Estados Unidos. Es autora del libro *Winning the Image Game* (Pagemill Press) y de dos álbumes de audiocintas *Life Doesn't Have To Be A Struggle* e *Image Power*. Para comunicarse con ella, escriba a Bobbie Gee Enterprises, 1540 S. Coast Highway, Suite 206, Laguna Beach, California 92651 o llame al (800) 462-4386 o (714) 497-1915.

Rick Gelinas es presidente de la Lucky Acorns Delphi Foundation de Miami, Florida. Es un educador magistral que ha dedicado su vida a marcar una diferencia en la vida de los niños. Para comunicarse con él, escriba a 5888 S.W. 77 Terrace, Miami Florida 33143 o llame al (305) 667-7756.

John Goddard es aventurero, explorador y orador motivacional de talla mundial. Para comunicarse con él, escriba a 4224 Beulah Drive, La Canada, California 91101 o llame al (818) 790-7094.

Patty Hansen es directora administrativa de Look Who's Talking. Para comunicarse con ella, escriba a P.O. Box 7665, Newport Beach, California 92658 o llame al (714) 759-9304.

Danielle Kennedy, M.A., es autora célebre, instructora de ventas de talla mundial, oradora inspiracional y vendedora galardonada. Tiene un título honorífico en Humanidades por Clarke College y una maestría en escritura profesional por la Universidad del Sur de California. Da conferencias en cien ciudades al año sobre ventas, marketing y liderazgo. Sus libros más vendidos incluyen *How To List And Sell Real Estate In The '90s* (Prentice Hall) y *Kennedy On Doubling Your Income In Real Estate Sales* (John Wiley). Está casada y tiene ocho hijos. Para comunicarse con ella, escriba a 219 S. El Camino Real, San Clemente, California 92672 o llame al (714) 498-8033.

Florence Littauer, C.S.P., C.P.A.E., es una de las personas más maravillosas que conocemos. Es escritora y maestra inspiradora. Nuestro libro favorito de Florence es *Little Silver Boxes*. Para comunicarse con ella, escriba a 1611 S. Rancho Santa Fe Rd., Ste. F2 San Marcos, California 92069 o llame al (760) 471-0233.

En los últimos 16 años, **Rick Little** ha participado en una amplia gama de proyectos para mejorar las condiciones sociales y económicas de niños y jóvenes. En 1975 fundó Quest International y fue su presidente durante 15 años. El señor Little ha sido coautor de libros con las principales autoridades en el tema de la juventud, entre ellos, Bill Cosby y el doctor Charlie W. Shedd. En 1990 Rick Little fundó la International Youth Foundation con el importante apoyo de la W.K. Kellogg Foundation. Actualmente es secretario general de la International Youth Foundation, cuyo objetivo es identificar y financiar programas juveniles replicables que han demostrado ser exitosos. En la actualidad, la fundación se centra en programas en el sur de África, Polonia, Ecuador, México, Bangladesh, Tailandia y Filipinas.

Hanoch McCarty, Ed.D., es orador profesional, instructor y consultor especializado en motivación, productividad y aumento de la autoestima. Hanoch es uno de los oradores más solicitados en Estados Unidos, porque combina el humor y las historias conmovedoras con habilidades prácticas que se pueden poner en acción de inmediato. Sus libros y programas videograbados incluyen *Stress and Energy* y *Self-Esteem: The Bottom Line*. Para comunicarse con él, escriba a P.O. Box 66, Galt, California 95632 o llame al (800) 231-7353.

Dan Millman es excampeón mundial de gimnasia, entrenador universitario y autor de gran éxito, cuyos ocho libros, entre ellos *Way of the Peaceful Warrior*, *No Ordinary Moments*, *The Life You Were Born to Live*,

The Inner Athlete y *The Laws of Spirit*, han inspirado a millones de personas en todo el mundo. En la última década, Dan ha entrenado a todo tipo de personas de todo el mundo, entre otros, profesionales de la salud y de los negocios, terapeutas, educadores y otras personas que trabajan en los campos de desempeño máximo y crecimiento personal. Él y su familia viven en el norte de California. Póngase en contacto con él en: www.danmillman.com.

W. Mitchell, C.P.A.E., es uno de los oradores más inspiradores que hemos conocido. Su programa grabado en cintas se titula *It's Not What Happens to You, It's What You Do About It*. Para comunicarse con él, escriba a 12014 W. 54th Drive, #100, Arvada, Colorado 80002 o llame al (303) 425-1800.

Robert A. Moawad es presidente y director general de Edge Learning Institute que tiene oficinas en Tacoma, Washington y Tempe, Arizona. Edge es una empresa de desarrollo profesional dedicada a ayudar a las organizaciones a lograr mayores niveles de productividad, calidad y satisfacción del cliente. Bob es un "edu-instructor" dinámico. Posee una habilidad impresionante para inspirar e impactar al público al combinar ilustraciones vívidas con principios sólidos. Esto ha hecho de Bob uno de los oradores principales más solicitados de Estados Unidos. Desde 1973 ha ayudado a más de dos millones de personas, entre ellas algunos de los líderes más respetados en el ámbito de los negocios, el gobierno y la educación. Para comunicarse con él, escriba a Edge Learning Institute, 2217 N. 30th, #200, Tacoma, Washington 98403 o llame al (206) 272-3103.

Chick Moorman es director del Institute for Personal Power, una empresa consultora dedicada a proporcionar actividades de desarrollo profesional de alta calidad a educadores y padres de familia. Cada año recorre el país impartiendo más de 100 talleres sobre aprendizaje colaborativo, aumento de la autoestima y desarrollo de actitudes positivas. Su misión es ayudar a las personas a experimentar un mayor sentido de poder personal en sus vidas para que a su vez puedan empoderar a otros. Su libro más reciente, *Where the Heart Is: Stories of Home and Family*, celebra la fortaleza, el amor, la tolerancia, la esperanza y el compromiso de la familia. Lo puede pedir a Personal Power Press, P.O. Box 5985, Saginaw, MI 48603 o llame al (517) 791-3533.

Michael J. Murphy, Ed.D., DFP, es terapeuta familiar y autor de *Popsicle Fish and Other Fathering Stories*. Para obtener información o presentaciones, comuníquese con The Family Consultation Team, 349 Old Plymouth Road, P.O. Box 300, Sagamore Beach, MA 02562, o llame al (508) 833-3800.

Victor H. Nelson, S.T.M., es terapeuta y consejero pastoral y trabaja por su cuenta. Su dirección es 505 Evergreen Street West, Lafayette, Indiana 47906.

Price Pritchett, Ph.D., tiene un doctorado en psicología y fue presidente de la Dallas Psychological Association. Es el CEO de Pritchett & Associates, Inc., una empresa de consultoría con sede en Dallas, especializada en el cambio organizacional. El doctor Pritchett es autor de 11 libros sobre eficacia individual y organizacional, entre los que destaca *You2: A High Velocity Formula For Multiplying Your Personal Effectiveness In Quantum Leaps*. Para comunicarse con el Dr. Pritchett, escriba a 200 Crescent Court, Suite 1080, Dallas, Texas 75201 o llame al (214) 855-8999 o al (800) 992-5922.

Bobbie Probstein es escritora y fotógrafa cuyo nuevo libro, *Healing Now*, ha sido ampliamente elogiado. Es de gran valor para cualquier persona afectada por una enfermedad o que se esté preparando para una intervención quirúrgica. Su primer libro, una autobiografía, *Return to Center*, está en su tercera edición. Para comunicarse con ella, escriba a 28 Shoal Dr., Corona Del Mar, CA 92625.

Bob Proctor es presidente de Bob Proctor Seminars y fundador del Million Dollar Forum en Ontario, Canadá. Bob es autor de *You Were Born Rich* e imparte los seminarios de Born Rich en todo el mundo. Los seminarios de Bob empoderan a las personas para que creen la vida con la que siempre han soñado. Para comunicarse con él, escriba a Million Dollar International, 211 Consumers Road, Suite 201, Willowdale, Ontario, Canadá M2J 4G8 o llame al (416) 498-6700.

Nido Qubein, C.S.P., C.P.A.E., es expresidente de la National Speakers Association y un destacado orador sobre ventas, administración y marketing. Sus numerosos libros incluyen *Get The Best From Yourself*, *Communicate Like A Pro* y *Professional Selling Techniques*. Para comunicarse con él, escriba a Creative Services, Inc., P.O. Box 6008, High Point, North Carolina 27262-6008 o llame al (919) 889-3010.

Anthony Robbins, reconocido a nivel nacional como el líder en el campo de la capacitación para el desarrollo humano, es autor de dos *best sellers*, *Unlimited Power* y *Awaken the Giant Within: How to Take Immediate Control of Your Mental, Emotional, Physical and Financial Destiny!*

En la última década más de un millón de personas han invertido en sus seminarios y se han beneficiado de ellos, y de sus cintas de audio y vídeo y libros. Es fundador de nueve empresas, consultor de empresas y gobiernos en Estados Unidos y en el extranjero, y filántropo comprometido con la creación de The Anthony Robbins Foundation. Para obtener más información sobre productos y servicios, llame a Robbins Research International, Inc. al 1-800-445-8183 o escriba a la empresa a 9191 Towne Centre Drive, Suite 600, San Diego, California 92122.

Pamela Rogers obtuvo su maestría en educación por la Universidad de Pennsylvania en 1990 y da clases en segundo grado en la Escuela Primaria Reynolds en Filadelfia. Estudia actuación cuando no da clases.

Glenna Salsbury, C.S.P., C.P.A.E., se graduó de la Universidad del Noroeste en Evanston, Illinois, obtuvo su maestría en UCLA y, dieciséis años después, obtuvo una maestría en teología en el Fuller Seminary. En 1980 Glenna fundó su propia empresa que ofrece presentaciones y seminarios de crecimiento personal. En su vida personal, Glenna está casada con Jim Salsbury, un exjugador de los Detroit Lions y los Green Bay Packers y tiene tres hijas. Llame o escriba para adquirir su estupendo álbum de seis cintas titulado *Passion, Power and Purpose*. Para comunicarse con ella, escriba a 9228 North 64th Place, Paradise Valley, Arizona 85253 o llame al (602) 483-7732.

Jack Schlatter fue maestro y actualmente es orador motivacional. Para comunicarse con él, escriba a P.O. Box 577, Cypress, California 90630 o llame al (714) 879-7271.

Lee Shapiro fue un abogado litigante y juez que dejó el ejercicio del derecho porque nunca recibió una ovación de pie de un jurado. En la actualidad es conferenciante y profesor especializado en ética en la administración, discursos de presentación y habilidades sociales. Para comunicarse con él, escriba a 5700-12 Baltimore Drive, La Mesa, California 91942 o llame al (619) 668-9036.

Frank Siccone, Ed.D., es director del Siccone Institute de San Francisco. Es consultor de numerosas escuelas y empresas. Sus libros incluyen *Responsibility: The Most Basic R* y *101 Ways To Develop Self-Esteem and Responsibility* con Jack Canfield (Allyn & Bacon). Para comunicarse con él, escriba a Siccone Institute, 2151 Union Street, San Francisco, California 94123 o llame al (415) 922-2244.

Cindy Spitzer es escritora independiente que nos ayudó a reescribir varias de nuestras historias más difíciles e importantes. Para comunicarse con ella, escriba a 5027 Berwyn Road, College Park, Maryland 20740.

Jeffrey Michael Thomas es vicepresidente regional de Van Kampen Merritt, una empresa profesional de administración de dinero. Es miembro de la National Speakers Association y habla sobre temas que van desde la administración financiera hasta la recaudación de fondos para varias organizaciones de beneficencia por medio de su empresa J. Michael Thomas & Associates. El señor Thomas vive y trabaja en Tustin, California, y en la actualidad busca ser elegido concejal del Ayuntamiento Municipal de Tustin. Para comunicarse con él, llame al (714) 544-1352.

Pamela Truax es autora de *Small Business Pitfalls And Bridges*. Para comunicarse con ella, escriba a 2073 Columbia Way, Vista, California 92083 o llame al (619) 598-6008.

Francis Xavier Trujillo, Ed.D., es fundador y presidente de *ProTeach Publications*, una empresa especializada en la creación y producción de carteles, tarjetas y materiales conexos de inspiración y aumento de la autoestima dirigidos a estudiantes y maestros. Sus escritos, principalmente en formato de cartel, adornan las paredes de prácticamente todas las escuelas de Estados Unidos. Sus títulos incluyen *Who Builds the Builders? The Power to Teach, A Letter to My Students* y *Giver of a Lifelong Gift*. Frank habla sobre una variedad de temas relacionados con la autoestima, el empoderamiento de los maestros y la reforma educativa. Puede ponerse en contacto con él por medio de *ProTeach Publications*, P.O. Box 19262, Sacramento, CA 95819 (800) 233-3541. Escriba o llame para solicitar el catálogo a todo color que contiene *Bilding Me A Fewchr* y docenas de otros carteles y materiales de inspiración relacionados. *Bilding Me A Fewchr* (que en esta versión en español se tradujo como "Un futuro para mí") se convirtió en la base del proyecto *Build Me A Future*, una campaña nacional, no partidista, de redacción de cartas en la que niños de todas las edades enviaron cartas al presidente Clinton para sugerir formas en las que podemos trabajar juntos para ayudarnos a construir un futuro mejor.

Dottie Walters es presidenta de la Walters International Speakers Bureau de California. Envía conferenciantes pagados a todo el mundo y está muy interesada en la capacitación para hacer presentaciones. Es autora, junto con su hija Lilly, del nuevo libro de Simon & Schuster,

Speak and Grow Rich, y es fundadora y administradora del International Group of Agents and Bureaus. Dottie publica *Sharing Ideas*, la revista de noticias más grande del mundo para oradores profesionales remunerados. Puede escribirle a P.O. Box 1120, Glendora, California 91740, llamar al (818) 335-8069 o por fax al (818) 335-6127.

Bettie Youngs es presidenta de Instruction & Professional Development, Inc., una empresa de recursos y consultoría que presta servicios a los distritos escolares. Bettie fue maestra del año en Iowa, actualmente es profesora en la Universidad Estatal de San Diego y directora ejecutiva de la Phoenix Foundation. Es autora de catorce libros, entre ellos *The Educator's Self-Esteem: It's Criteria #1*, *The 6 Vital Ingredients of Self-Esteem And How To Develop Them In Students* y *Safeguarding Your Teenager From The Dragons Of Life*. Para comunicarse con ella, escriba a 3060 Racetrack View Drive, Del Mar, California 92014 o llame al (619) 481-6360.

Conozca a nuestros autores

Jack Canfield es cocreador de la serie *Caldo de Pollo para el Alma*, que la revista *Time* ha llamado "el fenómeno editorial de la década". Jack también es coautor de muchos otros libros que han sido grandes éxitos de ventas.

Jack es el CEO de Canfield Training Group de Santa Bárbara, California, y fundador de la Foundation for Self-Esteem de Culver City, California. Ha impartido seminarios intensivos de desarrollo personal y profesional sobre los principios del éxito a más de un millón de personas en 23 países, ha hablado ante cientos de miles de personas en más de un millar de empresas, universidades, conferencias y convenciones profesionales, y ha sido visto por millones más en programas de televisión a nivel nacional.

Jack ha recibido muchos premios y honores, entre ellos tres doctorados honoríficos y un certificado de Guinness World Records por tener siete libros de la serie *Caldo de Pollo para el Alma* que aparecieron en la lista de *best sellers* de *The New York Times* el 24 de mayo de 1998.

Comuníquese con Jack en www.jackcanfield.com.

Mark Victor Hansen es el cofundador de Chicken Soup for the Soul, junto con Jack Canfield. Es un orador muy solicitado, autor de *best sellers* y experto en marketing. Los mensajes inspiradores de Mark acerca de posibilidad, oportunidad y acción han creado cambios impresionantes en miles de organizaciones y millones de personas de todo el mundo.

Mark es un prolífico escritor y es autor de muchos libros que han tenido gran éxito además de la serie *Caldo de Pollo para el Alma*. Mark ha tenido una profunda influencia en el ámbito del potencial humano gracias a su biblioteca de audios, vídeos y artículos en las áreas de pensamiento en grande, logro de ventas, creación de riqueza, éxito editorial y desarrollo personal y profesional. También es fundador de la Serie de Seminarios MEGA.

Mark ha recibido numerosos premios que celebran su espíritu empresarial, corazón filantrópico y perspicacia para los negocios. Es miembro vitalicio de la Horatio Alger Association of Distinguished Americans.

Comuníquese con Mark en www.markvictorhansen.com.

Amy Newmark es editora y jefa de redacción de Chicken Soup for the Soul, después de una carrera de treinta años como escritora, conferencista, analista financiera y ejecutiva de negocios en el mundo de las finanzas y las telecomunicaciones. Amy se graduó *magna cum laude* de la Universidad de Harvard, donde se especializó en portugués y estudió francés como asignatura secundaria, y ha viajado mucho. Ella y su esposo tienen cuatro hijos adultos.

Después de una larga carrera como autora de libros sobre telecomunicaciones, informes financieros voluminosos, planes de negocios y comunicados de prensa empresariales, Chicken Soup for the Soul es un soplo de aire fresco para Amy. Se ha enamorado de Chicken Soup for the Soul y de sus libros transformadores, y en verdad disfruta de preparar estos libros para los maravillosos lectores de *Caldo de Pollo para el Alma*. Es coautora de más de cinco docenas de libros de *Caldo de Pollo para el Alma* y ha editado otras tres docenas.

Si tiene alguna pregunta o comentario, puede comunicarse con Amy por medio de webmaster@chickensoupforthesoul.com y seguirla en X en @amynewmark o @chickensoupsoul.

Heidi Krupp es directora general de Krupp Kommunications, Inc. (K2). Heidi Krupp-Lisiten, veterana en medios de comunicación, marketing y promoción desde hace 25 años, ha convertido a Krupp Kommunications en un líder de la industria que crea y ejecuta iniciativas innovadoras de relaciones públicas, branding y marketing. Su liderazgo ha inspirado programas estratégicos únicos para autores y marcas que gozan de reconocimiento mundial, como Weight Watchers y Everyday Health. K2 ha colocado más de 65 libros en las listas de *best sellers* de *The New York Times*, entre ellos *The South Beach Diet* y *Your Best Life Now*, que ocuparon el primer lugar. La empresa se está expandiendo al campo de la educación y crianza de los hijos, ya que actualmente Heidi también crea y ejecuta actividades para Caden, su hijo pequeño, increíblemente lindo (sí, bueno, lo digo con parcialidad), Isaac, su perro increíblemente adorable (de acuerdo, estoy siendo subjetiva), y su esposo, Darren (nota del editor: también él es lindo), o simplemente le gusta pasar el tiempo con ellos.

Agradecimientos

¡Qué proyecto tan interesante ha sido éste! Ha sido muy divertido volver a revisar las historias originales de *Caldo de Pollo para el Alma* que dieron inicio a todo esto, y maravillosamente reafirmante pedir y escuchar el "sí" de los líderes de pensamiento actuales, cuando les pedimos que colaboraran con nosotros con sus nuevas historias.

Agradecemos muy en especial a nuestra editora Jeanne Blandford, que creó un nuevo manuscrito a partir del libro original de *Caldo de Pollo para el Alma,* y luego integró nuestras veinte historias adicionales. Ella guio todo el proyecto de principio a fin. También agradecemos a Kristiana Pastir por supervisar el proceso de producción y por revisar el diseño final junto con la editora Barbara LoMonaco y nuestra editora asistente D'ette Corona. Además, estamos muy contentos de que nuestra vicepresidenta de marketing, Joelle Jarvis, haya tenido la visión que condujo a este proyecto.

La hábil asistente de Heidi Krupp, Suman Mampilly, nos mantuvo organizados y al día con el personal de todos nuestros nuevos colaboradores, y qué puedo decir de Heidi salvo que ella es la mejor y parece conocer a todo el mundo. ¡No entiendo cómo consiguió que personas tan ocupadas como Tony Robbins, Deepak Chopra y el Dr. Oz contribuyeran con relatos para este libro!

Por último, debemos dar las gracias a Jack y a Mark por haber dado inicio a todo esto, y a nuestro director creativo y productor de libros, Brian Taylor de Pneuma Books, por revigorizar este libro y los otros con su nueva visión.

~Amy Newmark

Para mejorar tu vida todos los días

Personas reales que comparten historias reales desde hace veinte años. Ahora, *Caldo de Pollo para el Alma* ha ido más allá de la librería para convertirse en un líder mundial en el mejoramiento de la vida. Por medio de libros, películas, DVD, recursos en línea y otras asociaciones, llevamos esperanza, valor, inspiración y amor a cientos de millones de personas en todo el mundo. Los escritores y lectores de *Caldo de Pollo para el Alma* pertenecen a una comunidad global única, que comparte consejos, apoyo, guía, consuelo y conocimiento.

Las historias de *Caldo de Pollo para el Alma* se han traducido a más de cuarenta idiomas y se pueden encontrar en más de cien países. Cada día, millones de personas experimentan una historia de *Caldo de Pollo para el Alma* en un libro, revista, periódico o en línea. Al compartir nuestras experiencias vitales por medio de estas historias, nos ofrecemos mutuamente esperanza, consuelo e inspiración. Las historias viajan de una persona a otra y de un país a otro, ayudando a mejorar vidas en todas partes.

Comparte con nosotros

Todos hemos tenido en nuestras vidas momentos en los que necesitamos *Caldo de Pollo para el Alma*. Si deseas compartir tu historia o poema con millones de personas en todo el mundo, ve a chickensoup.com y haz clic en "Submit Your Story". Es posible que puedas ayudar a otro lector y convertirte en autor, publicado al mismo tiempo. Algunos de nuestros antiguos colaboradores han iniciado carreras como escritores y oradores después de la publicación de sus historias en nuestros libros.

Nuestro volumen de envíos ha aumentado constantemente; la calidad y cantidad de sus envíos ha sido fabulosa. Sólo aceptamos historias enviadas por medio de nuestra página web. Ya no se aceptan por correo o fax.

Para ponerse en contacto con nosotros con respecto a otros asuntos, escríbanos por correo electrónico a webmaster@chickensoupforthesoul.com, o envíenos un fax o escríbanos a:

Chicken Soup for the Soul
P.O. Box 700
Cos Cob, CT 06807-0700
Fax: 203-861-7194

Una nota más de sus amigos de Chicken Soup for the Soul: de vez en cuando, recibimos el manuscrito de un libro no solicitado de uno de nuestros lectores, y queremos informarles con todo respeto que no aceptamos manuscritos no solicitados y que debemos descartar los que se presentan.

Autorizaciones originales

Queremos agradecer a los siguientes editores y personas por su permiso para reproducir el siguiente material. (Nota: las historias que fueron escritas anónimamente, que son de dominio público o que fueron escritas por Jack Canfield o Mark Victor Hansen no están incluidas en esta lista.)

Hugging Is de *Let's Hug!* Se reproduce con autorización de Charles Faraone. ©1981, 1995 Once Upon A Planet.

On Courage y *Sachi* de *Sacred Journey of the Peaceful Warrior* de Dan Millman ©1991 Dan Millman. Se reproduce con autorización del autor y H. J. Kramer, Inc., P.O. Box 1082, Tiburon, CA 94920. Todos los derechos reservados.

Everybody Has a Dream se reproduce con la autorización expresa por escrito de AVANTA Network, que fue fundada por Virginia Satir y ha heredado los derechos sobre toda su propiedad intelectual. Para obtener información sobre los materiales protegidos por derechos de autor de Virginia Satir y/o AVANTA Network, póngase en contacto con: Avanta Network, 310 Third Avenue N.E., Ste. 126, Issaquah, WA 98027 o llame al (206) 391-7310.

Bilding Me A Fewchr. Copyright ©1990, ProTeach Publications. Autor Frank Trujillo. Todos los derechos reservados. (800) 233-3541.

Love: The One Creative Force. Se reproduce con autorización de Eric Butterworth. ©1992 Eric Butterworth.

All I Remember y *The Bag Lady.* Se reproducen con autorización de Bobbie Probstein. ©1992 Bobbie Probstein.

Heart Songs. Se reproduce con autorización de Patricia Jean Hansen. ©1992 Patricia Jean Hansen.

True Love. Se reproduce con autorización de Barry Vissell. ©1992 Barry Vissell.

It Can't Happen Here. Se reproduce con autorización de Pamela Rogers. ©1992 Pamela Rogers.

Who You Are Makes a Difference. Se reproduce con autorización de Helice Bridges. ©1992 Helice Bridges.

A Brother Like That. Se reproduce con autorización de Dan Clark. ©1992 Dan Clark.

Big Ed. Se reproduce con autorización de Joe Batten. ©1989 AMACOM Books.

Love And The Cabbie. Se reproduce con autorización de Art Buchwald. ©1992 Art Buchwald.

A Simple Gesture y *I Am a Teacher.* Se reproducen con autorización de John Wayne Schlatter. ©1992 John Schlatter.

The Smile, Did The Earth Move For You and *Just One More Time.* Se reproducen con autorización del Dr. Hanoch McCarty. ©1991 Hanoch McCarty y Associates.

A Story For Valentine's Day. Se reproduce con autorización de Jo Ann Larsen. ©1992 Jo Ann Larsen.

Carpe Diem! tomada de *Dare to Be Yourself* de Alan Cohen. Se reproduce con autorización de Alan Cohen. ©1991 Alan Cohen Publications. Para solicitar un catálogo gratis de los libros, cintas y programas de talleres de Alan Cohen, escriba a P.O. Box 98509, Des Moines, WA 98198, o llame al (800) 462-3013.

I Know You, You're Just Like Me. Se reproduce con autorización del Human Awareness Institute. ©1992 Stan V. Dale.

Puppies for Sale. Se reproduce con autorización de Dan Clark. ©1989 Dan Clark.

Nothing But The Truth! Se reproduce con autorización de David Casstevens.

Children Learn What They Live. Se reproduce con autorización de Dorothy Law Nolte.

Touched. Se usa con autorización de Victor H. Nelson. ©1990 Victor H. Nelson. Este artículo apareció originalmente en el número de mayo-junio de 1990 de *The Family Therapy Networker*.

I Love You, Son! de Victor Brook Miller. Se usa con autorización de The Institute for Humanistic and Transpersonal Education. ©1977 IHTE.

What You Are Is As Important As What You Do. Se reproduce con autorización de Patricia Fripp. ©1992 Patricia Fripp.

The Perfect American Family. Se reproduce con autorización de Michael Murphy, Ed.D. ©1992 Michael Murphy Ed.D.

Just Say It! Se reproduce con autorización de Gene Bedley. ©1992 Gene Bedley.

A Legacy Of Love. Se reproduce con autorización de PageMill Press, 2716 9th Street, Berkeley, CA 94710, tomado de *Winning The Image Game* de Bobbie Gee. ©1991 Bobbie Gee.

I Like Myself Now de *Man, The Manipulator* de Everett L. Shostrom. Se usa con autorización. ©1967 Abingdon Press.

All The Good Things. Se reproduce con autorización de Helen P. Mrosla. OSF, y Shippensburg University. ©1991 Shippensburg University. Este artículo apareció originalmente en *Proteus: A Journal of Ideas*, primavera de 1991. Se reproduce con autorización de *Reader's Digest*, octubre de 1991.

The Little Boy. Se reproduce con autorización de Helen E. Buckley. El poema apareció originalmente en *School Arts Magazine*, octubre de 1961.

I Think I Can! Se reproduce con autorización de Michele Borba. ©1992 Michele Borba.

Rest In Peace: The "I Can't" Funeral. Se reproduce con autorización de Chick Moorman. ©1992 Chick Moorman.

The 333 Story. Se reproduce con autorización de Robert C. Proctor. ©1992 Robert Proctor.

There Are No Vans! Se reproduce con autorización de Anthony Robbins.

If You Don't Ask, You Don't Get. But If You Do, You Do. Se reproduce con autorización de Rick Gelinas. ©1992 Rick Gelinas.

The Magic Of Believing. Se reproduce con autorización de Dale Madden, presidente de Island Heritage Publishing, una división de The Madden Corporation. ©1992 Dale Madden.

Glenna's Goal Book. Se reproduce con autorización de Glenna Salsbury. ©1991 Salsbury Enterprises.

Another Check Mark On The List. Se reproduce con autorización de John Goddard. ©1992 John Goddard.

Look Out, Baby, I'm Your Love Man. Se reproduce con autorización de Les Brown y Look Who's Talking.

The Box y *You've Got Yourself A Deal*. Se reproduce con autorización de Florence Littauer. ©1992 Florence Littauer, presidenta, CLASS Speakers, Inc., autora de 20 libros, entre ellos: *Silver Boxes*, *Dare to Dream* y *Personality Plus*.

Encouragement. Se reproduce con autorización de Nido R. Qubein. ©1992 Nido R. Qubein.

Walt Jones. Se reproduce con autorización de Edge Learning Institute, Inc. ©1992 Bob Moawad, presidente del consejo de administración y CEO.

Try Something Different. Se reproduce con autorización de Price Pritchett, Ph.D. ©1990 Price Pritchett, Ph.D.

Service With A Smile de *Service America*, página 128. Se reproduce con autorización de Dow Jones/Irwin. ©1985 Karl Albrecht & Ron Zenke.

Obstacles. Se reproduce con autorización de Beacon Press. ©1992 Viktor E. Frankl.

John Corcoran. The Man Who Couldn't Read. Se reproduce con autorización de John Corcoran. ©1992 John Corcoran.

The Ultimate Rebounder. Se reproduce con autorización de Danielle Kennedy. ©1991 Danielle Kennedy/Prentice Hall.

Failure? No! Just Temporary Setbacks. Se reproduce con autorización de Dorothy Walters. ©1992 Dorothy Walters.

For Me To Be More Creative, I Am Waiting For... Se reproduce con autorización del Center for Creative Leadership, Greensboro, NC ©1992, *Issues and Observations*. El centro es un instituto educativo sin fines de lucro que trabaja para adaptar las teorías e ideas de las ciencias de la conducta a las preocupaciones prácticas de los gerentes y líderes. Para recibir información sobre el trabajo del Centro, o para obtener una suscripción gratis a *Issues and Observations*, escriba a: Center for Creative Leadership, P.O. Box 26300, Greensboro, NC 27438-6300, o llame al (919) 288-7210.

The Power Of Determination. Se reproduce con autorización de Burt Dubin. ©1992 Burt Dubin.

She Saved 219 Lives. Se reproduce con autorización de Betty Tisdale. ©1992 Betty Tisdale.

There Is Greatness All Around You. Use It! Se reproduce con autorización de Bob Richards. ©1992 Bob Richards.

Take A Moment To Really See! Se reproduce con autorización de Jeffrey Michael Thomas. ©1992 Jeffrey Michael Thomas.

If I Had To Live My Life Over de Nadine Stair. Este poema, que se ha transmitido y reproducido durante años, se ha atribuido a Nadine Stair. Se supone que lo escribió cuando tenía 85 años. El consenso general es que vivía en el estado de Kentucky cuando escribió el poema. No hemos podido comunicarnos con ningún pariente para verificar estas aseveraciones.

The Dolphin's Gift. Fragmento de *The Dolphin's Gift* ©1980. Se reproduce con autorización de New World Library, San Rafael, CA 94903.